5공 ————
남산의 부장들

5공
남산의 부장들

권력과 함께 춤을

2

김충식

블루엘리펀트

역사의 벌판 숨을 곳은 없다

이 책 《5공 남산의 부장들》은 제5공화국의 국가안전기획부장(정보부장) 5명이, 권력이라는 그 치명적인 유혹 앞에서 춤추고 몸부림친 궤적을 추적한 다큐멘터리이다. 그 주인공 5명은 전두환, 유학성, 노신영, 장세동, 안무혁이다. 그 5명의 우쭐한 세도(勢道), 권력 남용, 충성 경쟁과 불법행위, 자기 나름의 우국(憂國) 열정의 드라마와 숨겨진 비화를 캐내 기록했다.

전두환 시대라고 일컬어지는 5공은 3단계로 흘러갔다.

1단계는 1980~1982년 중반의 대략 2년여이다. 군사반란(12·12)을 획책하고 5공 정권이라는 "밥상을 차린"(전두환의 말) 전두환 소장과 허화평, 허삼수 대령 등 '반란 실행조'가 천하를 쥐락펴락했던 시절이다. 반란에 성공해 '남산'을 점령해 지휘한 것은 보안사령관 전두환과 그의 군 선배 유학성이다.

전두환

박정희 시대의 마지막 정보부장 김재규와 이희성 임시 정보부장의 후임자로 '셀프 취임'(80년 4월 14일)했다. 숱한 반대를 무릅쓰고 정보부장을 겸한 전두환은 암살범 김재규를 처형(5월 24일)하고 정보부의 예산(국고) 120억 원을 정치자금 밑밥으로 뿌려 5공 시대를 열었다. 그는 김대중 체포, 광주민주화운동 진압과 구정치인 숙청 등 우악스러운 싹쓸이 작업을 주도하고, 대통령에 올랐다. 정치적 과도기를 유혈 낭자하게 다스리고, 5공의 '창업 오너'가 되었다.

유학성

12·12 쿠데타 '간판 5인방'의 일원으로 정보부장에 취임(80년 7월). 그는 실세 대령 허화평, 허삼수를 어르면서 정보부를 이끌고 국가안전기획부로 간판을 바꾸었다. 하지만 5공을 창출해낸 수사 권력, 보안사가 너무도 강력했던 시절이기에 약간은 들러리 신세였다. 82년 봄 장영자 어음 사기 사건을 둘러싸고 "전두환 친인척을 단죄하자"는 두 허 씨들에 동조하다, 전두환에 밉보여 잘려나갔다.

제2단계는 1982년 후반부터 1985년 2·12 총선까지이다. 국가 통치에 자신감을 얻은 전두환이 골치 아픈 창업 동지 대령들(허화평, 허삼수)을 내쫓는다. 전두환은 먼저, 두 허 대령과 밀착된 유학성 안기부장을 쳐버리고 문민 노신영(외교관)을 안기부장에 앉혔다. 의표를 찌르는 돌발 기용이었다. 그리고 두 허 대령이 거북해하는 육사 선배 기수인 장세동을 청와대 경호실장에 앉히고는 마침내 1982년 12월 두 허를 '궐 밖'으로 내친다.

노신영

정보부와 안기부 역사상 최조의 문민(文民) 부장이었다. 외무부 상관 시절, 일본에서 100억 달러의 외자를 도입(한일 경협)하는 교섭을 성실히 뒷받침하여, 전두환의 신임을 얻었다. 안기부장 때, 사형수 김대중 석방과 도미(渡美), 재야 종교계 접촉, 야당의 거물 최형우 영입 공작(이간책) 등 조용한 밀행으로 전두환을 감동케 했다. 안기부장에서 곧장 국무총리로 승진, 한때 5공의 최강 문민으로 일시 후계자 반열까지 올랐지만, 거기까지였다.

3단계는 1985년부터 1988년까지 민심 이반, 6월 항쟁 및 직선제 대통령으로의 이행기다. 강압 통치가 한계에 이르러 야당, 대학가, 종교계의 투쟁이 격렬해진다. 서울올림픽(1988)이라는 국가적 목표를 앞두고 군대를 동원해 계엄령을 내릴 수도 없어서, 그 대신 경찰, 검찰, 법원을 앞세워 방어전을 펴고 그 배후에서 안기부가 조종했다. 불의의 앞잡이가 된 사법 권력은 조롱거리 아수라판이 되고, 우후죽순처럼 터지는 정권의 모순은 철권 심복 장세동도 좌충우돌, 어쩌지 못하고 자멸한다. 6월 항쟁으로 대통령 직선제가 확정되면서, 안무혁이 안기부장을 잇는다.

장세동

85년 2·12 총선에서 김영삼, 김대중이 이끄는 신민당이 약진하자, 황혼으로 기우는 5공 정권의 마무리 투수로 등판했다. 그러나 '강편치 심복', 장세동도 달아오르는 야당, 재야, 대학가의 투쟁 열기를 이기지 못해, 무리수를 연발했다. 부천경찰서 성(性)고문, 정치깡패를 고용한 신민당 창당 방해(용팔이 사건), 수지 김 간첩 조작, 박종철 군 고문치사 및 조작·은폐 사건 등 역사에 남을 오점들을 찍었다. 결국, 87년 5월 권력 무대에서 퇴장당하고 만다.

안무혁

노태우가 5공의 후계자, 집권 민정당의 대통령 후보로 정해질 무렵에 등장한다. 전·노가 머리를 맞대고, 5~6공의 징검다리 안기부장으로 안무혁을 골랐다. 안무혁은 이춘구(민정당 사무총장)와 함께 노태우 대통령 시대를 연 공신이었다. 그러나 6공이 자리를 잡자, 노태우의 처 고종사촌 아우 박철언 실세와 안기부에서 부딪치게 되자 스스로 떠났다.

2021년 겨울 이승을 떠난 전두환은 이 글을 쓰는 순간에도 아직 영면의 터를 잡지 못하고 있다. 그 나름 한 시절 떨치던 군인, 8년여 세월 나라를 통치했던 전직 대통령치고는, 비록 그것이 업보(業報)라 하더라도 너무도 허망하고 비참한 일이다.

새삼 생각하는 것은 역사의 벌판에 숨을 곳이 없다는 것이다. 전두환과 그를 보위하던 남산의 권력자들이, 언젠가는 역사라는 허허벌판에 시린 알몸으로 서게 된다는 엄연한 사실을 미리 알았더라면, 어땠을까? 오늘의, 그리고 미래의 권력 담당자들이 그런 '정해진 운명'을 직시한다면 바보들의 행진은 달라지지 않을까?

이 책 1, 2권은 320여 항목의 주석(註釋)에 표기한 대로, 수많은 인터뷰 혹은 자료, 논문, 회고록, 저서 인용으로 이루어져 있다. 흔쾌히 인터뷰에 응하고, 사실관계 인용을 허락해주신 여러분들께 깊은 감사를 드린다. 정치부 기자로 함께 일했던 경험을 나누며 전체 원고를 통독해주고 추천의 글까지 써준 귀우(貴友) 김지영 전 경향신문 편집인에게 고마움을 표한다.

법률가로서 조언을 아끼지 않은 안상운 · 진웅 두 분 변호사, 그리고 사진 선별 등 어려운 작업을 맡아준 구미애 · 곽선희 과장에게 감사드린다. 언제나 가족으로서 힘이 되어준 아내 양선영을 비롯해 정운 · 호준 · 현경, 손자 주환에게 고마울 뿐이다.

2022년 5월 봄이 무르익는

가천대학교 연구실에서

김 충 식

'사실은 신성, 논평은 자유'라는 교과서 같은 실천을 읽다

아침마다, '사실은 신성(神聖)하고 의견은 자유다'라는 가르침을 되새긴다. 풍요로운 미디어 환경에서 아우성과 절규, 가짜뉴스(Fake News)가 넘치는 반면, 우리는 저널리즘과 공론(公論)에 굶주리는 건 아닐까? 그래서 팩트(Fact) 파인딩에 충실한 김충식 교수의 이 기록은 소중하다. 주석(註釋) 투성이의 글이 이처럼 박진감 넘치고 재미있으리라고는, 상상 이상이다.

−김현정 CBS 라디오 앵커

정치 공작과 권력 암투의 폭로, 정치 후진국에 던지는 경종

정치 공작과 권력의 암투를 흥미진진하게 서술하고 있어 시간 가는 줄 모르고 읽게 된다. 이미 민주화된 선진 대한민국에서 이러한 반민주적 사건들의 재발은 불가능할 것이다. 그러나 이 책은 후세에 만에 하나라도 이러한 사건들이 재발하지 않도록 경종을 울리면서, 아직은 정치 후진국에 살고 있는 우리 국민과 정치권 인사들에게 시사하는 바가 크다.

−나성린 한양대 경제금융학부 명예교수, 제18·19대 국회의원

우리 모두 내릴 수 없는 깃발을 품고 사는 이유가 여기에

역사를 왜 잊어서는 안 되는지, 흘러간 과거가 왜 오늘과 미래의 거울인지, 우리가 왜 내릴 수 없는 깃발을 품고 살아야 하는지를, 《5공 남산의 부장들》을 읽으면서 새삼 되새겼다. 한마디의 형용사도 없이, 분노나 혐오를 토해내지 않고 이토록 마음의 주먹을 불끈 쥐게 한다는 것은 문장의 기적이다.

−박석무 다산연구소 이사장, 제13·14대 국회의원

현대사 연구자들이 반드시 곁에 두고 보아야 할 필독서

독재자는 기록다운 기록을 남기지 않는다. 역사학자들이 민완 기자의 비화 발굴에 기대는 이유다.《남산의 부장들》후속(제5공화국) 편인 이 책은 현대사 연구자들이 곁에 두고 봐야 할 필독서의 하나다.

−서중석 성균관대 사학과 명예교수

5공을 날줄과 씨줄로 엮다, 국사편찬위원회가 참고해야 할 터

한 편의 무협지 소설이나 다큐보다도 훨씬 더 리얼하고 라이브한 권력(리바이어든)의 모습이 충격이면서도 분노가 치민다. 이 책을 통해서 역사가 우리 정치를, 정치가들을, 군인들을, 언론을, 학자들을, 법조인들을 정당하게 평가하고 누명을 벗겨주고 정의롭게 판결해줄 것이다. 방대한 자료들을 씨줄과 날줄 삼아 잘 정리해주었다. 국사편찬위원회가 '국사'를 쓸 때 반드시 참고해야 할 것 같다.

−안상운 변호사

차례

11장 가봉 방문 '전두환 암살', 김일성이 말렸다

12장 버마 폭탄 테러 넘어서니 중국이 성큼

17장 설익은 성지 공삭 제 무넘 판 상세동

18장 노태우 총선서 지고, 안무혁 떠나다

1, 1-1, 1-2

김영삼은 전두환 신군부에 의해 1980년 5월부터 1년간, 그
리고 1982년부터 다시 1년간 도합 2년여 동안 상도동 집
에 갇혀 지냈다. 바깥나들이가 불가능해진 그는 상도동 집
3~4평 뜰을 제자리 뛰기로 돌곤 했다. 울분을 참다 못한 그
는 1983년 5월 광주항쟁 3주년을 맞아 23일에 걸친 단식투
쟁을 벌여 전두환 정권을 떨게 하고 야권에 투쟁 의욕을 불
러일으켰다. 김영삼민주센터 제공

2. 전두환 정권에 의해 정치 규제에 묶인 정치인들은 김영삼을
둘러싼 '등산 정치'로 힘을 길러나갔다. 민주산악회 깃발 아
래 세력이 날로 커지자 유학성 안기부는 1982년 5월 김영
삼을 2차 가택 감금으로 가두었다. 1985년 2·12 총선에서
야당이 약진하자 다시 감금이 풀려 김영삼이 민주산악회를
이끌고 등산에 나서고 있다.

3, 3-1

특이한 장세동 경호실장 임명식. 대통령 전두환이 오히려 선서하고 장세동이 임명장을 읽는 역(逆)의 자세로 두 사람은 신뢰 관계를 과시했다. 전두환은 집권 5년 차인 1985년 2월 총선에서 야당에 밀리자, 경호실장으로 있던 장세동을 안기부장으로 내세워 철권을 휘두르게 하고 정치 공작에 매달리다 파탄을 맞는다. 장세동은 야당 분열 공작, 신당 방해 공작(깡패 고용) 등으로 훗날 김영삼 정부 시절 구속되는 신세가 된다. 장세동(선글라스의 큰 키)은 주월 백마부대 29연대(일명 박쥐부대) 전두환 연대장을 받들어 전장을 누빈 파월 용사다.

4. 1985년 2·12 총선을 앞둔 2월 8일, 미국에 2년여 동안 머물던 김대중이 급거 귀국하자 민심은 크게 술렁거렸다. 김대중의 '방탄'역을 자임해 함께 온 포글리에타 미국 하원의원 등 미국인 28명과 김포공항에 도착해 동교동 집까지 오는 동안 연도에는 수많은 환영 인파가 몰렸고, 이들을 제지하는 경찰과 투석전이 벌어지기도 했다. 김대중의 귀국은 총선에서 신민당 바람이 부는 데 도움을 주었다.

5. 김근태(오른쪽), 이부영(가운데), 장기표(왼쪽)가 전민련(전국민족민주운동연합) 창립식에 참석한 사진(1989년 2월). 김근태는 저 악명 높은 남영동 분실에서 '고문 기술자' 이근안 경감에게 당한 고문을 폭로하고 세상에 고발했다. 이부영은 다른 시국 사건으로 영등포교도소에서 복역하던 중, 1987년 1월 박종철을 고문하다 죽인 경찰관 조한경, 강진규가 구속되어 그의 옆방에 갇히는 바람에 고문 '은폐·조작'을 알게 되고, 그 진상을 만천하에 폭로했다.

6. 위기는 기회를 만든다. 1985년 2·12 총선에서 민정당의 패배는 노태우(왼쪽)에게 전화위복이 되었다. 그는 당 대표로 기용되어 전두환의 대권을 물려받는 후계자의 길에 들어선다. 이한동(오른쪽) 사무총장.

7. 전두환 정권 초기, 고분고분하던 2중대, 3중대 야당과는 달리 1985년 2·12 총선으로 탄생한 김영삼·김대중 주도의 신민당은 거칠게 정권 투쟁을 벌였다. 신민당의 구호부터 '총선 민의 수렴하여 군사통치 끝장내자'로 자극적이다. 그 전에는 꿈도 꾸지 못하던 대담한 외침이다. 전민조 제공

8. 1985년 이후 전두환 정권에 대한 민심 이반에 편승해 대학생들의 반미·반정권 투쟁도 더 뜨겁게 달아올랐다. 1985년 5월 23일 함운경 등이 서울 미문화원을 점거하고, "광주 학살 정권을 지지한 미국은 공개 사과하라'는 플래카드를 내걸었다. 장세동 안기부장은 "대학생 한두 명을 사형이라도 시켜야 한다"라고 흥분했다.

10. 1987년 2월 7일 서울 명동성당에서 열린 박종철 추도회. 아직 고문 경찰관은 2인으로 축소 조작된 상태의 시위다. 하지만 5월 18일 명동성당에서 이부영의 제보를 받은 김승훈 신부가 "고문 경찰관은 모두 5명이었으나 2명으로 축소해 짜맞추기로 경찰 고위층이 조작했다"라고 폭로해 마침내 6월 항쟁이라는 화산이 분출했다.

9. 대학생 박종철 군이 1987년 1월 치안본부 남영동 대공분실에서 고문당하다 사망하자 야당, 종교계, 노동계, 대학가가 일치단결해서 들고일어나 마침내 6월 항쟁으로 이어졌다. 신민당이 지구당에 내려보내기 위해 박종철 추도회에 사용할 영정 사진을 쌓아놓았다.

11. 장세동 안기부는 신민당을 분열시켜 내각제 개헌으로 끌고 가려는 정치 공작과 함께 대통령 직선제를 내건, 김영삼·김대중이 이끄는 통일민주당 창당 방해도 병행했다. 장세동 안기부는 이택돈, 이택희를 통해 정치깡패 용팔이 고용 자금 6억 원을 집행했고, 훗날 김영삼 정부가 이를 수사로 밝혀내자 장세동은 구속되었다. 사진은 1987년 4월 24일 김수한 의원의 서울 관악지구당 창당 대회를 방해하는 정치 폭력배들.

12. 장세동 안기부장이 박종철 고문치사 및 은폐·조작 사건, 야당 공작 실패 등으로 정호용 내무부 장관의 공격을 받고 코너에 몰리자, 전두환 대통령은 장세동 말고도 노신영 총리(왼쪽)까지 모두 쳐내야 했다. 장세동, 노신영이라는 걸림돌이 사라지자 후계자는 노태우로 좁혀졌다. 장세동 후임 안기부장으로는 전두환, 노태우가 합의한 대로 국세청장 안무혁이 맡았다. 사진은 1987년 4월 당정 정책조정회의를 하고 있는 노태우 당대표(오른쪽)와 노신영 총리.

13. 김대중은 1987년 봄 '죄 없는 죄인'으로 동교동 집에 갇혀 살아야 했다. 그의 가택 감금은 국내 신문에 한 줄도 보도되지 못했지만, 외신에는 더러 소개되었다. 김대중은 동교동 자택에 머물면서 일본, 미국의 사진기자와 독자가 보도록 '불법 감금(不法監禁, House Arrest)' 일지를 벽에 걸어 붙여 억울함을 호소했다

14. 전두환 정권의 고문치사, 은폐·조작, 야당 파괴 공작, 4·13 호헌 조처에 분노한 민심은 마침내 6월 항쟁으로 분출했다.

16. 노태우의 6·29 선언으로 1987년 12월의 대통령 선거는 1노 3김의 대결로 압축되었다. 김대중(왼쪽), 김영삼(가운데), 김종필(오른쪽)이 1980년 서울의 봄 이후 7년 반 만에 한자리에 모였다. 그러나 양 김의 분열로 노태우가 당선되는 바람에 '군정 종식' 열망에 찬물을 끼얹었었다. 1987년 10월 12일 인촌상 제정 및 제1회 수상자 축하 리셉션에 참석해 담소하는 3김.

17. 제13대 대통령 선거전이 달아오르자 지역 대결이 격화되고, 지지자 간에 투석 행위도 벌어졌다. 특히 노태우 후보 진영을 향한 돌팔매가 잦아 투명 방패가 활용되기도 했다. 1987년 12월 10일 노태우 후보가 군산에서 연설을 간신히 끝낸 뒤 일부 청중이 던지는 돌을 경호원이 방패로 막는 가운데 유세장을 벗어나고 있다.

15. 6월 항쟁의 여진(餘震)은 노태우의 6·29 선언이 나온 뒤에도 이어졌다. 사진은 중산층 넥타이 부대까지 나와 서울시청 앞, 태평로 거리를 가득 메운 7월 1일의 이한열 영결식.

18. 전두환의 1989년 12월 31일 국회 증언대 출석. 전두환이 광주항쟁의 발생 원인과 책임 등에 관해 증언하면서 발포 명령에 대해 얼버무리자, 의석에서는 "양민 학살이 자위권 행사냐!"라는 고함이 터져 나왔다. 이철용 의원이 달려가 "살인마"라고 항의하고 권해옥 의원이 말리는 상면.

19. 노무현의 등장. 1988년 부산 동구에서 군사반란의 실세인 허삼수를 물리치고 국회의원에 당선된 노는 그해 '5공 비리' 청문회에서 정주영 현대그룹 회장을 상대로 담대한 질문 공세를 벌여 성가를 높였다. 사진은 5공 비리 청문회에서 의사 진행에 항의하는 노무현 의원.

20. 전두환이 대통령에서 물러나고 노태우 정권이 들어서도 '전두환 구속'을 외치는 시위는 끊임없이 벌어졌다. 서울·수원지역 대학생 40여 명이 서울 가락동 민정당 연수원을 점거하고 '전두환 구속 처벌'을 외치며 농성을 벌이고 있다. (1988년 11월 26일)

21. 군사반란의 주모자들. 맨 앞이 전두환, 노태우, 유학성, 그 뒤로 황영시(오른쪽), 차규헌(가운데), 박준병(왼쪽, 양복 차림)이
   보인다. 박준병은 당시 전두환으로부터 "20사단 병력으로 육본과 국방부를 장악해달라"라는 요청을 받았으나 거절한 사
   실이 인정되어 무죄를 선고받았다. 뒷줄 오른쪽부터 장세동, 허화평, 허삼수.

22. 김영삼 정부 때인 1996년 6월 마침내 전
   두환, 노태우의 12·12 군사반란은 16년
   만에 법의 심판대에 서게 되었다. 12·12
   및 5·17 사건 재판정에 육군본부 측 인
   사 5인이 증인 자격으로 서울지법에 나왔
   다. 왼쪽부터 윤성민(당시 육참차장), 노재
   현(당시 국방부 장관), 이건영(당시 3군사
   령관), 정승화(당시 육참총장), 장태완(당
   시 수경사령관).

23. 은원(恩怨)을 역사에 묻고, 1998년 2월 김대중
   대통령 취임식장에서 다시 만난 김영삼(왼쪽),
   노태우(가운데), 전두환(악수하는 이). 김영삼은
   대통령 재임 중에 군부 사조직 하나회를 완전
   히 척결하고 5·18 특별법을 만들어 전·노 두
   전직 대통령과 군사반란 일당을 단죄했다가 임
   기 말에 사면해주었다.

제10장

판검사·변호사 휘어잡은 안기부

허화평, 국세청장·대구시장 다 차고 미국으로

1982년 가을, 허화평 정무, 허삼수 사정 두 허 수석이 대통령이 머무는 청와대 본관에 드나들지 못했다.

대통령이 주재하는 수석비서관 회의가 매주 본관에서 열리는데 이것이 취소되고, 개인 면담도 불허되었다. 한편으로 대통령의 일거수일투족을 허 씨들에게 알린다는 이유로 내실의 직원 한 명이 쫓겨났다.

김영일(당시 사정비서관, 나중에 3선 의원)의 말마따나, '공간이 권력을 만든다'라는 건 진리였다. (신경식 기록)[1] 권력자와 호흡하는 거리가 멀다는 것은 힘이 빠진다는 얘기다. 아니, 그런 낌새를 느끼는 주변의 시선부터 차가워진다.

답답해진 허화평 정무수석은 보고 거리를 만들어 면담 신청을 해

전두환 집권기 청와대의 권력구도는 허화평, 허삼수가 있던 시기(1980~1982)와 없던 시기로 나뉜다. 1979년 12·12 군사반란에 크게 공헌한 두 허는 전두환이 버거워할 정도로 위세를 떨쳤다. 그러나 1982년 5월 이철희·장영자 어음 사기 사건을 고비로 두 허는 꺾였고, 반년이 지난 12월 '궐 밖'으로 축출당했다. 사진은 1987년 허화평(왼쪽)의 귀국에 마중 나간 허삼수(오른쪽).

봤지만 허사였다. '서면으로 보고하라'라는 퉁명스러운 대답이 돌아왔을 뿐이다.

12월 20일, 마침내 두 허가 잘려나갔다. 두 허 실각은 장안의 화제가 되었다.

안에서는 당연했으나 밖에서 보기엔 '돌연'했다. 전두환 대통령 주재의 송년 수석비서관 회의에서 그 이유가 구체적으로 밝혀졌다.

"비서실이 나의 눈치를 봐야지 내가 쓰리 허의 눈치를 본다는 것은 어불성설이야! 82년은 나라 전체로는 성과를 거두었지만, 비서실은 실패한 한 해야."(전두환)

숨죽인 분위기 속에 훈시는 계속된다.

"가장 불쾌하게 생각하는 것은, 장영자 사건이다. 비서진, 안기부,

민정당이 모두 붕 떠 있었다. 모두가 대통령이 행여 관계되지 않았는가 오해하고 있었다. 내 측근들이 나를 위한다고 하는 걱정의 말이 모두 시중의 유언비어로 확산하고 말았어. 누구 하나 적극적인 수습책을 제시한 사람이 없었다." (전두환)[2]

전두환은 노회했다. 그 나름 2년여 세상을 휘둘러본 경험이 있다.

허화평에게 국세청장을 해보겠냐고 떠본 적이 있다. No라고 했다.

청와대를 나가서 대구시장을 해보라고도 했다. 고사했다.

전두환은 허화평이 어차피 받지 않으리라는 걸 알았을 것이다.

허화평은 미국 동부 헤리티지연구소로 표표히 떠났다.

허삼수는 서부의 스탠퍼드대학으로 갔다.

나뉘어 떠나가야, 각하가 마음 편할 터이다.

안기부, 검사·판사·변호사 뒷조사해 덜미 잡다

1982년 6월 10일, 27만 달러 밀반출 시도가 김포공항에서 적발되었다. 당시 한국은 교역 규모도 작았고, 달러가 귀해서 외환관리법도 엄했다. 27만 달러라면 지금도 적지 않은 액수다.

달러를 빼내가려 한 수법도 교묘했다.

달러는 검색대 센서에 걸릴 수 있기에, 당시 한창 유행하기 시작한 여행자수표(Traveler's Check)로 바꾸어 공항을 빠져나가려 했다. 마른 굴비의 뱃속에 이 여행자수표를 나누어 돌돌 말아 숨긴 것이다.

당시 서울에서 가장 유명한 요정 대원각의 여주인 이경자 등이 미국에 사는 친척의 부탁을 받고 암달러상으로부터 27만 달러(1000달러짜리 여행자수표 220장 등)를 사들였고, 1982년 5월 중순 사촌 동생의 부인과 미국으로 출국하면서 선물용 굴비 뱃속에 이를 15장씩 말아서 쑤셔 넣었다.

그런데 너무 큰 액수의 범죄인들이, 나중에 너무 쉽게 감옥을 빠져나가면서, 수감자들 사이에 괴담으로 퍼졌다.

이경자는 7월 10일 사촌 동생 이재완, 그리고 암달러상과 함께 구속됐으나 구속 35일 만인 8월 16일에, 사촌 동생은 9월 13일 각각 초고속 보석으로 풀려났다. 서울지법 남부지원도 10월 18일 "초범이고 정상 참작의 사유가 있다"라는 이유로 이들에게 집행유예를 선고했다. 검찰과 관련 피고인 모두가 항소를 포기해 형이 확정돼버려 사건은 조용히 묻히는 듯했다.

그러나 형평을 너무 벗어난 이 '유전 무죄'는 일파만파로 커갔다.

당시 법조 출입 안기부 요원의 증언. (엄상익 변호사의 인터뷰)[3]

"82년 여름, 청와대 근처의 요정(料亭) 여주인이 27만 달러를 밀반출하려다가 발각된 사건이 터졌어요. 그 엄청난 달러가 영부인 이순자 여사 소유라는 소문이 돌았습니다. 그런 정보를 받은 전두환 대통령은 노발대발하면서 엄히 조사하라고 안기부에 지시했죠. 우리가 알아보니까 담당 변호사들은 검찰의 고위직 출신이고 보석(保釋)으로 요정 여주인을 풀어줬죠. 그리고 법원에서 집행유예가 선고됐고요.

우리 정보기관의 안테나에 유태흥 대법원장 비서관(강건용)이 담당 재판부에 청탁한 사실이 걸렸어요. 대법원장 비서관과 담당 변호사들을 남산의 지하실로 연행했죠. 대법원장과 그 비서관의 행적이 나타났어요. 법원의 일반직 공무원인 강건용은 오랫동안 혼자 살고 있던 대법원장을 집사(執事)같이 모셨죠. 더러 외롭고 무료한 대법원장의 술 동무가 되기도 하고 같이 카바레에 가서 춤을 추기도 했어요. 그러다 보니까 비서관이 사건 청탁을 받고 돈을 받아 챙기기도 했죠. 그런 게 들통이 난 거죠. 대법원장의 비서관을 구속 기소(83년 1월)하고 실형(實刑) 선고가 나오게 했죠."(엄상익 변호사는 6공 들어 안기부 정책연구관으로 근무하면서 5공의 정보요원들을 인터뷰하고 기록했다.)

83년 1월 14일, 검찰은 안기부에서 넘겨받은 사건을 발표했다.

"유태흥 대법원장의 비서관 강건용(이사관)이, 형사 피고인을 보석으로 풀려나게 해달라는 청탁과 함께 피고인들로부터 뇌물로 3000만 원을 받았다."

사회 정화, 정의 구현을 앞세운 5공 정권 캐치프레이즈가 무색하게도 이철희·장영자 어음 사기 사건에 이어 또 한 번 눈살을 찌푸리게 했다. 정권 이후 최대의 공무원 독직 사건이었다.

그런데 이 사건의 역사적 의미는 뇌물 액수에 그치지 않는다.

이 사건의 여파로 검사 2명 파면, 서울지검장과 서울지검 남부지청장의 사임, 부장판사 2명 사임, 변호사 3명의 제명 등 사법사상 드문 후폭풍이 일었기 때문이다. 노신영 안기부는 이 사건의 구린내 나는 구석을 파헤쳐, 검찰과 법원을 손아귀에 넣었다.[4]

한 편의 드라마 같은 5공 안기부의 '법조 틀어쥐기' 역사를, 한홍구 교수(성공회대)가 정리한 기록이 있다.

그는 '국정원 과거사 진실규명위원'으로 당시의 내부 기록 '안기부 보고서'를 뒤져가며, 《사법부》(돌베개)라는 저술을 펴냈다. 저자의 양해를 얻어 보고서를 중심으로 기록한 그 개요를 인용하기로 한다.

유태흥 대법원장은 1983년 초, 자신의 비서관이자 집사인 강건용이 거액의 뇌물을 받아 안기부, 검찰에서 조사를 받는 바람에 곤욕을 치렀다. 사진은 유태흥 대법원장 취임식(1981년 4월).

　당시 최대 규모의 요정 여주인이 거액의 외화를 밀반출하려다 적발되었는데, 2~3개월 만에 초고속으로 풀려나 집행유예를 받았고, 검찰이 항소를 포기해 형이 확정되었다는 것 자체로 수상한 이야기였다.

　안기부는 83년 1월 5일 수사에 들어가 강건용과 사건 관계자 9인을 남산에 연행, 조사했다. 강건용의 범죄 사실로, 이경자 보석 청탁건을 포함하여 8건의 사건에 개입해 4450만 원의 뇌물을 받고 2건의 인사 청탁에 개입해 210만 원을 받는 등 모두 4660만 원을 받았으며, 이미 3만4000달러(당시 한화 기준 2720만 원 상당)의 재산을 해외로 도피시킨 사실을 확인했다.

　안기부의 보고서에 따르면, 강건용은 유태흥 등 대법원 판사 3인, 고법원장 1인, 지방법원장 3인, 지방법원 부장판사 2인에게 사건이나 인사를 청탁하여 대부분 관철한 것으로 되어 있다.

대법원장 댁 집사 강건용 잡아가 묵사발 만든 안기부

강건용과 유태흥 대법원장은 어떤 관계인가.

강건용은 애초에 홍영기 변호사의 사무원이었으나, 유태흥에게 춤을 가르쳐주면서 친해졌다고 한다. 유태흥은 일찍 상처(喪妻)했는데 재혼하지 않았고, 강건용이 유태흥의 집안일을 돌보아주며 개인비서 역할도 하게 되었다. 강건용이 안기부에서 쓴 진술서에 따르면, 유태흥의 자녀들은 자신을 '삼촌'이라 불렀고 그 아이들의 학교 졸업식에도 유태흥을 대신해 강건용이 참석했다고 한다.

강건용은 6급 비서관으로 특채된 이래, 유태흥이 서울고등법원장, 대법원 판사, 대법원장으로 자리를 옮기는 동안 계속 모셔왔다.

이런 각별한 인간관계가 요정 주인에게 포착되어 보석 청탁을 위해 거금 3000만 원이 전달되었다.

안기부는 1월 12일 강건용의 신병과 금품 수수 증거품을 대검 중앙수사부에 이첩하고, 다른 비위 사실은 청와대 사정비서관실에 통보하는 것으로 사건을 종결했다.

그러나 사건은 종결은커녕 새로운 방향으로 불타올랐다.

강건용이 남산 안기부에서 서소문 대검찰청으로 넘겨져 12층 중앙수사부 조사실로 가기 위해 엘리베이터를 탔을 때 한 신문의 법조 출입 기자도 우연히 그 엘리베이터에 탔다.

기자는 대법원장실을 드나들며 강건용 얼굴을 잘 알고 있었는데, 당시 '얼굴을 알아볼 수 없을 정도로 부은 모습이어서 엘리베이터에서 내릴 즈음에야 겨우 강건용인지 생각이 났을 정도'였다고 한다.

강건용이 '남산에서 북사발이 되어 나왔다'.

그런 소문이 퍼져나가자, 안기부는 그 진원을 캐러 나섰다.

안기부는 이 사건을 넘겨받은 대검 중수부 2과장 성민경 검사(1989 년 교통사고로 작고)를 진원지로 지목해, 습관처럼 성민경의 교우 관계와 재산 관계 등을 뒷조사했다.

성민경 검사는 안기부가 자신의 뒤를 캐고 있다는 것을 눈치채고 김석휘 검찰총장을 찾아가 항의했다. 부하의 항의를 받은 김석휘 검찰총장은 며칠 뒤 노신영 안기부장을 만나자고 해서, 안기부원에 의한 검찰 간부 뒷조사에 유감을 표시하고 중단을 요구했다. 노신영 안기부장으로서도 검찰총장이 정색하고 검찰 간부에 대한 뒷조사 중단을 요구하는 데야 피할 도리가 없었을 것이다.

이와 관련해 흥미로운 보고서가 국정원에 남아 있다.

노신영 부장의 지시로, 강건용 폭행 진상 조사를 벌인 결과물이다.

83년 2월 작성된 〈전 대법원장 비서관 강건용 조사 경과보고〉라는 안기부의 내부 보고서는 "동 건 수사 과정에서 담당 수사관이 피의자 강건용을 ○침상 목으로 둔부: 3회, ○손바닥으로 따귀: 5회 등 구타한 사실이 있어서" "이에 대한 수사 경위 및 관계관 처리를 위해 이 보고서를 작성한다"라고 밝히고 있다.

국정원 과거사위원회는 1961년 중앙정보부 창립 이후 중앙정보부 및 안기부의 인권침해 사건을 조사해왔는데, 과거사위원회가 확인한 중앙정보부, 안기부 자료 중 내부 보고서 형태로나마 연행된 피의자에게 구타 등 가혹 행위를 했다고 자인한 것은 이 보고서가 유일하다. 희귀 문서인 셈이다.

최초의 문민 안기부장 노신영의 '업적'이라고 해야 할까.

안기부 보고서는 "담당 수사관들은 사실 규명에 집착한 나머지 우발적으로 피의자를 구타한 것으로 계획적인 고문 행위는 없었다"라면서 구타는 엉덩이 3번, 따귀 5번 때린 것에 불과했다고 적었다.

강건용이 실제로 당한 폭행에 비하면 매우 축소된 것이지만, 안기부로서는 사상 처음으로 검찰에 구타 사실을 인정해야만 했다. 또 폭행을 가한 수사관은 불문에 부쳤지만, 지휘 책임을 물어 과장급 간부 1인을 징계위에 넘긴 것으로 나온다.

안기부와 검찰의 갈등에는 전두환 대통령의 직접 개입이 있었다고 한다.

중앙정보부장(서리)을 지낸 전두환은 안기부의 고문이 너무 자주 논란이 되자 '정도껏 하라'며 검사를 파견해 수사 실무를 지도하도록 했는데 이때 법률담당관으로 파견된 검사가 바로 정형근이었다. (고문 근절이라는 막중한 사명을 띠고 파견된 정형근이 그 후 서경원 의원 밀입북 사건 등으로, 안기부의 고문 논란이 있을 때마다 빠지지 않고 그 주역으로 등장했으니 아이러니가 아닐 수 없다.)

안기부는 법조에 본때를 보이고자 나섰다.

구린내 나는 법원, 강건용이 휘젓고 다닌 법원이 표적이 되었다.

27만 달러 사건의 이경자, 이재완 두 피고인에게 보석을 허가하고 집행유예 판결을 선고해준 법원은 안기부의 공격으로 곧 인사 파동에 휩싸이게 된다.

5공 시절 고문(拷問)은 안기부 지하실. 치안본부 대공분실만의 '특허'가 아니었다. 검찰도 "팬티만 입은 피의자 배 위에 올라타 물 젖은 수건으로 얼굴을 덮고 주전자로 물을 부어 고문하고, 1m 각목으로 팔, 다리, 허리를 10여 차례 구타했다. 실신하자 물을 끼얹어 정신 차리게 했다"라고 안기부 보고서에 기록되어 있다. 사진은 당시 피의자들의 간담을 서늘케 했던 대검 중앙수사부의 입구.

대법원장 유태흥에게 일대 위기였다.

유태흥은 신병을 핑계로 며칠간 출근도 하지 않았다. 1월 26일에야 대법원 청사에 나타난 유태흥은 외화 밀반출 사건 피의자들에게 보석을 허용한 박준용·정명택 부장판사를 불러 사표를 내라고 종용했다.

판사들은 반발했다.

강건용한테 금품을 받은 사실도 없고, 적법한 절차에 따라 보석 요건을 갖추고 있어서 보석해준 것뿐이니, 사표를 낼 수 없다는 것이었다.

그러자 대법원은 1월 31일 오후 전격적으로 지방으로 내쫓는 발령을 냈다.

박준용 부장판사는 강경지원장으로, 정명택 부장판사는 장흥지원장으로 보내는 등 법관 39명에 대한 인사이동에 섞어 서둘러 인사조처했다. 대법원은 안기부의 압력에 굴복하여 이들을 좌천시킨 것이다.

박 부장판사는 사표를 내고도 안기부에 연행되어, 혹독한 조사를 받았다. 정 부장판사는 사표를 내지 않고 버텨 현직 판사라고 안기부 연행은 면했다. 그러나 우여곡절 끝에 3월경 사표를 냈다. 두 사람은 변호사 개업도 하지 못하고, 그로부터 1년여 눈치를 살펴야 했다.

안기부 보고서에 나온 검찰 중수부의 지독한 고문

검찰도 역사적인 치욕을 당했다.

담당 검사와 부장검사 등 2명이 파면되고 이창우 서울지검장과 조용락 남부지청장이 지휘 책임을 지고 면직되었다. 이창우 서울지검장은 농장을 경영하다가 1990년에야 변호사 사무실을 열었고, 조용락 남부지청장도 1983년 곧바로 변호사 사무실을 내지 못하고 84년에야 개업할 수 있었다.

안기부의 진짜 표적은 '검찰'이었다.

안기부 보고서는 1983년 2월 12일, 외화 밀반출 사건에 대한 검찰 수사의 부당 사항에 대해 진상 조사에 착수했다고 밝히고 있다.

그 결과는 검찰 수사를 완전히 뒤집는 것이었다.

안기부는 검찰이 '돈 없는 서민은 학대 가혹 고문 행위'를 하고 '돈 있는 범법자는 우대'하여 일부 피의자들에게 물고문하고 구타한 데 반해, 이경자 등에게는 지나친 특별 대우를 베풀었다고 비난했다.

강건용 비서관을 묵사발로 만든 안기부 조사관들의 가혹 행위에 대해서는 진상을 극히 축소했던 안기부가, 검찰의 가혹 행위에 대해서는 인권단체의 보고서 그 이상으로 다음과 같이 따뜻하고 소상하게 보고서에 묘사하고 있다.

검찰이 가혹한 짓을 한다고 안기부가 폭로해 역사에 남긴 것이다. 이 기록을 보면 안기부 지하실이나 치안본부 대공분실의 고문 수법에 검찰도 진배없다.

"54세의 여성 암달러상에게 러닝셔츠, 팬티만 입게 하고 나무 의자에 눕혀 두 명이 팔을 잡고, 1명은 배 위에 올라앉아 물에 젖은 수건을 얼굴에 덮고, 주전자의 물을 붓는 행위 2회 반복했고, 무릎을 꿇리고 각목(1m)으로 팔, 다리, 허리 등 10여 회 구타했다."

"잠적해버린 다른 암달러상의 경우, 남편을 잡아다가 "부인의 은신처를 대라"며 긴 의자에 눕혀 양손을 뒤로 젖혀 수갑 채운 채, 1명은 배 위에 올라앉고, 1명은 겨자 물을 묻힌 수건을 얼굴에 덮고 주전자(2리터) 물을 먹임, 한 명은 전신과 양 발바닥을 여러 번 구타했다."

"검찰은 그가 두 차례나 실신하자 물을 끼얹어 정신을 차리게 한 뒤 왼손을 유리창 창살에 연결해 수갑 채우고 묶은 채, 밤을 새우게 했으며 몸에 난 상처 때문에 조사가 끝난 후에도 귀가시키지 않고 14일간 여관 3곳을 돌아다니면서 치료한 뒤에야 풀어주었다."

불쌍한 암달러상과는 대조적으로, 돈 많은 요정 주인은 특별 대접을 한 것도 안기부 보고서에 나온다.

"검찰 조사관이 대원각 주인인 이경자에 대해서는 그가 임신하지 않았음에도, '뭐, 아주머니 많이 된 것 같아요. 똑바로 대!'(큰 소리)라고 임신한 것처럼 진술을 유도하여 조서를 작성했다. 또 담당 검사는 진단서를 받지 않고도 임신한 것으로 인정했고 변호인이 임신을 이유로 보석을 신청하자 이에 반대도 하지 않았다."

"검사는 검사실에서 이경자와 가족들의 특별 면회를 허락하고 조사 초기에는 '이 X 저 X' 하다가 나중에는 '대원각 놀러 가면 만날 수 있느냐?' 하며 감방도 좋은 감방으로 이감해주는 등 특별히 대우했다."

안기부 보고서는 담당 검사-부장검사-남부지청 차장-남부지청장-서울지검장 등 수사의 지휘 선상에 있는 검사 5인의 명단을 나열

하고 있다. 이 보고서는 담당 검사가 625만 원의 거금을 이경자의 변호인과 가족으로부터 뇌물로 받았고, 담당 부장검사는 133만 원, 서울지검장은 45만 원의 금품을 받았다고 기술했다.

안기부는 검찰이 뇌물을 받고 관대히 처리했기 때문에 바로잡기 위해, 국세청 요원 112명과 안기부 채증반(採證班)을 동원해 대원각 이경자 등에 대해 '반(反)사회적, 반국민적 행위 응징을 위한 특별 세무조사 및 가택수색'을 실시했다.

안기부는 '외화 은닉 및 범칙 물품'은 발견하지 못했지만, 세무조사 결과 예상 추징금만 약 10억 원에 달하는 대규모 탈세를 밝혀냈다고 했다.

안기부는 조사 결과를 검찰에 이첩했고, 대검 중앙수사부는 83년 2월 26일 외화 밀반출 사건 재조사 결과를 발표했다.

검찰 역사에 다시 없는 수모이고 치욕이었다.

이경자의 남편 이태희 등 5명이 뇌물 공여 등의 혐의로 구속되었고, 대원각과 삼청각의 여주인인 이경자·이정자 자매도 다시 불구속 입건되었다. 공안이나 시국 사건이 아닌 일반 형사 사건에 대한 검찰수사가 사법경찰관 부서인 안기부에 의해 완전히 뒤집힌 것은 검찰 역사상 초유의 치욕이었다.

검사 2명 파면은 더 큰 불명예였다.

변호사들로부터 금품을 받은 남부지청 이진록 검사와 당시 부장검사인 동부지청 차장 박혜건 검사가 징계 면직(파면)되었다고, 검찰은 발표했다. 검사에게 금품을 제공한 변갑규, 나정욱, 윤태방 등 변호사 3인은 법무부 장관을 위원장으로 하는 변호사 징계위에서 제명 처

유태흥 대법원장이 1985년 12월 전국 법원장 회의에서 발언하고 있다. 요정 주인 이경자 등의 27만 달러 밀반출 사건은 안기부가 법원, 검찰, 변호사라는 법조 트라이앵글(3輪)을 토벌하는 계기가 되었다. 부장판사들이 지방으로 쫓겨가고 사표를 내는가 하면, 서울지검 검사장이 사직하고 검사 2명이 파면되었다. 관련 변호사 3명은 제명 처분을 받았다. 이로써 안기부는 법조의 '빅 브라더'로 군림하게 되었다.

분을 받았다.

27만 달러 사건의 재조사와 기소는 당초 중수부에서 성민경 2과장이 맡았지만, 이번에는 신건 4과장(나중에 김대중 정부의 검찰총장, 국정원장)이 담당했다. 안기부의 가택수색 날짜와 추가 조사, 사건 이첩에 걸리는 시간을 고려하면, 2월 26일 대검 중수부가 수사 결과를 발표하면서 독자적인 수사를 할 시간 여유는 거의 없었다고 보인다. 안기부에서 넘어온 서류에 검찰이 도장을 찍어 발표한 정도가 아니었을까.

안기부는 이 기회에 확실히 검찰의 기를 꺾으려 했다.

안기부는 내부 보고서에 '주변 여론'이라며 자기들의 본심을 적고 있다.

"본 사건 처리 관련 법조계 여론: ㅇ제5공화국 출범 이래 검찰의 부정은 상존하고 있다는 국민 여론을 감안, 이번 기회를 검찰의 비리 척결 계기로 삼아야 한다. (일반검사) ㅇ불똥이 어느 정도 튈지는 모르지만, 검찰이 지금까지 검사 비위에 대하여는 미온적으로 처리해왔음을 감안, 이번 기회에 정신 못 차리는 검사들을 정화적 차원에서 과감히 쇄신해야 한다. (검찰 일부) ○이번 수사로 검찰의 비리 소지가 완전히 척결되기를 희망한다.(변호사)"

안기부, 서울지검장 방을 몰래 뒤져 약점 잡다

안기부가 특히 딴지 건 표적은 이창우 서울지검장이었다.

그는 이경자의 남편 이태희와 한 차례 골프를 쳤고, 그로부터 호텔 숙박 티켓 1장(20만 원)을 수수했다고 밝혀냈다. 이창우는 중앙정보부원 출신 이태희(이경자의 남편)와 고등학교 동기동창이었다.

그리고 출입 기자의 증언에 의하면 진짜 문제는 "안기부가 이 호텔 숙박권을 이창우 서울지검장의 방을 몰래 뒤져 찾아냈고 이를 근거로 이창우 검사장의 면직을 강력히 요구했다"라는 점이다.

이창우는 서울지검장이 되기 전인 1981년 4월부터 82년 6월까지 대검 공안부장을 지냈다.

그때 전민학련 사건(1981년 9월), 부산 미문화원 방화 사건(1982년 3월) 등 시국 사건을 처리하는 과정에서 강경 일변도인 안기부 측과 잦은 마찰을 빚기도 했다. 이 때문에, 안기부에 찍혀서 27만 달러 반출 사건의 지휘 책임을 지고 옷을 벗게 된 것으로, 법조 출입 기자들은 해석했다.

노신영 안기부는 법원과 검찰을 이처럼 처절하게 응징해놓았다.

검사도 판사도 추위를 타게 되었다.

그야말로 중앙정보부 시절의 '빅 브라더'로 재림한 것이다.

노신영 안기부장의 경이적인 업적은 조갑제 기자가 평가했다.

"5공 초기 안기부는 보안사에 눌려 지내다가, 1982년 6월 노신영이 취임한 이후 과거의 영향력을 되찾기 시작했다. 누가 도와주어서가 아니라 안기부 요원들의 능력과 사명감이 다른 정보기관보다 워낙 앞섰기 때문에, 그런 회복이 가능했다."(조갑제 기자)[5]

안기부의 요원은 그 '능력과 사명감'을 실감 나게 말했다.

"그 5공 초기에 변호사들이 자유롭게 판사실에 출입하면서, 밥값과 술값을 주곤 했어요. 담당 변호사들이 검사실과 판사실에 들를 때 돈을 줬어요. (실비[室費]라는 이름으로 몇십만 원씩 놓고 나가는 게 관행이었다.) 그걸 문제 삼아 담당 재판장과 검사가 사표를 내게 했습니다. 그 사건을 담당했던 변호사들은 법률사무소의 문을 닫았죠. 우리 안기부가 눈에 보이지 않게 그런 일을 했습니다. 그걸 검찰이나 법원에 맡겼으면 사건을 조용히 뭉개지 파헤쳤겠습니까."(엄상익 변호사의 요원 인터뷰)[6]

안기부의 법조 뒷조사, 지하실 연행에 판사, 검사들은 몸을 사렸다.

이후 5공 시국·공안 사건의 기소, 판결에 그 '추위'가 맹위를 떨쳤음은 두말할 나위가 없다.

시위 여대생, 권력에 설설 기는 판검사 준엄하게 꾸짖다

엄상익 변호사의 이어지는 기록.

"법정에서 전두환 정권에 반대하는 피고인들은 판사들을 향해 그들의 '민주주의 정치철학'을 당당하게 설파했다. 방청석에서는 운동권 가요가 울려 퍼졌다. 재판을 받던 운동권 출신들은 갑자기 신고 있던 검정 고무신을 벗어 법대 위의 판사들에게 날렸다."

그런 때면 판사들은 번개같이 몸을 날려 뒤쪽의 쪽문을 통해 도망가기 바빴다.

그처럼 난장판이 된 법정을 두고, 한 젊은 판사가 엄상익 변호사에게 심정을 털어놓았다.

"운동권 피고인을 재판할 때 들어보면 그 말들이 맞는 것 같아요. 나는 법 교과서에만 매달려 공부하느라고 사회도 제대로 보지 못했고 정치에 대해서도 인식이 없었어요. 그렇지만 나는 현실의 사법부 조직과 실정법에 묶여 있는 몸이죠. 그들이 옳다고 생각해도 어쩔 수 없이 형(刑)을 선고해야 해요. 그러면서 언제 고무신짝이 날아올지 눈치를 봐야 해요. 모멸감이 들면서 내가 판사가 맞나 하는 회의가 들었습니다." (엄상익 변호사의 기록)[7]

5공 법원 재판의 처량한 단면이다.

시위하다 기소된 여학생이 판사, 검사를 훈계하는 장면도 있었다.

"그 어렵다는 고시에 합격하여 법대 위에 높게 앉아 계신 판사, 검사님들은 이 나라의 민주화를 위하여 무엇을 하셨습니까? 하루속히 참회하고 민주화의 대열에 동참하세요." 여학생이 준엄하게 판사, 검사를 꾸짖는 동안 법정은 물을 끼얹은 듯 조용하기만 했다.[8]

이 정도는 약과였다.

신발을 벗어 재판장에게 던지는 학생도 있었다.

어떤 열혈 학생들은 분노를 이기지 못해 분리대를 넘어 법대 위로

5공의 시국 사건 재판정은 또 다른 저항의 무대였다. 시위로 갇힌 대학생들은 법정에서 판사와 검사를 훈계하기도 하고, 판사석에 자기 고무신을 벗어 던지고, 심지어 교도관의 모자를 벗겨 재판장에게 던졌다. 항의 소동으로 끌려나가곤 했는데 어떤 날은 피고인 12명 가운데 9명이 퇴정당하기도 했다. 사진은 1987년 박종철을 고문해서 죽인 경찰관들 재판에서, 방청객들이 가벼운 형량에 분노하여 기물을 부수고 의자를 패대기친 장면.

돌진하다 교도관에게 제지당하기도 했다. 방청객 가족들의 항의도 잇따랐다. 부천서 성고문 사건(1986년) 재판에서는 구속된 학생의 어머니가 교도관의 모자를 벗겨서 재판장에게 집어 던졌다가 법정 모욕죄로 구속되었다. 전태일 열사의 어머니 이소선 씨와 박종철 군의 아버지 박정기 씨도 법정 소란으로 구속되는 등 법정 모욕으로 실형을 받거나 갇히는 사람의 숫자가 늘어만 갔다.[9]

그토록 고생하는 판사들에게 당근도 주었다.

훗날 드러난 안기부 보고서에 따르면, 미문화원 재판을 담당한 판사 3명의 격려 방안을 모색하고, 해외여행 또는 격려금 지원을 검토했다. 꼭 이런 격려 방안의 결과만은 아니겠지만, 부장판사는 86년 12월 3일부터 20일간 '제도 시찰' 명목으로 미국 여행을 다녀왔다.[10]

그 부장판사는 단호한 충성을 보여주었다.

미문화원 점거 사건 피고인들이 재판에서 자주 '광주 학살'이라고 언급하자, '광주 사태'라고 바꾸어 말하도록 지적하고, 변호사 1명이 손짓을 하며 강력히 항의하자, '어디에 삿대질이냐?'라며 퇴정을 명하기도 했다.

악에 받친 피고인들의 항의가 잇따라 12명 가운데 9명이 퇴정당한 날도 있었다. 변호인들은 이 재판부가 '실질적인 공개재판'을 진행하지 않는다는 이유로 재판부 기피 신청을 냈지만 불허되었다.

이 부장판사는 선고일에 판결문만이 아니라, '훈계문'을 낭독하여 일간신문에 보도되기도 했다. '판결로 말해야 할 재판부가 자기의 주관이나 사상을 지나치게 공표하여, 사건을 대하는 재판부의 선입견과 예단을 스스로 드러낸 것으로 보일 수도 있다'라는 지적을 감수해야 했다.[11]

2인자 노태우, 경찰의 '고문 사망'에 시달리다

제2인자 노태우 내무부 장관에게 시련이 다가왔다.

83년 3월 2일 한일합섬의 김근조 이사(당시 42세)가 치안본부 특수수사대에서 조사를 받다가 고문으로 사망했다. 고문을 예사로 하는 5공의 보안사, 안기부 조직 말고, 경찰에서 고문 사망이 문제 된 첫 사건이었다.

김근조도 처음에는 병으로 숨진 것으로 경찰이 발표했다.

경찰은 그렇게 거짓말로 그들의 고문을 은폐하곤 했다. (책상을 '탁' 치니 '억' 하고 박종철이 죽었다는 '역사적' 은폐까지 4년이 남았다.)

김근조가 근무하던 한일합섬은, 정부가 비업무용 부동산을 팔아 치우라고 강요하자 못 이겨서 토지개발공사에 매각했다. 이끼운 땅이라, 소리 없이 다시 회사 간부들을 경매에 내세워 재매입(낙찰)했다. 이를 감사원이 적발해 치안본부 특수대에 넘겼고, 이사 김근조를 고문으로 조사하다 그만 죽이고 말았다.

경찰은 필사적으로 감추려 했다.

그런데 억울한 가족들이 부산 국회의원 박관용 의원(민한당)에게 탄원했다.

"고문치사가 틀림없다. 가슴, 겨드랑이, 팔에 시퍼런 멍이 들고, 양무릎의 살갗이 직경 1.5cm가량 피멍이 들어 부풀어 있었다. 손마디 관절, 무릎·발목 관절 등 아픔을 참기 어려운 부위에 지능적으로 고문한 흔적이 뚜렷하다."(김근조의 친척 의사 김오경)[12]

박관용 의원이 국회 내무위에서 폭로했다.

그러자 안기부의 김모 수사국장이 박관용에게 전화를 걸어 "관(官)의 권위를 너무 실추시키면 정부가 일하기 어렵지 않습니까? 협조를 부탁합니다"라며 압박했다. 수사하다 보면 고문을 피할 수 없으니, 폭로해서 망신 주지 말라는 것이다. 이때부터 벌써 안기부는 고문 경찰관을 엄호하는 세력이었다.

그래도 박 의원은 계속 물고 늘어졌고, 동아일보만이 기사화해주었다.[13] 지역구 민원이기도 해서 집요하게 추궁했다.

경찰은 마지못해 진상조사에 나섰다. 김근조를 부산시 대청동 산장여관 308호실에 가두고 고문한 김만희 경위를 구속했다. (징역 4년 확정)

고문에 대한 비난 여론이 들끓어 고문 수사관을 최고 무기징역까지 처벌하도록 특정범죄가중처벌법이 바뀌었다. 고문은 헌법에 금지(제12조 2항: 모든 국민은 고문받지 아니하고~)가 명시되어 있지만, 그건 구두선(口頭禪)에 지나지 않았다. 수사기관의 고문은 습관이고 일상다반사였다.

특가법이 생긴다고 무서워하지도 않았다.

저 악명 높은 고문 기술자 이근안 등의 남영동 대공분실은 더 지독하게 가혹 행위를 일삼았고, '서빙고 분실'(보안사)과 남산 지하실(정보부) 수사관들은 5공 고문 공장의 프로를 자처했다. 그러한 습관성 고문으로 마침내 87년 1월 박종철(서울대 언어학과)이 죽게 되고, 5공은 6월 항쟁을 맞아 급전직하했다.

제11장

가봉 방문 '전두환 암살', 김일성이 말렸다

"대통령 먼 친척은 민정 무서워해도 형제들은 전혀~"

이철희·장영자 어음 사기 사건으로 '각하'가 코너에 몰리고 여론의 손가락질을 받았지만, 빈궁하게 살아왔던 친인척은 아직도 배가 고프다고 우는 소리를 쳤다. 그렇게 해서 벌어진 일이 노량진수산시장 운영권 탈취(1983년 5월)였다.

친인척 관리는 민정수석 이학봉 소관이었다. 그 밑에서 일하던 S 민정비서관의 술회.[14]

"내가 민정비서관으로 있으면서 대통령의 친인척들을 관리하는 업무도 했었다. 그 일을 하는 민정비서관은 친인척들이 이권에 관여하지 못하게 하고 동시에 배려도 해주어야 하는 임무였다. 그런데 전두환 대통령의 친인척들 사는 형편을 살펴봤더니 거의 다 비참할 정도로 못살았다. 어느 날 전두환 대통령의 형이 나를 부르더니 '노량진

진두환은 특히 친인척에게 따스한 '가족주의사'여서 청와내 비서관들과 상·차관들이 신인석의 여권성탁에 시날렸나. 신인척 관리를 맡은 민정 비서관 한 사람은 "먼 친척은 민정이라면 겁먹고 무서워하는데, 가까운 친척은 영 말을 듣지 않았다"라고 말했다. 1982년 노량진수산시장 운영권은 친형 전기환의 처조카와 조카사위가 따낸 것으로 검찰이 밝혀냈다. 사진은 구속되었다가 풀려난 전기환(왼쪽)과 변호인 이양우(오른쪽).

수산시장의 운영권을 주면 대통령의 친인척들이 먹고살 수 있을 텐데…' 하면서 도와달라고 했다."

친형 전기환이 민정비서관에게 직통으로 민원을 넣었다. 평소 대통령은 그만큼 친인척에게 따스했다. 이어지는 증언.

"내가 이학봉 청와대 민정수석에게 보고했더니 '절대 안 된다'는 거였다. 하루에 수만 명이 드나드는 수산시장의 운영에 대통령의 친인척이 관여한다면, 말썽이 나고 문제가 생긴다는 것이다. 그러면서 이학봉 수석은 '네가 가서 대통령 친척들의 욕심을 포기하게 하라'고 했다. 그런데 비서관을 하면서 보니까, 대통령의 먼 친척은 민정비서관이 경고하면 겁을 먹고 말을 듣는데, 가까운 친척은 말을 듣지 않았다."

이학봉은 난색이었지만, 형제와 처가는 이 수석을 '학봉이'라고 불렀다. 각하의 알짜 친인척들은 민정팀을 기신(家臣), 식솔 부리듯 막무가내였다.

노량진수산시장의 운영권은 박정희 대통령 시절, 일본 민단(民團) 계열의 노(盧)씨라는 사람에게 주었다. 아마도 북을 대변하는 조총련 견제책이었을 것이다.

1982년 노 씨의 운영권 계약이 끝날 무렵부터, 새 운영권자 결정을 앞두고 주무관청인 서울시장이 누구에게 줄 것인지를 청와대에 물어왔다. 대형 이권은 청와대에서 직접 관장해왔기 때문이다.

어느 날, 내무부 장관 노태우가 종친의 청탁을 받아, "지금까지 해오던 대로, 그전처럼 계속 맡게 해주라"고 청을 넣었다. 전기환 씨 일족의 준동에 맞서, 종친들이 2인자 노태우를 내세운 반격이었다. 곤란한 입장이 된 민정의 S 비서관은 노 장관에게 "절대로, 장관님은 빠지세요. 모른 체하십시오"라고 해서 단념케 했다.

'청탁 풍조 뿌리 뽑자'라던 5공의 요란한 플래카드 아래 벌어진 노량진수산시장 운영권 탈취는, 전두환 정권이 막을 내리고 5공 비리의 하나로 검찰의 '수사 도마'에 올랐다. 전기환 씨가 서울시 시장과 산업경제국장의 엄호를 받아 노상욱 대표로부터 운영권을 빼앗아, 전기환 처조카와 조카사위 앞으로 넘기는 각서를 받아낸 진상이 백일하에 드러났다. (검찰 발표) 5공이 끝나고 이 친인척 비리로 이학봉은 야당으로부터 코너에 몰렸다.

명성그룹 김철호, 불법 자금 1066억 원 쓰다 파탄 나다

83년 여름, 명성그룹 김철호의 탈세 사건으로 떠들썩했다.

대통령 장인 이규동(대한노인회장) 덕을 보아, 재벌 반열에 오르고 있다는 소문이 문제였다. 검찰이 나서서 그를 탈세, 업무상 횡령으로 구속하고 그룹을 공중분해시켰다. 나중에 그룹 자산인 콘도는 한국화약 그룹으로 넘어갔다.

발단은 전두환 대통령의 통화 한마디에서 시작되었다.

"교통부의 레저산업 육성계획을 윤자중 장관(전 공군참모총장)이 청와대에 보고했는데, 명성그룹을 적극 참여시키는 내용이 있었다. 보고가 끝나고 대통령이 직접 국세청 조사국장에게 전화를 걸어서, '명성이라는 기업이 과연 그럴 만한 자격이 있는지 알아보라'라고 했다. 거기서 사단이 비롯했다."(국세청 관계자)[15]

훗날 김철호는 국회 '5공 비리특위' 청문회(1988)에서 '명성을 무너뜨린 배후 인물은 이학봉 민정수석'이라고 증언, 대통령의 뒤에 이학봉이 작용했다고 말했다.

명성사건 1년 전인 82년 봄, 이철희·장영자 어음 사기 사건으로 대통령 친인척이 코너에 몰리고, 대통령의 체면이 땅에 떨어졌을 때, 민정수석 이학봉이 '이규동 배후설'을 차단하고자 벌인 사건이라는 의미다.

사실 명성은 1년 전인 82년 5월에도 이미 세무조사를 받아 17억 원을 추징당한 바 있었다. 그래서 국세청으로서는 83년 6월 재차 세무조사를 한다는 것은, 1년 전의 조사가 부실했음을 자인하는 꼴이 아닌가. 국세청은 그래도 각하의 분부가 떨어진 마당이니, 그에 맞추어 조사하는 시늉만 하고, 적당히 끝내려던 참인데, 돌발 사태가 터졌다.

김철호가 일간지에 '강호제현에게 드리는 글'이라는 제목으로 국세청을 비난하는 광고를 게재한 것이다. 당돌한 도전에 세간의 이목이 쏠렸다.

국세청장 안무혁(나중에 안기부장)이 발끈했다.

"탈세 조사를 받는 기업이 자숙하기는커녕 국민을 오도하려는 저의가 의심스럽다."

50명의 조사 요원을 100명으로 늘려 총공격을 선포했다. 그랬더니 세금에서는 별것이 나오지 않던 명성에서, 놀라운 '땅굴' 하나가 드러났다. 명성이 상업은행 혜화동 지점과 거래한 원장 하나가 걸려들면서, 마침내 명성의 불법 자금 출처가 드러난 것이다.

김동겸 대리가 소위 수기(手記)통장을 이용하여, 사채 형식으로 무려 1066억 원을 조달해왔던 것이다. 일개 은행 대리가 은행 안에 '사설 은행'을 은밀히 차려놓고, 1000명이 넘는 전주들을 상대로 돈놀이를 하면서, 그 돈을 명성에 공급해왔음을 국세청이 밝혀낸 것이다.

국세청의 특종은 세상을 놀라게 했다.

일개 은행 대리가 21개 기업군을 거느린 명성이라는 신흥 재벌의 주거래은행장 노릇을 해온 범죄를 밝혀냈다. 김철호는 이러한 김동겸의 수상한 자금 출처를 알고 있었다고 보아야 한다. 그렇다면, 이규동을 너무 믿고 대든 게 아닐까. 국세청에 대해 신문 광고로 선전 포고한 대가는 가혹했다.

'약방의 감초' 격으로, 안기부도 이 탈세 조사에 조연으로 등장한다.

김철호 부부를 조사하는 호텔 방, 철야 수사의 경비 업무를 엉뚱하게도 노신영 안기부의 요원이 맡더라는 것이다. 국세청 직원들도 "아무리 생각해보아도, 안기부가 나설 일은 아니었는데"라고 회고했다.[16] 청와대 관심사에 대한 남산의 조건반사적인 반응이었을까.

김철호는 1960년대 후반, '금강운수'라는 택시회사를 차리고, 130여 대의 코로나 택시를 거느리는 운수업체로 키웠다. 1976년에 '명성관광'을 세우며 당시 전인미답의 신대륙 같은 레저사업에 손을 댔다. 그때까지만 해도, 일반인에게 생소한 '콘도미니엄' 사업을 발굴해내고 숙박업, 골프장 등의 사업을 일으켜 확장해나간다.

콘도 사업을 시작한 지 불과 3년 만에 23개의 계열사를 거느린 벼락재벌로 성장한 명성그룹은 콘도, 호텔, 골프장, 수영장 등 온갖 종류의 레저 시설을 갖추어 시대를 앞서가는 듯했다. 하지만, 하루아침에 국세청의 차가운 칼에 동강 나버렸다.

"과한 측면이 있다. 대통령 주변(이규동)의 결백을 입증하기 위해서는 경제적인 부작용이나 충격은 어찌 되건, 명성을 완전히 까발려서 극형에 처하는 길이라고 판단하고, 그 방법으로 명성그룹의 완전도산을 전제로 한 생체 해부였다."[17]

공군 참모총장을 지낸 교통부 장관 윤자중도, 명성의 뇌물을 받은 혐의로 구속되어 갇히는 신세가 된다. 최고 권력을 둘러싼 구설을 막는 '코스트'치고는 퍽 비싸게 먹힌 사건이었다.

이규동, 장관에게 정태수는 유능한 사업가니 이권 주라 압력
장인 이규동이 명성 사건에서 드러난 비리는 별것이 없었다.

전두환의 장인 이규동은 1982년 한보 정태수(사진, 당시 59세)를 데리고 동력자원부 장관을 찾아가 "LNG기지 건설공사를 맡겨달라"고 청탁했다. 장관이 "한전도 어려운 사업인데 실적도 없는 무명 사업체에 맡길 수 없다"고 했으나, 이규동은 "나를 도와주는 유능한 사업가를 밀어주라"라고 막무가내였다.

그렇다고 이규동이 결백하게 지낸 것만은 아니다.[18]

한번은 대통령의 경제 가정교사였던 박봉환 동자부 장관(82년)에게, 이규동이 점심이나 하자고 연락해왔다. 점심 자리에 혼자만 온 것이 아니라, 한보의 정태수라는 사업가를 데리고 와서 말했다.

"박 장관, 내가 신진 사업가 한 분을 추천하리다. 잘 좀 밀어주세요."

그 당시 동력자원부가 추진하는 LNG기지 건설공사를 맡겨달라고 했다. 고도의 선진 기술을 요구하는 거대 국가 프로젝트를, 실적도 모르는 무명 사업가(당시 정태수) 한 사람에게 주라니, 어처구니없는 일이었다.

"어르신, LNG기지 건설은 한국전력 같은 덩치 큰 회사들도 못 하는 어려운 사업입니다. 대통령 각하를 생각해서, 또 국가 발전을 위해서도 그래서는 곤란합니다. 죄송하지만, 다른 일로 도와드리겠습니다."

그래도 이규동은 막무가내였다.

"당신이 몰라서 그렇지 정태수는 유능한 사업가요. 우리 대한노인회 일도 많은 도움을 주고 있소. 이번 일은 꼭 들어주세요."

박봉환 장관은 그것도 프로젝트 일부가 아니라, 통째로 맡겨달라는 얘기에 기가 막혔다. 난처하기 짝이 없는 상황, 이규동 노인의 청을 거절하기가 딱했으나, 도저히 수용할 수 없는 민원이라 끝내 뿌리쳤다.

동생 이규광도 대단했다.

이규광이 광업진흥공사 사장으로 있을 때, 이로부터 재무부 차관보 이용만에게 한번 만나자고 연락이 왔다. 그런데 하필 이규광이 오는 날, 청와대에 보고가 있어, 면담 요청에 응하지 못했다. 그가 막강한 처삼촌 이규광을 무시한 셈이 되었다.

괘씸죄를 깨달았을 때는 이미 늦었다.

이용만 차관보는 하루아침에 '불명예 제대'로 재무부를 나와야 했다. 그는 다행히 6공 들어서서 재무부 장관으로 롤백했다.

전경환의 위세도 세상에 떨쳤다.

새마을운동본부는 말이 민간 주도였지, 각하의 아우 전경환이 회장이 되고나서는 정부의 공권력도 미치지 못하는 치외법권 지대가 되었다. 예컨대 각 기업의 공장 새마을운동추진본부는 원래 상공회의소 산하로 되어 있었으나, 전경환의 지시로 어느 날 갑자기 새마을중앙본부의 일개 국(局)으로 통합시켜버렸다.

한국은행 총재 자리도 새마을본부를 잘 받들지 못하면 날아갔다.

금융기관들이 새마을 성금을 내라는 요구가 왔다.

하영기 한은 총재가 은행장들을 모아놓고 회의를 열어 30억 원 정도 모으자고 의견을 모았다.

그것도 한미은행처럼 미국인 대주주가 경영권을 갖는 은행은 난색을 표하는 가운데, 겨우 의견을 모아 갹출키로 한 것이다. 그런데 새마을본부의 눈치를 보는 재무부에서 "은행들이 왜 그렇게 액수가 적은가, 점포도 몇 개 안 되는 단자회사들도 100억 원을 모아 내기로 했는데, 30억 정도라면 서운해하지 않겠는가"라는 반응이었다. 그러더니 얼마 안 있어, 하영기 한은 총재는 경질되었다.[19]

단식 YS "나를 해외로 보내려면 시체로 내보내라"

김영삼은 상도동 집에 고립된 채 82년 한 해를 꼬박 감옥살이했다. 오갈 데라고는 사방 서너 평 남짓의 비좁은 마당뿐이었다.

울화가 치밀면 바깥에 서 있는 전투경찰대를 향하여 전두환을 성토하는 연설을 하거나, 제자리 뛰기 달리기로 마당에서 몸부림쳤다. 심신은 거의 한계에 다다랐다.

83년 5·18 광주항쟁 3주년을 기해 김영삼은 단식 투쟁을 시작했다.

"구속자를 전원 석방하라, 정치 활동 규제를 해제하라"라는 5개 항의 요구를 담은 성명서도 냈다.

전두환 정권은 그럭저럭 안정기에 접어드는데 정치적 폭압과 질식은 잊혀가고 있었다. 그는 인도의 마하트마 간디가 영국의 식민 지배에 맞서 17번의 단식으로 매번 영국을 이기고 정치 지형을 바꾸어낸 것을 주목했다. 참모들은 말렸지만, "어리석고 무모한 투쟁이라도, 단식 외에는 달리 길이 없다"라고 고집했다.

언론에는 단 한 줄의 기사도 실리지 않았다.

정권은 단식 성명을 '보도 금지'라고 지침을 내렸다. 숨 막히는 언론

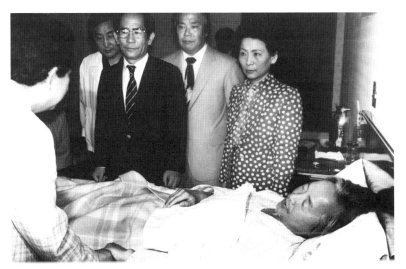

가택 구금에 지친 김영삼은 1983년 5월 광주항쟁 3주년을 기해 단식투쟁에 들어가 얼어붙은 정치 판도에 충격을 주었다. 23일 동안의 단식으로 전두환 정권을 긴장하게 만들고, 야권에 투쟁 의욕을 불러일으켰다. 사진은 병원 침상의 김영삼과 손명순 여사. 김동영, 황낙주(뒤 오른쪽부터).

통제 상황, 미디어들은 그것을 어길 수 없었다. 노신영 안기부와 문화공보부 '홍보조정실'을 통한 미디어 장악은 물샐틈없고 완벽했다.

　AP통신 등 해외 언론만이 짧게 보도했다.
　그 당시 국내 신문과 방송은 지리산 반달곰 한 마리의 생사에 관해 대서특필했다. 마지막 한 마리가 밀렵꾼의 총에 맞아 죽었다고, 현지 르포 기사 경쟁이 뜨거웠다. 정작 야당 거두(巨頭)의 목숨 건 단식은 외면하는 아이러니.
　1주일여가 지나자, 건강 위험 신호가 오고 정가에 파문이 커졌다.
　제도권 야당인 민한당, 국민당 의원들도 술렁이기 시작했다. 동아일보가 단식의 파장을 '정치 현안', '재야인사 식사 문제', '최근 사태',

'정계 관심사'라는 암호로 보도하자 다른 신문들도 1단이나마 따라서 보노하기 시작했다.

이때 신문들은 제목, 본문을 불문하고 '단식'이라고 쓰지 못하고, 에둘러야 겨우 행간에 비칠 수 있었다. 그나마 당국의 조건은 '사회면 2단 이하'였다. 이 때문에 편집기자들은 제목만 2단 크기로 하되 뱀처럼 길게 기사량을 늘리는 편집으로 '분투'하기도 했다. 다른 기사도 이런 식이었다.

단식 투쟁은 쉬운 것이 아니다.

"김영삼은 단식에 관한 전문지식이나 조언도 없이 결행하는 바람에 심한 고통을 겪었다. 며칠 뒤 잔변(殘便)이 창자벽에 말라붙으며 온몸을 구르고 비명을 질러야 하는 극심한 복통이 왔고 의사들이 물리적으로 관장을 해야 했다. 심지어 단식이 끝난 이후에도 돌덩어리처럼 굳은 잔변 배출이 어려워 고생을 해야 했다. 무모한 도전이었다." (오인환 기록)[20]

단식 8일째가 되자 경찰을 동원해서 그를 서울대병원으로 이송했다. 만일 죽기라도 한다면 정치적 부담이 두려워 손을 쓴 것이다.

야당 의원 23명이 동조 단식을 선언했고, 60여 명의 민주화 투쟁 인사들도 뒤따랐다. 미국의 에드워드 케네디 상원의원이 성명을 냈고, 도미 치료 중이던 김대중도 YS 단식 투쟁을 지지하면서 "미국은 5공정권을 상대하는 정책을 바꾸어야 한다"라고 촉구했다.

5월 27일 단식 10일째, 민정당 사무총장 권익현(전. 노의 육사 11기 동기생)이 찾아왔다.

"지금 막 청와대에서 각하와 노태우를 만나고 나오는 길입니다. 지금부터의 얘기는 제 개인의 말이 아닙니다. 대통령께서는 총재님께서 단식을 빨리 끝내고 건강을 회복하시기를 희망하고 있습니다. 건강이 회복되시는 대로, 총재님께서 일본이나 유럽, 미국 등 어디든지 가시도록 주선하겠습니다."

"..."

그러자 권익현이 말을 이어갔다.

"해외에 가시면 주택은 물론 가족 체류를 포함한 생활비 일체를 넉넉히 대겠습니다."

김영삼이 대답했다.

"외국 나갈 생각은 꿈에도 없다. 김대중을 내보내더니, 나까지 내보내고 당신들이 영원히 정권을 잡을 생각인가. 절대로 안 나간다."

다음 날인 28일 다시 권익현이 찾아왔다.

재차 중단을 권유해서 뿌리쳤더니, 입원실에 갑자기 맛있는 불고기와 생선 냄새가 풍겼다. 단식을 중단시키기 위한 '냄새 풍기기' 책략에, 김영삼이 화를 냈지만, 그들은 음식을 거두어가지 않았다. 단식은 후각을 더없이 날카롭게 만든다.

5월 29일 밤 11시 권익현이 3번째로 왔다.

해외로 나가달라는 전두환의 권유를 이렇게 전했다.

"각하께서 총재님 건강을 염려하십니다. 총재님이 제시한 민주화 요구사항 가운데 몇 개 항목을 놓고 직접, 혹은 간접으로 대화하겠다고 하십니다. 오늘 12시를 기해서 상도동에 배치된 병력도 철수시키겠습니다. 이제부터 어디든 가실 수 있고, 영원히 자유이십니다."[21]

김영삼이 고개를 저으며 말했다.

"나를 해외에 보낼 방법이 전혀 없는 건 아니지."

권익현이 눈을 크게 뜨며 쳐다보았다.

"나를 시체로 만들어, 해외로 부치면 되지 않겠나."

그 이후 권익현은 다시 나타나지 않았다.

단식은 몸속에 있는 지방이 소진되고 몸에서 악취가 나는 단계로 갔다가, 다음은 얼굴의 피부가 손상된다. 나중에는 뇌 속까지 파괴되어 정상 상태로 회복되지 않을 수 있다는 게 의사들의 경고였다. 측근들은 최악의 사태가 두려웠다.

단식 23일째 되는 날, 김영삼은 중단 성명을 발표했다.

그래도 단식은 잠들어가는 민주화 열기를 일깨웠다. 학생 데모만을 두려워하는 정권에 일격을 가했다. 단식을 계기로 민주화추진협의회가 태동하고, 깨어난 민심은 85년 초봄 총선거의 돌풍으로 이어졌다.

단식은 두 김에게 연계 투쟁의 계기도 되었다.

1983년 7월경, 재미교포 한 사람이 상도동 김영삼에게 문안 인사차 들렀다. 김영삼은 그를 통해 미국의 김대중에게 제안했다. 8·15 광복절을 기해서, 두 김 이름으로 공동성명을 내자는 아이디어였다.

김영삼은 그 문안의 내용도 김대중에게 일임하겠다고 했다. 그러면서 백지에다 김영삼 사인을 써서 보냈다. 서신 왕래도 보이지 않는 감시의 눈을 피해서 미국에 보내야 했다.

그런데 김대중은, 정작 성명서 문안을 상도동에 일임하겠다고 했다. 그래서 상도동 비서들 중심으로 부랴부랴 문안을 완성했다.

그것이 바로 '민주화 투쟁은 민족의 독립과 해방을 위한 투쟁이다!' 라는 긴 제목의 8·15 성명서가 되었다. '서울에서 김영삼, 워싱턴에서 김대중'이라는 사인이 서명되었다.

단식 이후인 83년 7월 김영삼은 김상현을 만나 민주화 운동을 함께하자고 제안했다. 범야권 연합의 민주화 투쟁기구를 만들자는 상도동의 제안에 동교동이 둘로 갈라졌다. 찬성파는 김상현, 조연하, 김녹영, 박종률, 그러나 박영록, 김종완, 박종태 등은 김영삼과 손잡는 것에 반대했다.

반대파들의 불만에도 불구하고, 상도·동교 8인 위원회가 구성되었다. (미국에 있는 김대중이 연합 전선을 결심한 것이다.) 상도동에서 김영삼, 이민우, 김명윤, 최형우가, 동교동에서 김상현, 조연하, 김녹영, 예춘호가 참여했다. 이 명칭이 민주화추진협의회(민추협)이다.

민추협 발기인 서명에는 100여 명이 참여했지만, "안기부의 협박, 압력과 회유로 중간에 빠지는 사람이 너무 많아서, 덧칠 먹칠한 서명부는 마치 걸레처럼 더러웠다."[22]

김대중 "5공에 인권유린 없다? 미국 통계가 가짜냐?"

노신영은 기자들에게 김대중의 영어 실력에 대해 언급한 적이 있다.

"나는 중·고교, 대학 이래 그리고 외교관이 되어서까지 평생을 영어 공부로 살아왔다. 그런데도 늘 만족스럽지가 않다. 그래서 김대중 씨가 50살 넘어서 감옥에서 익힌 영어로, 미국의 ABC 텔레비전

미국 ABC방송의 앵커 테드 카플. 그는 김대중과 봉두완을 초청해 5공의 한국 인권 상황에 관한 토론 프로그램(1983. 11. 12.)을 진행했다. 사진은 하버드대의 공식 사이트 캡처.

에서 토론하는 걸 보고 놀랐다. 정말 감옥에서도, 초인적으로 노력하는 비상한 사람."

그는 기자들 앞에서 정색하고 토로하곤 했다.

1983년 11월 12일 레이건 대통령의 방한을 앞둔 때, ABC의 나이트 라인, 유명한 앵커 '테드 카플'이 진행하는 프로그램에 나간 일을 말한다. 사실 그 방송을 지켜본 워싱턴의 변호사 박상근이 필자에게 해준 말은, "김대중이 영어로 말할 때 자막이 툭툭툭 튀어나와 웃었다. 그건 처음 본 일"이라고 했다.

레이건 방한을 앞두고 미국에서 찬반 여론이 비등했다. 방송사는 마침 체미 중인 김대중을 내세워 시청률을 높이고 싶었다. 그래서 영어 잘하는 한국의 국회 외무위원장 봉두완(민정당 국회의원)을 맞수로 교섭하고, 양측에 미국인 1인씩을 추가하여 2 대 2, 4인 출연 프로로 만들었다.

김대중은 영어에 자신 없었다. 잘못하면 대망신이다.

그런데 테드 카플이 미리 만나자고 하더니, 대충 영어 실력을 점검하는 대화를 해보고 하는 말이, "그 정도면 됐습니다. 외국인이 꼭 영어를 잘해야 하는 건 아닙니다. 당신이 한국의 민주주의를 위해 싸우는 것을 잘 압니다"라고 격려해주었다.

테드 카플은 1981년 12월 크리스마스 때, 프로를 마치면서 종료 멘트를 이렇게 한 바 있다. 옥중의 김대중에게 우호적이었다.

"지금 우리가 크리스마스이브를 즐기는 이 순간, 고통받고 있는 영웅이 있습니다. 옥중에서 혹은 감시 속에서 인권과 민주주의를 위해 싸우는 한국의 김대중, 소련의 사하로프, 폴란드의 바웬사 같은 영웅들이 고통 속에서 싸우고 있는 것을 잊어서는 안 됩니다."

생방송 토론이 벌어졌다.

공방이 거듭되는 가운데 김대중의 서툰 영어가, 설득력 있게 빛을 발하자 상대방이 반박했다.

"지금 김대중이 말하는 인권유린은 지나간 박정희 시대의 일이다. 현 정권에서는 그런 일이 없다. 전두환 정권은 모든 인권을 보장하고 있다. 어떤 형태의 인권침해도 없다."

이때가 방송 마감 시각이었다. 진행자가 토론을 마치려 하자 김대중이 외쳤다.

"웨잇, 웨잇(wait)."

진행자는 하는 수 없다는 듯, 간단히 마무리하라고 했다. 김대중이 말했다.

"최근 한국의 인권유린은 내 생각이 아니다. 국제앰네스티(사면위원회)의 1982년 보고서를 인용한 것이다. 그리고 미국 국무부의 82년도 인권보고서에도 적혀 있는 내용이다. 그러므로 나의 거짓말이 아니라, 당신네 정부가 보증한 사실이다."

김대중은 훗날 '이렇게나마 영어를 할 수 있게 해준 감옥살이 6년이 고맙다'라고 적었다. "감옥에 갇히지 않았더라면 어찌 정치인이 나

김대중은 미국에 770일(1982. 12.~1985. 2.)간 머물며 민주화 투쟁을 벌였는데, 미국 체류 중에 책사이자 '생애의 DJ맨' 박지원(문재인 정부 국가정보원장)을 얻었다.

이 50줄에 들어서 영어 공부할 시간이 어디 있으며 엄두나 나겠는가?, 감옥에서 정말 큰 것을 얻었다"라고 기술하고 있다.[23]

김대중의 미국 체류 중 또 다른 소득은 책사(策士) 박지원(4선 의원, 문재인 정부 국가정보원장)을 얻은 것이다. 박은 럭키금성상사에 근무하다 뉴욕에 정착해 사업으로 성공, 뉴욕한인회장과 미주한인회장을 지내고 김대중을 만나 '생애의 DJ맨'이 되었다.

북한, 필리핀과 가봉에서 전두환 암살 2번 시도

북의 미얀마 아웅산 테러는 전두환 대통령에 대한 3번째 암살 시도였다.

"북에 의한 1983년 아웅산 테러는, 5공 정권이 쿠데타와 광주항쟁으로 들어섰으므로 인기 없고 정통성도 취약하다고 보고, 대통령 1명만 제거하면 뭔가 될지 모른다는 유혹 때문에 발생했다"라고 나종일 교수(국정원 차장, 청와대 안보실장 역임, 가천대 석좌교수)는 분석한다.

그는 저서 《아웅산 테러리스트 강민철》(2013 창비)에 그렇게 기록했다.

1981년 7월, 북은 첫 번째로 필리핀에서 전두환 암살을 시도했다.

전두환 대통령이 마닐라를 공식 방문했을 때, 캐나다인 킬러 2명을 포섭했다. 이는 까마득히 모르고 지나쳤으나, 9년이 지난 1990년 전두환 대통령 퇴임 이후에, 관련자 최중화가 캐나다 경찰에 자수해서 전모를 실토하여 밝혀졌다.

그는 말레이시아대사를 지내고 캐나다에서 반정부 투쟁을 하던 최홍희의 아들이다.

북은 암살 청부를 위해 60만 달러를 썼다고 한다.

캐나다인 야노버와 제롤을 고용해, 전두환과 마르코스 대통령이 골프장에서 골프를 칠 때 저격한다는 계획을 세웠다. 그러나 킬러들은 돈만 챙기고 날아버렸다.

오히려 필리핀 경찰에 암살 계획을 흘리기까지 했다.

북은 거액을 날리고, 망신만 당했다. 킬러를 고용하는 간접 암살은 성공하기 어렵다는 것을 경험했다. 그래서 직접 훈련시킨 특수요원을 보내 해외 원정 테러를 기획하게 된다.

82년 8월 4일, 아프리카 자이르공화국(현 콩고민주공화국)의 수도 킨샤사.

북한대사관 3등서기관 고영환(1991년 탈북 망명, 국정원 안보전략연구원 근무)은 본국에서 온 요인의 부름을 받았다. 대사 방에 올라가니, 대사가 대외조사정보부의 부부장(2인자)에게 인사하라고 했다.[24] 그 조직은 테러와 납치 공작을 수행하고 지원하는 기관.

부부장은 대사를 나가게 하고, 고영환에게 물었다.

"친애하는 지도자 동지의 지시, 당이 명령하는 성스러운 과업을 목숨 바쳐 수행할 각오가 되어 있나?"

탈북 외교관 고영환(사진)은 1982년 아프리카의 자이르공화국 주재 북한대사관에 근무할 당시, 가봉에서 전두환을 암살할 테러팀을 현지 리브르빌에 안내해갔다. 그러나 실행 전날, 김일성은 김정일로부터 뒤늦게 암살계획을 보고받고 "아프리카 전체가 우리에게 등 돌릴 우려가 있다"라며 취소를 명령했다. 버마 아웅산 테러의 1년 전이다.

"예."

"이제부터의 어떠한 일도, 현재와 미래에 걸쳐 부모, 친지 그리고 대사에게까지 비밀로 함구할 수 있는가?"

"예."

그러자 서면으로 보안각서를 쓰라고 했다. 고는 '당과 수령의 전사로서 목숨을 초개같이 여겨 당의 지시를 수행하고, 모든 일을 비밀로 지킬 것을 맹세합니다'라고 적었다. 부부장은 지장을 다섯 손가락 모두 찍게 한 뒤, 역사의 문건으로 보관한다고 했다.

부부장은 다음 날, 공항에 가서 일본인 2명을 고영환에게 데려오라고 했다. 다만 입국 스탬프를 찍지 않게 하고 입국시켜라! 그러면서 신권 달러가 가득 든 돈가방부터 주었다. 100달러 묶음으로 대략 30만 달러쯤은 되어 보였다. 뇌물을 주어 스탬프가 찍히지 않게 하라, 귀하의 능력을 믿는다, 그렇게 엄명했다.

'일본인 2명을 안내하여, 인터컨티넨털호텔로 가라. 대사관으로 오는 게 아니다.'

고영환 서기관은 지시대로, 공항에 나가, 비행기에서 내리는 일본인 2명을 기다리고 있었다. 피켓에 일본인 2명 이름을 적어 치켜든

채였다.

일본인 2명이 고를 알아보고, 영어로 말을 걸어왔다. 빨간색의 일본 여권은 생전 처음 보는 것이었다. 두 사람은 머리카락을 기른 장발 차림이었다. 그것 역시 북한대사관 외교관의 눈에는 낯선 모습이었다. 서울, 도쿄는 당시 장발이 유행이었다.

두 사람을 호텔에 내려주고 대사관으로 돌아왔다. 부부장으로부터 임무가 부여되었다.

'자이르-콩고-카메룬-적도기니를 거쳐서 가봉으로 간다. 고영환과 과장(지도원), 일본인 2명, 4인 1조다. 나라마다 국경은 자동차로 넘어간다. 국경 초소에서 입국 스탬프가 찍혀서는 절대 안 된다. 콩고와 가봉은 직선 거리 1000km에 불과하지만, 에둘러 가는 것이다.'

그것은 가봉에 입국한 증거(루트)가 남지 않도록, 만일에 대비한 작전이었다. 우회로를 자동차로 달리면 4000km쯤 될 것이다. 고영환은 가슴이 쿵쾅거렸다. 특수 임무의 내용은 무엇인지, 알 길이 없었지만, 비상한 각오가 아니면 안 된다.

배를 타고 넷이서 강을 건너, 콩고 국경을 넘었다. 고는 외교관 여권으로 먼저 하선하여, 공작원 등 3명의 입국 스탬프 면제를 교섭했다.

"나는 북한 외교관이다. 나의 일본인 친구들인데, 관광을 안내 중이다. 여권에 스탬프가 남으면 나중에 귀국해서 문제가 된다. 도장을 찍지 말아달라." 고는 가져온 달러 뭉치에서 500달러를 책임자인 준위에게, 눈을 꿈쩍이며 건넸다. "오케이!"

북한대사관으로 갔다. 거기서 다시 운전사가 추가되어 모두 5명이

가봉 방문 '전두환 암살', 김일성이 말렸다

되었다. 고는 시장에 가서, 보름 치 식음료와 일용 소모품을 사서 차에 실었다. 그렇게 기나긴 4000km 자동차 여행이 시작되었다.

뒷자리의 일본인 2명은 말이 없다. 간간이 그들끼리 일본어로만 소통했다. 앞자리의 세 사람은, 공작의 내용도 모르기에, 불평도 했다. "이런 험지에 일본 사람을 태우고 다니며 뭘 하는 짓이람."

아프리카의 국경은 허술한 검문초소, 군인 몇 명뿐이다. 카메룬도 그런 식으로 통과했다. "사파리 구경하러 온 불법 관광객이다. 스탬프를 찍지 말아달라." 그러면서 100달러짜리 몇 장을 쥐여주면 끝났다.

5인의 승객은 10여 일 숙식을 같이하는 고된 여정 속에서 정이 들었다.

일본인 2명이 어느 날 한국말로 인사를 건넸다. 깜짝 놀라는 일행에게, 과장(지도원) 몰래 말했다.

"고영환 동지! 참 능력이 좋으시네요. 어쩌면 이렇게 국경마다 무사통과해내는 수완이 대단해요. 친애하는 장군님께서 듣도록 해서, 공화국 영웅 칭호를 받게 해야겠어요. 우리가 못 받는 한이 있더라도."

그러면서 하는 말. "우리 일에 너무 깊이 알려고 하진 마세요."

나중에 알게 된 것이지만, 두 일본인은 원산 앞바다 '황토섬'에서 특수공작 지옥훈련을 받은, 기실 북한의 정예 테러 요원들이었다. 청진에서 간첩선을 타고 일본에 가서 일본 여권을 받아, 그것을 들고 유럽을 거쳐 아프리카의 자이르 공항까지 넘어왔다는 것이다.

아프리카 근무 경력이 긴 대사관 운전사는 고에게 소곤거렸다. "전두환을 암살할 요량이로군." 고는 전두환의 가봉 방문 일정을 추적하는 일정임을 알고 있긴 했지만, 설마 암살이라니! 듣고 보니, 그럴듯한 추론이었고, 그날로부터 밤잠을 설쳐야 했다.

막판에 이르자, 과장의 지휘로, 결속을 다짐하는 선서도 복창했다.

"우리는 목숨을 바쳐 임무를 수행한다. 근위대! 결사대!"

과장은 자살용 앰플도 나누어주었다.

친해진 공작원이 과장의 눈을 피해가며, 고에게 속삭였다.

"우리 일은 매우 중요합니다. 우리는 다 죽어도 고 선생은 살아서 영웅 칭호를 꼭 받으세요. 더 긴 이야기는 묻지도 말고, 알려고도 하지 마세요."

고영환이 그들의 커다란 트렁크 안을 곁눈질로 살펴보니, 시커먼 폭발물로 보이는 물체가 들어 있고, 수영 보조기구인 산소통 2개, 오리발이 몇 개 있었다.

8월 20일 적도기니를 거쳐, 5인은 가봉의 수도 리브르빌에 도착했다.

대통령궁의 전두환 대통령 영접 행사는 22일, 이틀 남았다. 전날인 21일 대통령궁에 폭발물을 설치하고 원격 조종으로 터뜨리는 작전 계획이었다. 리브르빌 연안에서 10km쯤 떨어진 해상에 북한 화물선 '동건애국호'가 떠 있었다. 이 배는 문동건이라는 재일동포가 북에 기증한 것으로, 그의 이름을 따서 그렇게 불렀다. 이 배를 중계기지로 삼아, 과장은 무선통신을 주고받았다.

김일성 "가봉 테러 들키면 아프리카 대륙 다 잃는다"

21일 동이 틀 무렵, 과장이 상기된 얼굴로 숨 가쁘게 말했다.

"작전이 취소되었다. 간밤에 장군님(김정일)께서 수령님(김일성)께 최종 보고를 드렸고, 수령님이 만류하여 취소되었다. 장비를 거두어 서둘러 여기를 빠져나가자. 자세한 이야기는 콩고에 가서 하자."

허겁지겁 탈주 작전에 들어갔다. 온 길을 되돌아가는 길고 긴 자동차 여행이었다. 서둘다가 어떤 벼랑에서 굴러떨어져 20여 바퀴를 굴렀다. 하지만 요행히 죽은 사람은 없었다. 고영환은 이마를 여러 바늘 꿰매는 시술을 했다. 그렇게 온몸이 먼지로 뒤덮이고, 목욕도 못해 거지 행색으로, 몇 날 며칠을 걸려 5인은 콩고의 북한대사관에 당도했다.

대사관에서는 5인을 위한 파티를 준비했다. 이 은밀한 파티에서 과장이 말한 작전의 배경, 시작과 경과, 취소 과정은 이랬다.

"전두환이는 남조선 인민들의 공적(公敵)이다. 서울의 봄이라는 인민 궐기를 짓밟고 권력을 잡았으나 인기가 없다. 그깐 놈 하나 없애도 문제없고, 오히려 지금이 없앨 적기다. 이것이 장군님(김정일)의 판단이고, 그 암살 실행이 우리의 임무였다."

대통령의 아프리카 순방국 가운데 케냐, 나이지리아 등도 있었다. 그러나 케냐에는 북한과 미수교국이어서 대사관이라는 작전기지가 없어서 불가했다. 나이지리아에는 북한대사관이 존재했지만, 암살 후유증을 걱정하지 않을 수 없었다.

자원(석유) 많고 경제 규모가 큰 대국이어서, 설사 작전이 성공하더라도 수습이 겁나는 상황이었다. 그래서 만만한 가봉이 선택되었다.

이웅산 테러 1년 전, 북한의 암살조가 전두환의 목숨을 노리고 아프리카 가봉에 잠입했다. 사진은 1982년 8월 22일 리브르빌 공항에 도착한 전두환 대통령(왼쪽)과 가봉의 봉고 대통령(오른쪽). 암살 작전은 취소되었으나, 환영 행사에서는 난데없이 북한 국가가 연주되는 소동이 있었다.

작은 나라이고, 빈국이므로, 국교가 단절되더라도 그리 부담이 없다고 보았다.

김정일은 거사 하루 전에야 보고했다.

당초에 큰 공을 세워놓고 김일성에게 사후 보고를 하여 칭찬을 받으려 했으나, 너무 엄청난 일이어서 책임 회피 차원에서라도, 수령에게 막판에라도 보고하는 것이 안전하다고 보았다. (고영환의 판단)

김일성이 정일에게 말했다.

"중지해라. 우리가 그동안 아프리카에 들인 돈과 외교력이 얼마냐? 무기 원조, 투자 등으로 50여 개 나라를 우리 편으로 만들기 위해 공들여왔다. 그런데 만일 발각이라도 된다면, 아프리카 대륙 전체가 우리에게 등을 돌릴 우려가 있다."

위험한 소탐대실(小貪大失)이라는 김일성의 판단!

과연, 산전수전 겪은 빨치산 두목답게 노회하고 한 수 더 보는 안목이었다.

고영환 등은 울먹였다. 너무 허탈했다. 근위대! 결사대!라고 외치며 목숨 바치겠다고 다짐했는데, 하루아침에 물거품이 되다니, 너무도 허전했다. 부부장은 "김정일 장군님의 치하가 있었다"라고 위로했으나, 근 한 달여에 걸친 결사대 행군이 없던 일이 되었다.

근무지인 자이르 북한대사관에 귀국하자, 고영환에게는 김정일의 지시로 '국기훈장 2급'이 내려졌다. 말단 3등서기관에게는 이례적이고 특별한 훈장이었다. 대사관 동료들은 그런 특전이 왜 나오는지조차 몰랐다. 이 암살 미수 사건은 고영환이 탈북하지 않았더라면, 영구 미제로 파묻혔을 터이다.

가봉서 북의 암살조 철수했지만, 수상한 북한 국가(國歌) 연주

북의 암살조가 배치되었던 가봉에서 공교로운 해프닝이 벌어졌다.

전두환을 맞아 애국가가 나와야 할 때, 북한 국가를 연주하고 만 것이다.

1982년 8월 22일, 가봉 리브르빌 공항에 전통이 도착해서, 현지의 봉고 대통령과 단상에 올라가자 이상한 곡조가 흘러나왔다. 애국가가 아니었다.

경호실장 장세동이 달려가서 악단장의 손을 붙잡아 지휘봉을 빼앗았다.

전방 초소에서 들었던 북한 확성기에 나오는 바로 그 곡이라는 것을 알아챈 것이다.

실수의 원인은 곧 밝혀졌다.

가봉의 정식 군악대는 다른 도시의 행사에 가서, 비행기 결항으로 수도에 돌아오지 못했다. 그 바람에 헌병 군악대가 급히 나와서, 그런 실수가 빚어진 것으로 밝혀졌다. 악보의 '리퍼블릭 코리아'만 보고, 대뜸 북한 곡을 연주한 것 때문에, 봉고 대통령은 그날 만찬장에서 고개를 숙이며 사죄해야 했다.

가봉 방문 '전두환 암살', 김일성이 말렸다

제12장

___

버마폭탄테러 넘어서니 중국이 성큼

아웅산 그날, 전두환은 무사하고 17명이 순국하다

1983년 10월 9일 아침, 아웅산 국립묘지에 가랑비가 흩뿌리곤 개었다.

기온은 섭씨 25도, 전형적인 버마(현 미얀마)의 가을 날씨였다.

국빈으로 방문한 전두환 대통령 일행이 아침 10시 반경, 이 나라의 영웅을 기리는 이 묘지에 참배할 예정이다. 대통령 일행은 그 전날 부총리, 장관, 합참의장 등 공식 수행원 20여 명, 전경련 회장 등 비공식 수행원까지 합치면 무려 165명에 이르는 대규모 방문단을 이끌고, 동남아 순방에 나선 터였다. 버마에 이어 인도, 스리랑카, 호주, 뉴질랜드, 브루나이를 거치는 장장 18일에 걸치는 대장정이었다.

사실 대통령 일행은 그 전날인 10월 8일 오후 4시경 도착할 예정이었다. 참배 일정이 하루 늦어진 데는, 파묻혀진 사연이 있다. 미국의

노신영 안기부장(오른쪽)은 1983년 10월 아웅산 테러 직전, 전두환의 순방 항로를 미국에 보내 안전한지 물었는데, 미국은 버마 도착이 1시간 이상 늘어지는 우회 비행 코스를 추천했다. 장세동 경호실장(왼쪽)과 전두환은 망설이다가, 미국 추천 코스로 수정해서 날아갔고, 결과적으로 도착이 늦어져 테러 시각은 저녁에서 다음 날로 변경되었고, 테러범들이 도주하기 어려워졌다. 사진은 1985년 2월 안기부장 이·취임식.

권고 때문이었다. (노신영 회고록)[25]

노신영 안기부장은 버마를 비롯한 서남아시아 순방을 앞두고 서울에서, 미국에 코스를 알려주고 협조를 구했다. 미군의 정보망을 이용해 만약의 사태에 대비하자는 판단이었다. 그 전해인 82년 아프리카 순방 때도 그랬던 경험이 있다.

그러자 미국에서 다른 의견이 왔다.

대통령의 비행 코스가 적대국인 중국, 베트남과 너무 가깝게 붙어있다, 좀 더 간격을 벌려서 날아가는 게 낫겠다는 충고였다. 미국이 새로 그려온 비행 항로는 원래 코스에서 크게 우회하는 것이었다. 이 때문에 버마 도착이 1시간 늦어지는 것으로 나왔다.

미국 충고를 들을 것인가?

그 경우 한 시간이 늦어진다고 버마의 양해를 구해야 한다. 오후 5시 도착이라면, 어두워지니 국립묘지도 참배가 어렵다. 일정이 송두리째 바뀌게 된다. 어떻게 해야 하나?

안기부장 노신영은 미국이 그려준 새 항로를 장세동 경호실장에게 갖고 갔다. 두 사람은 대통령에게 올라갔다. 셋이서 한참 갸웃거리다, 대통령이 결단을 내렸다.

"미국의 권고대로 합시다."

이것은 운명의 갈림길이 되었다.

만일 원래 코스대로 10월 8일 오후 4시 도착이었다면, 그 길로 곧장 아웅산 묘소를 참배하게 되어 있었다. 그랬다면 영락없이, 죽으러 가는 길이 되었을지도 모른다. 오후 5시가 넘으면, 날이 어둑해져 테러 현장은 더욱 아수라장이 되었을 것이다. 어둠 속의 수습은 한계가 있었을 것이고, 또한 테러범들의 도주는 한결 쉬웠을 것이다.

10월 9일 아침, 테러리스트 3인은 초조했다.

그런데 나타나지 않았다. 3인은 삼엄해진 불심검문에라도 걸릴까 봐, 숲속에서 노숙하며 날이 밝기를 기다렸다. 날이 밝아오자 3인은 숨죽이며, 묘소 인근에 접근해서, 결정적인 순간을 기다리고 있었다.[26]

3인은 한 달 전, 9월 9일 서해의 옹진에서 '동건애국호'를 탔다.

이 배는 총 5379톤, 시속 15.5노트의 화물선. 그러나 기항지의 무선국을 거치지 않고, 북한과 직접 교신할 수 있는 통신 설비를 갖춘 특수공작선이다. 82년 8월 가봉에서 대통령 암살을 노리고, 리브르빌 앞바다에 정박해 있던 바로 그 배다.

3인은 출국 한 달 전, 그러니까 그해 8월, 강창수부대라고 불리는, 개성의 특수전 부대(지금의 개성공단 자리)에 호출되었다. 부대장 강창수 소장은 6·25전쟁 당시에 인민군 총참모장으로 남침을 지휘하다 안동에서 전사한 강건(경북 상주 출신)의 아들. 강은 특수 임무를 수행하는 정찰국 소속의 부대 가운데서도 최정예 부대를 이끌고 있었다.

강창수로부터 3인은 버마로 가라는 밀명을 부여받았다.

3인의 이름은 소좌 진모(某), 대위 강민철과 신기철. 모두 가명이다. 먼 훗날 밝혀진 진모의 본명은 김진수, 강민철의 본명은 강영철, 신기철 역시 본래 이름은 김치오. (그러나 편의상 여기서는 가명으로 통일해서 기록한다.)

9월 15일 새벽 5시경, 일주일 남짓한 항해 끝에 동건애국호는 랑군강 하구에 도착했다. 이미 10일 전에 입항 신청이 되어 있었고, 도착 다음 날, 건축 자재를 수송하는 목적으로 입항 허가가 나왔다.

18일부터 사흘간 하역 작업이 진행되어 21일에 작업은 끝났다.

22일 출항해야 할 이 배의 선장은 갑자기 체류 연장 신청을 낸다.

현지 감시원들의 눈치를 살피느라, 테러리스트 3명을 아직 내려놓지 못했기 때문이다. 선장은 "이집트의 알렉산드리아항까지 멀리 가야 하므로, 엔진을 수리해야 한다"라고 둘러댔다.

버마 당국은 거절했다.

그러자 선장은 3일만 더 머물게 해달라고 간청했다.

하는 수 없이 항만 관계자가 배에 올라와서 엔진의 상태를 점검하고 체류 연장을 허가했다. 일부러 엔진 고장을 낸 것인지, 아니면 뇌물을 썼는지, 명확하지 않다. 출입국 흔적을 남기지 않고, 테러리스트 3인을 상륙시키기는 그만큼 쉽지 않았다.

22일 북한인으로 보이는 2명이 채소류 등 음식물을 실은 작은 동력선을 타고 동건애국호에 올라갔다. 배에서 내릴 때는, 다른 3명(테러요원들)과 함께 모두 5명이 항구 땅을 밟았다. 이들은 바퀴가 달린, 무거워 보이는 가방 2개를 끌고 내렸다.

테러 3인조, 현지인 뇌물로 매수 北대사관에 잠입

이 배가 정박하고 있는 동안, 현지 경찰관 3명, 세관원 2명 모두 5명이 감시조로 승선해 있었다.

그런데도 어찌하여 3명의 밀입국이 버젓이 이루어졌는지, 공식 기록에 남아 있는 것은 없다. 나종일 교수(전 국정원 차장)의 조사에 의하면, 테러리스트의 밀입국에, 현지인을 매수하는 뇌물이 건네졌다고 한다.

이듬해인 1984년 1월 워싱턴포스트의 보도도 이를 뒷받침한다. 아웅산 테러와 관련해 버마 정부가 20명의 관리 등을 체포했는데, 그 중에는 밀입국을 도와준 세관원, 출입국 관리, 뱃사공 등이 포함되어 있다는 내용이다. (그러나 버마 정부가 공식으로 작성한 사건 백서에는 이러한 뇌물 매수 사실이 없다.)

암튼 3인조는 숨죽이며 랑군 시내 북한대사관으로 스며들었다.

이들은 북한대사관 참사관 전창휘의 집으로 들어갔다. 전은 신분만 외교관이고, 본국 대외정보조사부의 연락책이며 현지 지도원이었다.

전은 해외 공작 분야의 전문요원으로 알려져 있다. 랑군의 외교단지 안에 있는 그 집은, 차고를 통해서 드나들 수 있었고, 화장실도 따로 있어서, 3인은 불편 없이 은신할 수 있었다.

폭발물은 평양에서 외교파우치 편으로 왔다.

그들이 배에서 내린 무거운 짐은 원격 폭발 유도장치였던 것 같다.

한국 안기부의 파견요원 강종일도 당시, 동건애국호의 입항을 주목했고, 본국에 보고도 했다. 그러나 감쪽같이 사라진 북한인 테러 3인조에 대해서는 전혀 알지 못했다. 그 배의 입항 사실 자체는, 한국 대사관의 송영식 참사관도 알고서, 이계철 대사(폭파로 순직)에게도 보고했다. 하지만, 대통령 목숨을 노린 테러 요원이 잠입했으리라고는 상상도 못 했다.

10월 6일 거사 3일 전, 3인은 전창휘의 집을 나와서, 아웅산 묘소 부근을 정찰했다. 진모와 강민철은 현지에서 '롱기'라고 부르는 치마 같은 전통 의상으로 갈아입고 있었다. 신기철은 검은 바지에 하얀 셔츠 차림이었다.

폭탄 설치 장소를 물색하고, 사람들의 눈을 피해 매설하는 작업은 쉬운 일이 아니었다.

훗날 워싱턴포스트의 보도에 따르면, 묘소 관리인들은 평소 돈을 받고 연인들이 데이트를 즐길 수 있게 해주었다. 심지어 창녀들이 매춘하는 장소로 이용하는 일도 돈만 내면 묵인해주었다. 이런 사정을 알게 된 북의 공작원들이 밀회를 가장해 여자들을 데리고 함께 들어가 폭발물을 설치할 수 있었다는 것이다. (그러나 지지통신의 11월 8일 보도는 약간 다르다. 공작원들은 관리소에 가서, 남한의 보안요원이고 현장을 점검해야 한다면서 허락을 받았고, 그 과정에서 1만 짜트(Kyat)를 건넸다. 천장에 폭발물을 매달기 위해 사다리를 빌리기도 했다고 한다. 그러나 버마의 공식 조사 발표에는 없는 얘기다.)

지나간 일이지만, 대통령의 버마 방문 일정은 갑자기 끼워넣은 것이었다.

인도는 서남아 지역의 비동맹 외교 강화 차원에서 정해진 일정이었으나, 원안에는 버마가 없었다. 그런데 어느 날 갑자기 청와대에서 버마를 끼워넣으라 해서, 외무부가 당황해했다.

이범석 장관(현지에서 순직)은 기자들에게 "그 ○○○ 때문에 버마까지 가야 하게 되었군"이라며 욕설로 원망했다고 한다. 그 일정을 강권한 사람은 당시 실세로 꼽히던 3허 중의 한 사람으로 전해지고 있다.

안기부 해외공작국장, 미리 답사하고도 낌새조차 못 채

그럴싸한 변설(辯舌)이 있었다고 한다.

"버마의 네윈을 만날 필요가 있다. 그가 군사 쿠데타에 성공하여 집권하고, 권좌에서 물러난 뒤에 섭정하는 선례를 현지에 가서 직접 보고 배울 필요도 있고, 그와 친교도 맺는다. 그렇게 해서 북한과 절친인 버마를 담대하게 포섭해버리면 일거양득이다"라는 주장이었다.

난데없는 버마 추가로, 현지의 이계철 대사나 송영식 참사관(훗날 호주대사)도 난감해했으나, 청와대의 결정이라 토를 달 형편이 못 되었다. 차라리 버마가 거절이라도 해주었으면 싶었는데, 공교롭게도 덥석 받아버렸다.

버마에서 재판을 받는 북한의 테러범 진모(왼쪽에서 2번째)와 강민철(오른쪽에서 2번째). 특별재판이 벌어지는 동안 공판정 구내와 외곽은 삼엄한 경비가 펼쳐졌고, 테러범 좌우에는 교도관 8명이 배치되었다(1983. 11. 29.). 버마 영자지 '근로자일보'

대참사는 이렇게 하찮은 나비 한 마리의 날갯짓에서 비롯했다.

10월 초, 안기부의 해외공작국장 이상구도 랑군에 도착했다. 그는 해외공작단, 과학정보단, 심리전단 등을 지휘했다. 대통령의 해외 순방에는 안기부 해외공작국장이 수일 전에 현지에 들러 코스를 점검해보는 것이 관례였다.

그러나 안기부의 임무는 현지에서 대통령의 신변 경호를 직접 맡는 것은 아니고, 수상한 정보를 수집해서 경호팀에 넘겨주는 것이었다. 이상구 국장은 아웅산 묘소 참배 시에 '대통령과 수행원들이 북한 공작원들의 테러에 노출될 위험'이 있다고 지적은 했다고 한다. 적어도 그 개연성만은 지적하여 책임으로부터 자유로운 듯하지만, 실상 안기부는 그 엄청난 테러의 낌새조차 눈치채지 못했다.

운명의 날, 10월 9일은 다가오고 있다.

묘소 내부, 천장에 폭발물이 설치되었다. 클레이모어(대인지뢰) 2개와 소이탄 1개를 매달았다. (이 중 클레이모어 1개는 불발해 버마 수사당국의 손에 들어갔다.)

그런데 약간의 문제가 생겼다.

버마 폭탄 테러 넘어서니 중국이 성큼

어디에서 원격 리모컨을 누를 것인가?

그 장소를 놓고 의견이 갈렸다. 리더인 진모는 길가 행렬의 인파 속에서 누르고 도망쳐야 한다고 했다. 그러나 강민철의 생각은 달랐다. 묘소가 한눈에 내려다보이는 쉐다곤탑 사원에서, 비행기 조종사가 시계(視界)비행을 하듯 눌러야 확실하다, 그래야 육안 관측을 통해 정확히 표적을 때릴 수 있다고 했다. 그러나 진모는 "쉐다곤 사원은 관광객이 많아서 신변이 노출될 가능성이 있고, 폭파 후 현장에서 도망치는 데도 불리하다"라고 우겼다.

이것 말고도, 두 사람은 자주 충돌했다. 가령 대사관 전창휘의 집을 나선 뒤, 진모의 주장대로 3인은 모기에 물려가면서, 사흘간 숲속에서 노숙했다. "검문검색에 리모컨이 발각되거나 하면 만사가 물거품이 된다"라며, 호텔 숙박도 안 된다고 했다.

그러나 강민철은 수면 부족으로 고생하다가, 정작 작전에 차질이 오면 무슨 의미가 있느냐고 반박했지만 허사였다. 하여튼 계급이 더 높은 진모는 암살 작전 성공 이후의 공(功)을 독차지할 심산이었는지, 강을 일방적으로 짓눌렀다.

버마 외무장관의 4분 지각이 전두환의 운명 바꾸었다

리모컨 작동은 결국, 진모의 주장대로 묘소 부근에 있는 자동차 정비공장에서 하기로 했다.

10월 9일 아침 8시 45분. 정비공장 주인 우면쉐는 직원으로부터, "중국인으로 보이는 수상한 30대 남자가 서성거린다"는 보고를 받았다. 진모였다. 직원은 "버마 말도 못 알아듣는 비정상 같다"라고 말했다.

주인이 나가보니, 과연 중국인 같은 자가 직원과 손짓, 발짓으로 대화를 나누고 있다. 주인이 "여기에 무슨 볼일이 있어서 왔느냐"고 물었더니, 상대는 "치나(China), 치나"를 연발할 뿐이었다.

달리 의사소통이 되지 않았다.

상대는 한 손에 버마 지폐를 흔들고 있었는데, 이 돈을 줄 테니 여기 머물게 해달라는 의미였을 것이다. '바디 랭기지'로 서로 의사를 주고받지만, 통하지 않았다.

답답해진 주인이 진모의 상의 윗주머니에 꽂힌 만년필을 꺼내려 시도했다, 글로 써서 필담으로라도 소통해보고자 한 것이다. 그러자 진모는 기겁하며, 만년필을 빼앗아 공장 밖으로 도망쳤다. 이 만년필은 뚜껑을 열면 즉시 터지는 폭발물, 즉 부비트랩으로, 훗날 조사에서 드러났다.

진모는 정비공장 밖으로 도망치다시피 나와서, 기다리던 강민철, 신기철을 데리고 원격(리모컨) 공격 장소를 바꾸었다. 묘소에서 1km쯤 떨어진 영화관 앞에 새롭게 자리 잡고, 대통령 일행이 지나가기를 기다렸다.

10시 30분의 참배를 앞두고, 인야레이크호텔에서 수행 기자들이 나섰다. 아웅산 묘소에 도착하니, 정부 인사들이 미리 도착해 있었다.

그런데 대통령이 머문 영빈관에서 다소 혼선이 생겼다.

버마의 외무장관이 약속된 시각, 10시 15분에 오지 않은 것이다. 대통령이 얼굴을 찌푸리고 기다리는 사이, 4분이 늦은 10시 19분에야 외무장관이 나타났다.

그 4분이 운명을 갈라놓았다.

테러리스트 3인이 영화관 앞에서 대통령 행렬이 지나가기를 기다리고 있었다. 10시 24분 경찰 모터사이클의 요란한 선도를 받으며 검은 세단 차량 행렬이 지나갔다. 3인은 전두환 대통령이 탄 차라고 착각했다.

사실은 아니었다. 이계철 대사 일행의 차였고, 대통령은 아직이었다. 거기에는 작은 사연이 숨어 있다. 대통령은 도착한 날, 이 대사에게 말했다.

"내일 아침에 영빈관으로 오세요."

그에게 금일봉을 주면서, '행사로 수고한 현지 경찰관들을 격려하라'라고 하기 위해서였다. 이 대사가 봉투를 받아 늦게 나서다 보니, 영빈관 앞뜰의 원형 로터리가 너무 좁았다. 이 대사 차가 대통령 차량과 섞이는 게 불편해 보여서, 대사 차가 먼저 떠난 것이다.

10시 25분, 이계철 대사가 묘소 기념관에 도착했다.

그는 키가 크고 대머리여서, 멀리서 보면 대통령과 착각할 정도였다. 그는 미리 도열해 있던 이범석 외무장관 등 정부 인사들에게, 곧 대통령께서 오실 것이라고 말했다. 이때가 폭발 3분 전이었다.

그런데 돌연 행사의 시작을 알리는 나팔 소리가 들렸다.

어느 나라 군악대든, 엄숙한 행사를 앞두고 연습 나팔을 부는 것은 상식 밖이다. 왜 그랬는지는 아직도 미궁이다. 미얀마의 공식 기록에도 사유가 밝혀지지 않고 있다.

두 갈래 설이 있다.

아웅산 테러의 현장. 섬광과 함께 폭음, 폭풍이 휘몰아치고 파편, 살점과 뼛조각이 사방으로 흩어졌다. 고함과 비명으로 아비규환의 아수라장이 벌어졌다.

이계철 대사의 용모를 보고, 나팔수가 대통령으로 착각했을 수 있다. 또 한 갈래는 경호실 간부(천병득 처장)가 나팔수에게 연습 삼아 한 번 불어보라는 의미의 손짓을 했다는 현장의 증언이 있다. 이 나팔 소리가 리모컨을 누르는 신호라도 되듯, 마침내 폭발이 일었다.

폭음·섬광·폭풍 속에 피와 살이 튀는 아수라의 아웅산

폭음과 함께 번갯불 같은 섬광과 엄청난 폭풍이 휘몰아쳤다. 순식간에 묘지는 어둠에 휩싸이고 파편과 함께 사람의 몸에서 튀어나온 살점과 뼈, 그 조각이 사방에 흩어졌다. 목조 기념관 건물의 서까래와 기둥이 내려앉고 지붕은 날아가버렸다. 그 잔해 아래, 사람들의 찢긴 인체, 피투성이 조각이 널려 있었다.

이중현 사진기자(동아일보, 결국은 사망)를 포함한 부상자들의 고함, 절규와 신음은 현장을 아수라 지옥으로 만들어놓았다. 한국인 고위 관리 17명, 버마인 4명이 즉사했고, 부상자도 49명이나 되었다.

폭발 현장에서 영빈관까지는 4.5km였다. 10시 28분에 폭발이 났으므로, 대통령 차량은 영빈관을 떠나서 현장과 1.5km만 남겨놓고 있었다.

대통령 일행은 먼발치에서 테러 참사를 알게 되고, 도중에 영빈관으로 급히 철수했다.

전통은 장세동 경호실장과 살아남은 두 명의 수석들, 황선필 공보, 김병훈 의전을 불러, 일정 모두를 취소하라고 지시했다. 귀국하자는 것이다.

황선필이 살아남은 경위는 기막히다.

그는 영빈관에서 대통령에게 언론 관련 보고를 하고 나서는데, 대통령이 "차나 한잔하고 가라"고 해서, 늦게 나섰다. 그런데 막상 차를 타러 나와서 보니, 자기가 타야 할 차에 남이 타고 가버린 뒤였다. 비서를 질책하고 택시를 불러 부랴부랴 묘소로 향했다. 대통령보다 늦을까, 발을 동동 구르면서 가던 도중에 멀리서 폭발을 보았다. 간발의 차로 화를 면했다.

생사의 갈림길에서 재앙을 내리는 사신(死神)을 피한 사람들은 더 있다.

홍순영 외교비서관(김대중 정부의 외교부 장관)은 문서 작성을 하느라 숙소에 머물러 화를 면했다. 송영식 참사관은 함병춘 수석이 단상으로 오라고 강권하는데도, 겸연쩍어서 멀찌감치 물러서 있다가 살았다.

이수혁(문재인 정부의 외교부 차관, 주미대사) 사무관은 묘소 현장에 파견되어, 정부 인사들을 단상에 정렬시키고 내려서다가 폭음을 듣고 쓰러졌는데, 다행히 가벼운 부상뿐이었다. 찰나에 생사가 엇갈렸다.

그 와중에도 대통령은 침착했다.

귀국 비행기에 오르기 위해 공항으로 가던 도중, 수행원 중 사망자들이 안치된 병원에 들러 조의를 표하고, 다시 제1 육군병원으로 가서 부상자들이 입원한 병실에 찾아가 치료 상황을 둘러보았다. 병상에 누운 공보비서 최재욱은 얼굴이 피투성이어서 대통령이 몰라보자, "제가 최재욱입니다"라고 해서야 겨우 알아봤다. 참혹한 테러 직후라 위험했고 측근도 만류했지만, 전두환은 월남전을 경험한 군인다웠다.

테러리스트 3인은 도주하기 시작했다.

리더인 진모가 흩어져서, 다시 만나자고 했다. 휘하 두 사람에게 대사관으로는 가지 말라고 했다. 그래서 진모, 강민철 · 신기철 두 팀으로 헤어졌다. 원안대로라면, 랑군강 하구에 쾌속정이 기다리게 되어 있다. 거기서 모선 애국동건호에 올라타면 된다.

진모가 허겁지겁 하구에 가보니, 아무리 눈을 씻고 보아도 쾌속정은 보이지 않았다. (아예 배치된 적이 없었다. 그리고 모선 애국동건호도 그 시각 인도에서 비료를 선적하고 있었다.) 북한은 10월 6일 모선의 재입항을 요청했지만 거절당했다. 한국 대통령의 방한 기간을 고려한 거절이었는지, 버마는 10월 15일 이후나 입항 가능할 것 같다고 회신했을 뿐이다.

진모는 쾌속정을 찾아 헤맸다.

날이 저물자 강물에 뛰어들어 하류로 헤엄쳐가기 시작했다. 밤 9시경, 강변의 한 나루에서 주민들이 수상한 사람이 수영하면서 하류로 가는 것을 목격했다. 이미 아웅산 폭파 사건으로 비상이 걸려 있는 판이다. 주민들은 경찰에 신고하는 한편, 강을 향해 나오라고 소리쳤다. 진모가 손사래 치듯 대응했다.

"굿 나이트, 굿 나이트~."

신경 쓰지 말고, 사라져달라는 뜻이었다.

도주하는 3인조, 아무리 찾아 헤매도 구조선은 없다

더욱 수상하게 여긴 주민들은 횃불을 들고 강변을 따라 쫓아갔고, 그사이 보안요원들이 합세했다. 진모는 한 접안시설을 겸한 부유물을 붙잡고 뭍으로 나섰다. 사람들이 에워싸자 그는 허리춤의 젖은 가방에서 수류탄을 꺼냈다.

순간, 수류탄 폭발이 일어났다.

그가 물 위로 굴러떨어지고, 한참 흘러가다가 강에 박힌 말뚝에 걸려 멈추었다. 경찰관 여러 명이 그를 붙잡아 묶었다. 진모는 수류탄 폭발로 큰 상처를 입었지만, 아직 죽진 않았다. 체포 소동으로 버마인 3명, 선원 1명, 어부 1명이 부상했다.

한편 강민철과 신기철도 다른 코스로 강변의 쾌속정을 찾아 도주했다.

그러나 쾌속정은 없었고, 진모처럼 하류로 걸어가기 시작했다. 견뎌내면 언젠가 모선에 접촉할 수 있겠지, 하는 일말의 기대였다. 밤

이 되자 피곤이 밀려오고 배도 고
팠다. 두 사람은 강가의 빈 오두
막에 들어가 잠을 청했다. 새벽
이 되어 먹거리를 구할 겸, 마을
쪽으로 가다가 어부 2명을 만났
다. 갖고 있던 돈을 보여주면서,
하구의 마을로 배를 태워달라고
했다.

어부들은 이미 수상하다고 느
꼈지만, 짐짓 도와주는 체했다.

수상한 거동을 보면, 신고하도
록 이미 경고가 있었다. 네 사람
을 태운 어선이 하구의 태그우드
핀 마을에 가까워지자, 어부 1명

아웅산 테러로 순직한 17명의 희생자를 공항에서 운구하고
있는 영구차 행렬(1983. 10. 13.). 이른 새벽부터 비가 흩뿌리
는 가운데 연도에 늘어선 시민들이 애도했다.

이 배가 아프다고 약을 산다며 뭍에 내렸다. 그는 곧바로 경찰과 인
민위원회에 신고했다.

까맣게 속은 강, 신은 어부에게 약속한 대금을 주고 상륙했다.

가게에 들어가 담배 3갑, 중국제 과자를 사 들고 50짜트를 지불했
다. 그러는 사이 경찰관 4명과 인민위원장이 가게를 덮쳤다. 강, 신에
게 가방 검사를 하겠다고, 내놓으라고 했다.

"머니(Money), 머니~."

돈, 돈이라고만 되풀이 대답했다. 강, 신은 파출소로 끌려갔다. 계
속해서 가방을 내놓으라고 하며 실랑이가 벌어졌다. 강제로 빼앗으

려는 경찰과 옥신각신하다, 신기철이 소지하고 있던 총을 꺼내 경찰관을 쏘았다. 경찰관들이 집중 사격을 하여 신은 그 자리에서 즉사했다.

훗날 안기부의 이상구 국장이 신의 시신을, 미얀마 당국의 협조를 받아 검시했는데, 온몸의 여러 군데에 총상을 입은 채였다. 총격전이 격렬했다는 증빙이었다.

그 사이, 강민철은 도주했다.

경찰과의 총격전으로 테러범 1명이 숨지고, 다른 1명이 달아났기 때문에, 군대가 마을 일대에 파견되었다. 마을 일대에 삼엄한 수색이 펼쳐졌다. 다음 날인 10월 12일, 마을의 한 소년이 갈대밭에 숨어 있는 강을 발견하고 신고했다.

군경과 마을 주민 400여 명이 포위했다. 그들은 '테러범을 사살하지 말고, 반드시 생포하라'는 명령을 받고 있었다. 강에게 접근해 항복하라고 하자 그는 손에 수류탄을 들고 몸을 일으켰다.

버마 군인 3명이 덮치려고 하는 순간, 그가 왼손을 치켜들었다. 그가 안전핀을 뽑는 순간, 군인들이 "폭탄이다"라고 외치며 엎드렸다. 그때 수류탄이 터지면서 강민철의 비명이 들렸다. 중상을 입은 그를 군인들이 덮쳤다.

강민철의 왼손이 잘려나가고 없었다.

피를 철철 흘리면서, 강은 병원으로 이송되었다. 이 폭발로 버마 군인 1명도 중상을 입었고, 헬리콥터로 후송 중에 사망했다.

진모와 강민철이 소지하고 있던 수류탄은 공격용이 아니었다.

둘 다 안전핀을 뽑는 순간, 자폭하게 되어 있는 자살용이었다. 그래서 진모도 강민철도 손목이 날아간 채로 생포되었다. 이를 뒤늦게 깨달은 강민철이, 북의 공작 지휘부에 반감을 갖게 되고, 결국 범행 전모를 자백하며, 수사에 협조하게 된다.

버마는 수사 초기에 한국의 자작극, 혹은 남한 반정부 인사의 테러로 의심했다. 그래서 안기부의 해외공작국 이상구 국장의 출국을 정지시키는 조처도 했다. 송영식 참사관도 초기에 "버마 정부는 한국을 노골적으로 의심하고, 심한 질문을 퍼부었다"라고 회고했다.

10월 25일에야 한국의 안기부 성용욱 국장, 한철흠 과장이 진모, 강민철을 면담할 수 있었다.

진모는 묵비권을 행사했다.

그러나 강민철은 자기가 남한 출신으로 28세이며, 서울대학교 재학생이라고 했다. 잇따른 질문에, 초등학교만 나오고 중·고교는 다니지 않았다고도 했다. 영등포에 살고 있고, 어머니가 있다는 말도 했다. 버마에 육로로 왔다고도 했다가 해상으로 왔다고 횡설수설했다. 하지만 11월 3일이 되자 강민철은 진상 전모를 자백하기 시작했다.

노신영 안기부, 북한 소행 입증에 한몫

대통령과 순방단 일행이 일정을 취소하고 급거 귀국했다.

서울에 전통이 돌아오자, 군부는 북한에 보복하기 위해 만반의 준비를 하고 있었다. 군부의 기계적이고 자발적인 '충성'이었다. 미국은 화풀이 충돌을 크게 걱정했다. 전통의 회고. (1986년 8월 11일 청와대 출입기자단.)

"버마에서 북한이 나를 죽이려고 했는데, 이것은 소련이 KAL기를 격추한 지 얼마 안 된 때였나. 원래 국가원수에 대한 테러는 선전쏘고 사유가 될 수 있어요. 그때 우리 군이, 육군, 해군, 공군 할 것 없이 북한을 때리려고 해서, 주한미군 세네월드 사령관이 얼굴이 새하얗게 됐어요. 내가 귀국해보니, 전군이 때릴 준비가 되어 있었어. 위에서 승인을 안 해도 치고 들어가겠다는 거야. 당하고만 있을 수는 없는 거라고.

그래서 내가 그 바쁜 상황에서도, 전방을 돌고 군 지휘관들을 만나서 이렇게 말했습니다. 나라를 사랑하고 충성심을 보여준 데 대해서는 감사한다. 그러나 전투를 하느냐 안 하느냐의 상황 판단은, 국가원수로서 내가 더 넓게 보니, 여러분들은 나에게 맡겨라. 적절한 시

아웅산 테러 직후, 버마는 북한의 소행으로 단정하는 한국을 믿지 않았다. 버마가 영국의 식민지였기 때문에 증거를 중시한다고 본 안기부는, 북한이 현충원 폭탄 테러 등에 사용해온 폭약, 권총 같은 자료를 랑군으로 보내 북의 소행인 것을 확신하게 했다. 사진은 아웅산 테러 현장에서 수습된 폭발물의 잔해.

기에 때리라 할 때 때려라. 만일 내 명령 없이 병사 한 명이라도 움직이면 불충(不忠)이다.라고 했어요."(전두환 육성 증언)

북에 대한 보복 공격은 미국의 만류가 있고, 게다가 아직 '북의 소행'이라는 결정적인 버마의 발표가 나지 않은 상황에서는 불가했다.

"미국에서 보복을 말렸다고 한다. 미국은 전시 작전통제권을 쥐고 있기에 확전되는 것을 막으려 했다. 한때 우리 측에서 원산 상륙작전 소리도 나돌았다. 그런데 아무 일 없이 지나갔다. 미국이 만류하는 가운데, 우리도 86 아시안 게임, 88 올림픽을 앞두고 있어서 (전쟁이 나면 안 되기에) 보복하지 않은 것이다."(정세현 전 통일부 장관)[27]

11월 4일 버마는 조사 결과를 발표했다.

노신영 안기부도 버마의 진상 조사에 증거를 보태며 일조했다.

한국은 북의 소행을 확신했으나 버마는 증거 없이 단정할 수 없다고 했다.

"버마 주재 안기부 요원 말이, 버마는 오랫동안 영국의 영향을 받았기 때문에 한국이 뭘 주장해도 증거나 확실한 근거가 없으면 움직이지 않는다고 했다. 그래서 우리는 보관하고 있던 것들, 즉 북한이 테러할 때 주로 사용하는 폭약이나 권총 자료들을 버마에 보냈다. 현지에서 수집한 증거들과 비교해 북한 측 소행인 것을 알게 했다. 그러고 나서 수사가 급속도로 진전됐다."(엄상익 변호사의 안기부 정보관 인터뷰)[28]

버마는 북한에 대해 '국가 승인'을 취소했다.

외교 관계를 단절하고, 대사관 폐쇄를 선언했다. 11월 22일부터 진모와 강에 대한 재판이 열리기 시작해, 이듬해 2월 24일 두 명 모두 사형이 확정되었다.

그런데 진모는 체포 당시의 부상으로 시력을 잃은 실명 상태였고, 북한의 가족을 걱정하는 듯 묵비를 거듭하여 3월에 사형에 처해졌다. 강민철은 사형 집행이 보류되어 감옥(인세인)에서 오랜 기간 옥살이를 했다.

강민철은 2008년 병사했다.

김상협 총리 "중국서 봉황새 한 마리 날아왔다"

1983년 5월 5일, 어린이날 오후의 평온을 깨는 요란한 방공 사이렌 소리가 서울, 경기, 강원 지역에 울려 퍼졌다.

6·25전쟁 이후 처음으로 중공(中共; 당시의 미수교국 상태의 표현) 국적의 민항기가 대한민국 영공으로 날아 들어온 순간이었다. '적기(敵機)' 출현에 따라 발령된 공습 경계경보에 전국이 놀랐다.

이 민항기는 중국 민항총국 소속 영국제 트라이던트(Hawker Siddeley Trident) 여객기로 승객 91명을 태우고 있었다. 랴오닝성 선양 공항을 출발하여 상하이 국제공항으로 가던 도중 하이재킹을 당했다. 납치 주범 줘창런(卓長仁)을 비롯한 6명은 권총을 이용하여 조종실 문을 부수고 들어간 뒤, 기장에게 대만(중화민국)으로 가라고 명령했다.

기장은 기수를 남으로 돌려 평양 순안국제공항으로 날아가, 서울 상공이라고 속이려 했다. 그러나 들키고 말았다. 납치범들의 협박으로 비행기는 더 남쪽으로 날았고, 수상한 비행기가 북한 상공에서 오락가락하다 남하하는 것을 오산 공군기지 레이더가 탐지했다.

비행기가 휴전선으로 접근해오자 오산기지에서 F-5와 F-4 전투기가 떴다. 여객기를 유도하여 춘천시의 미 육군 항공기지 캠프 페이지(Camp Page) 비행장에 위태롭게 불시착시켰다. 동체는 활주로를 50여 m나 지나 육중한 두 바퀴가 땅에 깊숙이 박힌 채 멈춰 섰다.

당초에는 경북 예천비행장으로 유도해 착륙시키려 했다. 하지만 민항기가 갑자기 기수를 북으로 돌려 날기 시작하는 바람에, 전투기들이 경고 사격을 가하면서 다시 가까운 춘천비행장으로 내리게 했다. 오후 2시 10분경이었다.

청와대가 발칵 뒤집혔다.

외교부도 난리가 났다. 중국과장, 아주국장 김병연, 차관보 공로명, 차관 노재원을 급히 찾았으나 연락이 잘 닿지 않았다. 휴대폰이 없던 시절이라 소재 파악이 어려웠다. 이 사건으로 간부들은 '삐삐'라는 무선호출기를 차고 다니게 되었다.

청와대에서 함병춘 대통령 비서실장 주재로 오후 5시경 관계부처 대책회의가 긴급 소집됐지만, 사상 초유의 비상사태에 어떻게 대응해야 할지 서로 얼굴을 쳐다볼 뿐 난감해했다. 그때 장세동 경호실장이 방금 수신된 외신 전보를 들고 다급하게 회의실로 뛰어들어왔다.

장세동 경호실장은 1시 26분, 상황실의 비상벨이 울리면서 이미 그때부터, 알고 있었다.

오산 공군기지의 '전술 항공통제본부'로부터 급보를 받았다.

'정체불명의 항공기가 휴전선 쪽으로 접근 중. 아측 전투기 편대가 긴급 발진.'

'비행기 피랍 부호가 레이더에 잡힘. 항적(航跡)은 하나(비행기는 한

대).'

'기체에 중국민항이라고 적힌 것을 육안 포착.'

시시각각 들어오는 보고를, 장 실장은 실시간으로 받고 있었다.

장 실장이 회의장에 들고 온 것은 중공 민항국장 명의의 전문이었다.

'교섭대표단을 태운 특별기를 서울로 보낼 테니 착륙 허가를 내달라.'

이례적으로 신속한 반응이다.

중국 정부가 우리 정부에 전문을 보낸 것은 1953년 6·25전쟁 휴전협정 체결 이후 처음이었다. 중공은, 1961년 민항국 소속의 조종사 2명이 한국에 귀순한 이래 항공기나 선박 납치사건이 5차례나 있었지만, 한 번도 문제 해결을 서두르거나 교섭 대표를 파견한 적이 없었다.

수교 관계가 없던 적성(敵性)대륙 중공(이하 중국)이 사건 발생 몇 시간 만에 이토록 신속하게 교섭에 나선 것은, 실로 믿기지 않았다.

국무총리 김상협은 처음 보고를 듣고 말했다.

"봉황새 한 마리가 날아들었다."

고려대에서 마오쩌둥(毛澤東)을 강의하기도 한 중국 전문 학자의 첫마디가 이 사건의 오묘한 역사적 의미를 함축하고 있었다.

전두환 대통령은 안기부장 노신영을 콕 찍어 전담하라고 지시했다.

"중국 비행기가 미군기지에 있으니, 국방부에 직접 가서 사건을 현장 지휘하시오."

거기에는 사연이 있다.

사건이 일어나고 제2군단 군단장이 미군기지 캠프 페이지에 들어가려고 하였으나 위병소(미군)의 제지로 들어가지 못했다. 창피스러운 보고를 받은 전두환은, 북의 배후세력인 중국과의 첫 접촉인 데다, 미국과의 외교 문제도 걸려 있다. 게다가 일본도 관심이 많은 문제다. 그렇다면 외무장관 출신인 노신영 안기부장이 총괄 지휘하는 게 좋겠다고 판단했다.

장세동 대통령 경호실장조차 "군의 사기가 걸려 있는 문제라 안 됩니다"라고 만류하였으나 전두환은 단호했다.

외교와 정보, 국방을 겸한 문제로, 정교하고 치밀한 판단이 중요하다고 생각했다. 특히 승객, 기체 송환, 납치범 처리 등 국제관례를 고려해야 하고, 미수교 적성 국가를 대하는 미묘하고 난해한 과제이기에, 외무부 장관 출신의 안기부장을 찍은 것이다.

노 부장이 제2차장 박세직과 국장을 데리고 국방부에 나타났다.

2년여 전, 10·26 밤에 정보부장 김재규가 대통령 박정희를 쏘아버리고 나타난 이래 처음으로 '남산의 부장'이 용산에 떴다. 그것도 전두환 각하의 명을 받아서!

윤성민 장관, 김윤호 합참의장, 박준병 보안사령관, 군 간부들이 기다리는 자리, 어색한 분위기를 누그러뜨리듯, 노 부장이 조용한 목소리로 운을 뗐다.

"대통령 각하의 지시로 이번 일을 안기부에서 총괄하기 위해서 왔습니다. 협조를 부탁합니다."

버마 폭탄 테러 넘어서니 중국이 성큼

그러나 아무리 각하의 지시라고 해도, 정보 책임자인 안기부장이 국방부에서 군 지휘권을 행사하는 것은 낯설었고, 법·제도적으로도 이상한 데가 있었다.

김윤호 합참의장, 노신영에게 "당신 지휘 못 받겠소"

윤성민 장관은 각하의 뜻이라니 고개를 숙였으나, 김윤호 합참의장은 대들 듯이 말했다.

"안기부장의 직접 지시를 받을 수 없습니다. 국방부 장관을 통해서 하십시오."

노신영에 대한 반감을 윤성민 장관에게 터뜨리는 것이었다.

그전부터 윤 장관과 김 합참의장은 사이가 틀어져 있는 것으로 소문나 있었다. 그 자리에 있던 박준병 보안사령관은, 전통이 보안사를 제치고, 안기부장을 첫 서열의 지휘권자로 올린 의미를 곰곰이 생각했다. 군과 보안사를 아래로 돌려놓는 대통령 각하의 계산은 무엇이란 말인가.

김윤호는 군부의 자존심을 그렇게 볼멘소리로 터뜨린 것이다.

김윤호는 박준병을 향해 불평했다. 군의 위신이 뭐가 되느냐고, 보안사령관을 자극하는 말이다.

"불과 2년여 전에, 정보부장 김재규가 대통령을 총으로 쏘고, 육참총장(정승화)이 거기 휘둘려서 군이 그 꼴이 났는데, 우리가 어떻게 다시 안기부 통제를 받는다는 말인가?"

합참의장 김윤호는 문민 안기부장 노신영을 얕잡아 보았다.

본시 그는, 괄괄한 성미의 개성파 장군이었다. 쿠데타군 실세도 아

중국 민항 트라이던트 비행기가 1983년 5월 5일 강원도 춘천 미군기지에 불시착한 뒤 활주로를 벗어나 멈추어 서 있다. 승객 91명을 태우고 선양을 출발해 상하이 공항으로 가던 비행기는 납치범 6명에 의해 피랍되어왔다. 한국과 중국은 1953년 휴전 이래 처음으로 공식 협상을 벌였고, 서로 만족스러운 합의에 이르게 된다. 전두환 대통령은 외교 경험이 많은 안기부장 노신영을 국방부로 보내 총괄 지휘를 맡기는데, 합참의장 김윤호는 노신영 앞에서 대놓고 불만을 터뜨렸다.

닌, 문민 외교관에게 굴종하랴?

김은 실세 육참총장 황영시와 육사 동기(10기)로, 나이가 많은 황을 언제나 '형님'으로 부르는 아우. 황 총장의 후원으로 군단장, 군사령관을 거쳐 합참의장에 올랐다. 아니, 그 이전 1979년 12·12 반란 때는 황영시 1군단장의 전화를 받고, 광주 보병학교장에서 일약 신군부 버스에 올라탄 행운아였다.

그렇기에 윤 장관처럼, 전남 출신으로 신군부 '빽'도 없는, 지역 안배의 얼굴마담 따위는 안중에 없었다. 윤 장관은 '유학성 연줄'로 알려져 있는데, 유학성이 지금은 안기부장에서 날아가 흔적도 없지 않은가.

거슬러 올라가면 정승화 육참총장이 10·26 후에 윤성민을 차장으로 기용한 것도 지역 안배 덕이었다. 군 요직을 영남 출신이 거의 독차지했던 현실과 그로 인한 군 내의 여론을 의식한 인사였다.[29]

김윤호는 윤성민 장관에 대해, 신군부 빽도 없지만, 그렇다고 구(舊)군부에서 손가락에 꼽힌 장군도 아니라는 듯이, 서질게 대했다고 한다.

그러나 윤성민은 유학성과 같은 날 중장으로 진급하고, 1군사령부 예하의 2군단장을 유학성이, 3군단장을 그가 맡았던 인연이 있다. 그 전부터 나이도 비슷하고, 육사 9기(윤)와 비슷한 시기 군에 들어간 정훈 1기(유)여서, 서로 반말하며 지내는 사이였다.

두 사람은 12·12 초저녁에 육본 정승화 측(윤)과 음모그룹(유)으로 무섭게 대립했지만, 일촉즉발의 상황에서 친분 때문에 서너 차례의 통화가 가능했고, 결과적으로 무력 충돌을 최소화하는 데 기여했다.

윤성민 참모차장은 그날 밤 펄펄 뛰는 장태완 수경사령관, 정병주 특전사령관의 분노에도 불구하고, 육본 지휘부를 유연하게 만든 유공자였다. 그 '협조'의 보상인 듯, 윤성민은 '정승화의 육본' 측으로선 이례적으로 1군사령관으로 나갔고, 유학성은 3군사령관으로 약진했다. 그처럼 윤성민이 반란 그룹이 아니면서도, 국방부 장관에 오른 과정을 김윤호는 환히 알고 있었다.

그래서 윤 장관에게 비아냥거리듯, 또 말했다.

"안기부가 군을 지휘하게 만들다니, 한심한 노릇이야."

기실, 김윤호는 자기가 받들어 모시는 실세 황영시 육참총장의 기분과 자존심을 대변하는 것이기도 했다. 김윤호가 윤 장관을 겨냥해서, 혼잣말처럼 불만을 쏟아내자 윤 장관은 얼굴이 벌게졌다.

노신영 안기부장은 그런 국방부의 어색한 분위기가 불쾌했지만, 참을성의 사나이답게, 낮은 목소리로 잘 헤쳐나갔다.

안기부의 두 차장, 즉 수경사령관 출신의 박세직 2차장과 영리한 문민 현홍주 1차장은 치밀하게 노 부장을 잘 보필해주었다. 게다가 중국과의 협상 테이블에 앉은 공로명 차관보를 비롯한 외교관들은 노신영에게 친정인 외무부의 직계 부하들이지 않은가.

5월 7일, 베이징에서 출발한 33명의 대규모 교섭대표단이 김포공항에 도착했다. 대표단원들의 신분은 표면적으로 '중국 민항국 직원'으로 돼 있었으나 실제로는 그중에 중국 외교부와 정보기관의 부국장급 인사가 많이 포함돼 있었다.

교섭의 핵심은 자연스레 6명의 납치범 처리로 좁혀졌다.

승객과 기체 송환은 애초부터 문제가 되지 않았다. 하이재커에 엉겁결에 딸려 온 '재난 상륙'에 대해선, 국제 상식과 관행이 본국에 되돌려주는 거였으니까.

그런데 중국은, '납치범까지 모두 내놓으라'라고 요구했다.

납치범들이 '중국에서 범죄를 저지른 뒤 해외 도피 과정에서 항공기를 납치했다'는 논리였다.

中 민항기엔 최고 기밀의 유도탄 개발자가 타고 있었다

하지만, 한국의 국내 여론과 정치권의 분위기는 아니올시다였다. 자유중국과 정식 국교를 맺고 우방으로 살아왔기에, 적성국 중국에 송두리째 돌려보내는 것은 어불성설이었다. 우리 정부는 탑승자(납치범)들의 '자유의사'에 따라 결정하도록 하는 것이 국제관례라며 맞섰다.

"안기부장으로서, 나는 한국과 중국이 다 같이 가입해 있는 '항공기 불법 납치 억제를 위한 헤이그 협약'을 참고로 중국을 대하면서, (자유 중국과의) 선린 우호, 그리고 (납치범들이 송환되면 사형당한다는) 인도주의적 입장에서 이 사건을 풀어나갔다." (노신영 회고)[30]

3일에 걸친 마라톤협상 끝에, 납치범들의 즉각 망명을 허용하지 않고 한국 국내법을 적용해 처벌하는 쪽으로 절충 타결됐다. (납치범들은 서울 법정에서 재판을 거쳐 징역형이 확정됐지만, 1년 후 형 집행정지로 석방돼 대만으로 망명했다.)

교섭에는 또 다른 쟁점 하나가 있었다.

합의문에 국호(國號)를 사용하느냐의 여부였다. 외교 관계가 없는 미수교국끼리, 상대 정부를 어떻게 칭하느냐는 그 자체로 외교적 의미가 달라지기 때문이다.

한중 양국의 속내는 전혀 달랐다.

중국은 북한이 쳐다보고 있기에, '대한민국'이라는 국호를 피하고 싶어 했다. 그러나 한국은 이 일을 계기로, 어떤 식으로든 중국의 허리춤을 잡아매서 외교적 연결고리를 만들어야 했다.

한 달여 뒤인 6월 29일, 이범석 외무부 장관이 국방대학원 특강에서 "우리 외교의 과제는 소련, 중공과의 관계를 정상화하는 북방정책에 있다"라고 공식적으로 언급한 데서 그 방향성을 엿볼 수 있다. 배경은 이렇다.

이범석 장관은 사건 해결 직후, 공로명 차관보에게 특명을 내렸다.

"남북한과 미국, 일본, 중국, 러시아 4대국과의 관계를 계량적으로 분석하고, 향후 한국의 외교정책을 거시적으로 수립해서 10일 이내에 보고하라."

이 지시에 따라, 동북아 1과장 김석우(나중에 통일원 차관)를 간사로 한, 과장급 10여 명의 특별반이 구성되었다. 당시, 한중 간에 이미 홍콩을 거치는 간접교역이 한 해 1억 달러까지 늘어났다. 그러나 북한이 중국 외교부에 항의하면, 광저우항에 입항한 한국 상선에 대해 수십만 달러의 벌금을 물리는 행태가 되풀이되고 있었다.

이러한 교역 통계 등을 바탕으로, 정책 건의서가 나왔다.

"한국의 외교 전략은 한반도 평화통일을 최종 목표로 삼아야 한다. 그 전 단계로 남북한에 대한 교차 승인을 이루어야 하고, 이 목표를 실현하는 데 시간이 걸리기 때문에, 그에 앞서 남북한과 미, 일, 중, 소가 상호 균형 있게 교차 접근을 추진해야 한다는 결론"이었다. (김석우 전 차관)[31]

이 건의서를 이장춘 국제기구국장이 정리하여 이범석 장관에게 올렸고, 이 장관은 6월 29일 국방대학원에서 특강으로 밝힌 것이다.

국호를 둘러싼 샅바싸움은 길었다.

공로명 차관보 등 한국 교섭대표단은 "남의 안방에 구두 신은 채 들어와서 주인에게 인사도 안 하는 법이 있을 수 있는가"라는 논리로, 합의문에 양국의 공식 명칭을 집어넣도록 압박했고 결국 중국의 양보를 끌어냈다.

중국은 확실히 뭔가에 쫓기는 듯했다.

공로명 '대한민국' 외무부 제1차관보와 셴투(沈圖) '중화인민공화국' 민항총국 국장이 양국을 대표해 공식 서명을 했다. 1949년 중국 정권이 수립된 뒤 양국의 공식 국호를 사용한 외교적 교섭이 처음으로 성사된 것이다. 이 우발적인 사건은 한국 북방외교의 출발점이자, 9년 뒤 이뤄진 한중 수교의 주춧돌이 된다.

그렇게 납치 사건은, 불과 5일 만에 '전광석화'처럼 수습됐다.

그런데 중국 정부가 그토록 시간을 다투듯 발 빠른 대응을 보여준 배경은 무엇인가.

나중에 박춘호 재판관(국제해양법재판소의 재판관을 지냄)이 중국의 리스광 박사를 사석에서 만나 들은 이야기. "그 항공기 탑승자 중 한 명이 중국의 국방 최고 기밀을 알고 있는 거물 유도탄 개발학자였기 때문이었다"라고 한다. 이 말을 액면 그대로 믿을 수 있을지는 몰라도, 확실히 당시 중국의 경제적 형편이나 소득수준으로 미루어볼 때, 국내선 항공기를 타는 사람들은, 공산당 지도층이거나 특권층이었을 것이다.

아무튼, 중국인 승객과 교섭대표단이 한국에 체류한 기간은 비록 짧았지만, 한국을 홍보하고 선전할 수 있는 '절호의 기회'였다. 당시 민항기는 춘천 미군기지 비행장의 활주로가 짧은 탓에 이를 지나쳐 불시착했다. 정부는 비행기 수리를 핑계 삼아 승객과 기체 송환을 일부러 늦추고 '사우스 코리아' 홍보에 활용했다.

노신영 안기부의 전략이었다.

승객들은 쉐라톤그랜드워커힐호텔에 숙박하면서 서울 시내, 남산타워와 자연농원(지금의 에버랜드), 수원의 삼성전자로 구경 다녔다. 출국할 때는 내의에 컬러 TV까지 선물로 받는 등 극진한 대우를 받았다. 한국의 발전상을 대륙에 홍보하는 기회였고, 멀리는 중국과의 국

준구 민합 여개기 납치범 쥐촨런 등 6명은 1984년 8월 대만에 도착 바곳 의사로 환영을 받았다. 그러나 4명은 현지에 잘 적응해 해피엔딩을 했지만. 나머지 쥐촨런, 장홍쥔 두 사람은 정착금을 사기당하거나 투자 실패로 빈털터리가 되었다. 1991년 유괴 살인 혐의로 사형선고를 받고 2001년 처형당했다.

교 수립을 겨냥한 포석이기도 했다.

"한국이 중국에 대해 적의가 없고 실질적인 관계를 갖길 원한다는 진의가 전달되었다. 이것이 중국 민항기 피랍 사건을 처리한 성과였다."(공로명의 술회)

한중 관계는 이 사건을 계기로 급류를 타게 된다.

이듬해인 1984년부터 대(對)중국 수출이 급증하기 시작했다.

1983년 대중국 수출 금액은 484만 달러였지만 1984년에는 1694만 3000달러로 무려 250%나 늘어난 것이 한국 무역협회의 통계에 나타난다. 그 뒤로도 대중 수출액은 탄력을 받아 1990년 5억8485만4000달러로 치솟는 등 해마다 경이적인 폭으로 늘어났다.

2021년 말, 무역 규모 세계 8위인 한국의 제1 교역 상대가 바로 중국이다. 그다음 순위인 미국, 일본 두 나라와의 교역량을 합쳐도 중

버마 폭탄 테러 넘어서니 중국이 성큼

국 한 나라의 교역량에 미치지 못하니, 참으로 격세지감(隔世之感) 아닌가.

중국 민항기를 납치한 줘창런(卓長仁), 장훙쥔(姜洪軍) 등 납치범 6명은 1984년 8월 한국 교도소에서 풀려났다. 즉시 대만으로 추방되어 현지에서 반공 의사(義士)로 환영받으며 거액의 정착금을 받았다.

대체로 해피엔딩이었다.

그러나 줘창런, 장훙쥔 두 사람은 대만의 환경에 적응하지 못하고 정착금을 사기당하거나, 투자 실패 등으로 정착금을 모두 탕진했다. 결국, 1991년 타이베이시 한 의사의 아들을 유괴해 살인한 죄로 사형 선고를 받고, 2001년 처형당해 비극적인 생을 마감했다. (대만의 주리시[朱立熙] 교수가 최근 필자에게 증언.)

제13장

노태우 · 장세동 · 노신영, 링에 오르다

노태우 "동네 헬스밖에 안 간 내가 서대문 출마?"

84년 8월 전두환 대통령은 노태우 내무장관을 불렀다.

"6개월 뒤의 2·12 총선에 당당히 서울 지역구에 출마해 승부를 보라."

그것이 후계자 수업을 하라는 것인지, 나가서 죽기를 바라는 것인지, 둘 다 함축한 '양수겸장'인지 알 길이 없다. 그러나 엄명을 피할 순 없다. 총탄 빗발치는 아수라판 선거에 몸을 던져 돌진할 수밖에 없다는 말인가.

노태우는 격전지인 서울 출마 지시에 놀라고 당황했다.

훗날 6공 노태우 시대가 오면서 전두환은 처절하게 보복당했다.

전두환의 가슴에서 우러나온 사무친 반성과 복기(復棋)의 기록이 뼈저리다.[32]

"6공 기간 내내 계속된 '5공 청산' 정국은 각본에 따른 5, 6공 단절 드라마였다. 나중에 깨달았시만, 그섯은 오랜 세월 나의 그늘에서 지내오며 콤플렉스가 쌓인 노태우·김옥숙(이순자보다 나이가 4살 많다) 내외의 보상심리가 작용하고 있었다. 특히 노태우가 홀로 한강 변에 나가 눈물을 훔쳐야 했던 2인자 시절의 설움과 야속함은 언젠가는 반드시 보상받아야 했을 터이다. 대통령이 되고, 영부인이 되어 그 기회가 온 것이었다."(전두환)

전두환은 노태우 대통령의 참모들(최병렬 등)에 대해서도 꿰뚫어보고 있다.

"노태우 대통령 부부 주변에는 그런 보상심리를 자극하고 이용함으로써 그 부부의 총애를 얻고 자신들의 입지를 구축하려던 참모들이 모여 있었다. 나와 5공을 저 멀리 떼어놓으려던 생각은 6공 핵심의 가슴속에서 진즉부터 자라나고 있었다."

거슬러 올라가면 1981년 7월 노태우가 군복을 벗을 때부터의 앙금은 쌓여만 갔다.

전통은 그해 아세안 7개국 순방 중에 싱가포르에서 리콴유(李光耀) 총리를 만나서 귀가 번쩍 틔는 충고를 들었다.

"대통령의 리더십을 확보하기 위해서는 권력 집중이 필요합니다. 2인자를 절대 허용해서는 안 됩니다. 누구도 부인할 수 없는 2인자를 거세해서 국민의 눈에 권력을 실증해 보여야 합니다."

귀국길 비행기에서 전통은 주영복 국방부 장관에게 노태우 옷을 벗기라고 지시했다. 주영복은 귀를 의심했다. 비행기 소음 때문에 잘못 들은 건 아닌가 해서, 재차 물었더니 예편시키라는 답변이었다.

청천벽력(靑天霹靂), 날벼락 같은 지시였다!

노태우로서는 모양은 별 넷, 육군 대장으로 예편하는 것이었다.

그는 9사단 연병장, 전역 스피치에서 입으로는 "전두환 대통령 각하"를 수없이 칭송했지만, 속이 속이 아니었다. 서운하기 이를 데 없었다. 그 시절 권부의 장성들은 예편을 죽기보다 싫어했다. 바깥에 나가 장관, 차관, 국회의원 하라고 해도, 날갯죽지 꺾어 죽이는 말로 들었다. (박준병의 술회)

그만큼 5공의 잘나가는 장성들에게 군대는 보람차고 무지개 뜨는 에덴동산이었다. 대통령 전두환도 말하곤 했다. "누가 나한테 별 두 개만 주면, 지금이라도 대통령 때려치우고, 사단장 하고 싶어!" 진심이었다.

노태우는 예편 2달 뒤에 올림픽 유치 확정으로 체육부 장관이 되고, 이듬해 82년 4월 경남 의령의 경찰관 총기 난동 사건으로 내무부 장관으로 급거 기용되었다. 전통으로서야 후계 수업을 겸해서 단련시키는 포석일지 몰라도, 노태우로서는 장기판의 졸(卒)처럼 끌려다니는 심정이었다.

2·12 총선에 나가라는 출격 명령은 떨어졌는데 노의 지역구가 문제였다.

먼저 고향 대구로 눈을 돌려봐도 막막했다.

그의 고향인 경북 달성군은 대구 동구로 편입되어, 김용태 대변인이 현역 의원으로 있었다. 당시 당 대표인 권익현과 손발을 맞추며 그의 측근으로 뛰는 김을 내려서게 하기 어려웠다. 한병채 의원이 맡고 있던 대구 중·서구도 생각해보았지만, 고향도 아니고 연고도 없는 데를 기웃거리는 건 체면 문제였다.

그러자 주소지인 서울 서내문구가 떠올랐나.

대안이긴 했지만, 노태우는 걱정이 앞섰다.

서울에 양 김 휘하의 민추협, 신민당 바람이 거세지고 있는 판에, 집중공격을 당해 자칫 '2등 당선'이라면 상처가 크다. 1구 2인 선거이므로 당선이야 되겠지만, 야당에 1등을 준다면 '후계자'의 얼굴은 말이 아니다.

이런 상황으로 몰아가는, 육사 11기 동기생인 당 대표 권익현이 야속했다. (그 앙심인지는 몰라도, 노태우는 대통령이 된 직후인 1988년 총선 때 권익현을 공천에서 탈락시키고 만다.)

노태우는 급한 김에, 이종찬을 찾아가서 매달렸다.

마침 이종찬이 천마산 스키장 회관을 빌려 지구당원 단합대회 중이라, 귀경하는 대로 뵙자고 했다. 그러나 몸이 단 노태우는 천마산까지 숨차게 달려왔다.[33]

"아침에 각하를 뵈었는데 서울에 출마하랍니다. 서울에서 당선해야 뜰 거라고."

"서울 어디에 출마하라 하시던가요?"

"내가, 고향 대구라면 몰라도, 서울은 생소하고 기반도 없다고 했지요. 그랬더니, '이종찬을 봐라. 종로에 기반을 잘 잡고 정치인으로 크게 부상하지 않나?'라고 하시네요."

"그러면 도대체 서울 어디에서?"

"내가 사는 연희동이지요. 윤길중 의원을 밀어내고 서대문구에 나가라는 얘기입니다. 기껏 동네 헬스 다닌 정도의 기반밖에 없는 나한테."

"서울 선거는 전쟁이고, 선배님이 나오면, 두 김의 표적이 될 것입니다. 대구라면 무난하겠지만, 서울에서는 지금까지 쌓아오신 명성에 흠이 갈 수 있습니다."

"나도 같은 생각이네. 이 의원이 수고 좀 해주셔야겠소. 서둘러서 각하께 진언 좀 해주셔."

이종찬이 총대를 메고 정순덕 정무수석, 권익현 대표를 차례로 만나 설득했으나 이빨도 들어가지 않았다. 각하의 확고한 결심이니 섣불리 나서지 말라는 거였다.

며칠 후 노태우가 연희동 집에 들러달라고 해서 갔더니, 김옥숙도 "우리는 서울에서 못 해요. 이 의원님께 모든 게 달렸다고 생각합니다"라고 매달렸다. 노태우도 "어떻게 말씀은 드려보았어? 잘 안 되는 거 아닌가?" 하며 초조해했다.

수일 지나 권익현 대표와 이종찬이, 서울 선거대책 협의차 청와대로 올라갔다.

대통령이 윤길중, 조종호 두 의원 사표를 받으라고 권익현 대표에게 지시했다. 권익현이 물러가자 이종찬이 심호흡을 하며 각하에게 말했다.

"서울 선거는 매우 중요합니다. 그런데 서울에 두 사람의 새 인물을 공천하신다는 말을 들었습니다. 그런데 그 두 지역 현역(윤길중, 조종호)은 야권 영입 인사들입니다. 한 분은 혁신계 거물이고, 한 분은 윤보선 측근입니다. 그 빈자리를 메울 분이, 하필 육사 나온 두 분(노태우, 허청일), 그것도 모두 대구 경북고 선후배입니다. 남들이 쓰고 버리는

노태우(왼쪽)는 1985년 2·12 총선을 앞두고 "서울에 출마하라"라는 전두환 총재의 지시에 고민했다. 1구 2인제이므로 당선이야 되겠지만, 차기 대권 후보로서 자칫 2등 당선이라면 체면이 말이 아니게 된다. 야당이 5공의 제2인자를 표적 삼아 집중 공격을 해올 우려도 있었다. 이때 이종찬(오른쪽)이 나서서 전두환을 설득해 전국구(후보 3번)를 받도록 거들어주었다.

인사, 내 편만 챙기는 정실인사라고 할 가능성이 있습니다. 이번 선거는 어렵게 돌아갈 가능성이 큽니다. 이런 비난이 선거판 공격 거리가 되면, 곤란합니다." (이종찬)

"좋은 지적이야. 거기까지는 생각 못 했어." (전두환)

이런 경위로 노태우는 서대문 대신 전국구로 돌아 살아났다.

정순덕 정무수석이 이종찬에게 손뼉 치며 좋아했다.

"자네 재주는 정말 대단해. 어떻게 그런 논리를 개발해 각하를 돌아서게 했어!"

최종적으로 전국구 앞 순번은 이재형, 진의종, 노태우 순으로 확정되었다.

2중대 의원들, 안기부 눈 피해 탈북하듯 2숲 야당으로

5공으로서는 마지막 총선 공천이기에 지역구 공천은 오너(전두환) 마음대로였다. 권력의 해는 중천에 떠올랐고, 날 저물면 못 봐준다. 그래서 무리가 많았다.

예를 들면, 민정당에서는 김천 출신 박정수 의원(무소속)이 국제의원연맹(IPU) 활동도 무난히 성공시킨 국제통이므로 그를 영입해서 김천·금릉·상주 지역구에 공천하려 했지만, 전통의 동서인 김상구가 갑작스럽게 낙하산으로 내려와 차지했다.[34]

"황인성은 무주·진안·장수의 중진이었지만 전 씨 종친회의 추천으로 이 지역 출신도 아닌 전병우를 공천했다. 민정당 대표 정래혁은 불미스러운 투서(문형태 투서)로 퇴진하고 황인성도 쫓겨나니 호남 여론이 급격히 나빠졌다. 해남의 임영득 같은 지역구 낙천 인물이 전국구로 들어가는가 하면, 임두빈처럼 당에 기여도가 없는 이가 대통령 사위 될 사람의 아버지와 이종 간이라는 이유로 공천되기도 했다. 원내 활동을 잘해온 장경우와 이양우도, 당무에 헌신한 김유상도 탈락하고 말았다." (이종찬)[35]

총선에서 민정당이 콧노래 부를 상황이 아니었다.

김영삼의 단식은 외형상 실패였지만 내용으로는 기대 이상의 성공을 잉태했다. 무모한 투자가 아니었다.

"김영삼의 단식 투쟁은 재야 세력에게 고무적이었다. 아직 정치 규제에서 풀리지는 않았으나 5월 단식을 계기로 삼아, 김영삼은 민주산악회를 기반으로 '등산 정치'에 들어갔다. 이것은 이듬해 2·12 총선의 잠재적인 태풍으로 커갔다." (이종찬)[36]

김영삼은 '관제 야당', 2중대라고 놀림 받는 민한당을 흔들었다.

국회의원은 "사상과 이념을 초월해 당선이 목표"(김상현의 명언)다. 그러므로 애초부터 인기 없는 전두환 5공 정권, 그 한계가 4년여의 통치에서 드러나면서, 여론에서 두 김 야당세(野黨勢)의 약진이 눈에 보였다.

김영삼의 손짓은 민한당 의원들의 가슴을 설레게 하기에 충분했다. "민한당은 여당에 기생하는 불임 정당, 제2중대다. 선명 야당이 민심이야." 차기에 당선되기 위해서는 신당에 가야만 한다는 바람이 불기 시작했다.

1984년 12월 19일 신민당(신한민주당) 창당 발기인대회가 서울 동숭동 흥사단에서 열렸다. 노신영 안기부의 감시와 견제 속에 어렵게 치러진 행사였다.

같은 달 28일 민한당의 국회의원 김현규, 박관용, 서석재, 김찬우, 최수환, 허경만 등은 정기국회 본회의가 끝나자, 뿔뿔이 흩어져 서울 강서구 인공폭포 부근의 식당에 은밀히 모였다. 안기부의 감시 눈길을 피한, 소소한 쿠데타였다.

다음 날인 29일 전격적으로 민한당을 집단 탈당하자고 결의, 성명서를 만들었다. 그날 밤 신상우, 이기택을 찾아가 이 음모를 전했고, 그 두 사람도 적극 지지했다.

용기백배한 김현규, 박관용은 상도동으로 김영삼을 찾아갔다. YS는 반겼다.

"민주화의 물결이 이제 살아나기 시작했소. 여러분의 출신 지역구 공천은 내가 100% 보장하겠소." (김영삼)

쿠데타 전야, 박관용이 떨려서 잠을 이루지 못했다.

이기택이 "안기부가 정보를 듣고 잡아갈지 모르니, 외박하세요"라고 하던 말이 귓전에 맴돌았다. 그런데 초인종이 울렸다. 안기부에서 잡으러 온 것인가. 지하실에서 두들겨 맞게 되면, 덜 아플까 싶어 옷장에서 내복을 꺼내 두 벌을 껴입고, 대문을 열어주었다.

김영삼(오른쪽)은 2·12 총선에서 서울 공략을 위해 종로에 이민우(왼쪽), 성북에 '돌아온 사형수' 이철(가운데)을 공천해 쌍끌이로 바람을 일으키는 작전을 세웠다. 김영삼의 계산은, 미국에 있던 김대중의 귀국 바람과 어우러져 적중했고, 양 김이 이끈 신생 야당 신한민주당은 서울 전역을 석권했다. 사진은 1987년 3월 신민당 성북지구당 개편대회.

아까 헤어진 최수환 의원이다.

"아무리 생각해도 겁이 납니다. 나를 좀 명단에서 빼주세요."

낮고도 간절한 목소리를 뿌리칠 수 없었다. 제외해주기로 하고 다시 잠을 청하며 날이 밝기를 기다렸다. 그런데 2시간가량 지나서, 초인종이 다시 울렸다. 이번에는 진짜로 안기부 체포조가 잡으러 온 모양이다.

웬걸, 최수환 의원이 다시 나타나서 나직이 말했다.

"마누라가 탈당에 동참하라고 합니다. 빼지 말고 그대로 두어주세요."

까닭을 물으니, 최 의원이 대답했다.

"동료 의원들 이름을 여럿 대면서 탈당 얘기를 했더니, 그렇게 하랍니다. 내가 '잡혀가고 어려운 일이 생길 수도 있는데 괜찮으냐?'고

되물어도, '남자가 한번 결심이 섰으면 해야 한다. 집안 살림은 내가 꾸려갈 테니 걱정하지 말라'고 합디다."

날이 밝고, 성명을 발표했다. 그리고 각자 날쌔게 뿔뿔이 흩어져 도망쳤다.

동작이 느린 홍사덕, 김현규는 남산의 안기부에 잡혀가 얻어맞고 곤욕을 치렀다.

그래도 이들의 탈당 성명은 정계의 쇼크를 안겼고, 2·12 총선 신민당 돌풍의 전주곡이 되었다.

이민우 "종로 출마? 死地에서 죽으라고요?"

1985년 2·12 총선의 승부처로 김영삼은 서울 종로·중구를 꼽았다.

현역 의원으로 민정당의 창당 주역 이종찬, 민한당의 정대철(7선 의원 정일형 아들)이 아성을 구축하고 있었다. 누구를 보내야 이길 수 있을까. 김영삼은 궁리 끝에 이민우를 떠올렸다. 그 특유의 승부 감각이다.

김덕룡 비서실장을 시켜 찾아보니, 이민우는 마침 경남 거창의 지구당 창당대회를 돕기 위해 내려가 있었다. 김 실장을 보내 밀지(密旨)를 전했다. 안기부가 알면 틀어질 것이다.

"종로·중구는 이번 선거에 상징적 의미가 있으므로 필승할 후보를 내야 합니다. 총재께서 적임자로 인석(仁石, 이민우의 호)밖에 없다고 하십니다."

깜짝 놀란 이민우가 손사래 쳤다.

"고희를 넘긴 나를 사지(死地)에 보낸다는 말인가요?"

이민우는 겁을 냈다. 하는 수 없이 김영삼은 직접 이민우를 설득하기로 마음먹고, 그가 있는 부산으로 향했다. 비행기 표를 예약해야 한다. 그러나 실명이라면, 안기부가 냄새를 맡고 비행기를 결항시킬 수 있었다. 그래서 타인 명의로 예약하고, 공항에 가서 표를 바꾸어 작전처럼 비행기에 탔다.

김영삼은 밤 8시경, 이민우가 머무는 서라벌호텔로 갔다.

"아무리 생각해보아도 인석이 종로·중구를 맡아주어야 하겠어요."

"이미 말씀은 전해 들었지만, 그게 말이나 되나요. 나는 국회의원직에 그리 연연하지 않습니다. 전국구 1번도 싫으니, 제발 나를 나무 위에 올려놓고 흔들지 마세요."

"그렇지 않습니다. 반드시 당선됩니다. 제가 확신합니다. 신당의 총재 이민우가 출마한다면 판세 분위기가 달라질 겁니다. 선거판을 완전히 뒤집는 기폭제가 될 겁니다. 패배가 두려워서 피한다면 어떻게 됩니까."

마주앙 포도주 2병을 마시는 동안 서로 고집을 부렸다.

자정이 다가올 무렵 이민우가 항복, 종로·중구 출마로 마음을 돌렸다.

김영삼은 서울 성북구에 이철(민청학련 사건의 사형수)을 공천해서 승부를 보기로 했다. 그때까지 이철은 유권자에게 생소한, 그야말로 무명 신인이었다. 그런데도 성북에 이철이라는 신상품을 내걸어, 종로 이민우와 함께 쌍끌이 여론몰이를 하는 전략을 세웠다. 결과는 적중

미국에 770일간 머물던 김대중은 1985년 2·12 총선 나흘 전인 2월 8일 귀국했는데, 도처에서 환영 인파와 경찰의 충돌이 벌어졌다. 1983년 필리핀의 야당 소속 아키노 상원의원이 공항에서 암살당한 사건의 여파로, 김대중도 당할지 모른다는 우려가 퍼져 있었다. 그래서 미국에서부터 토머스 포글리에타 등 하원의원 2명과 기자 등 미국인 27명이 방탄용으로 김대중과 같은 비행기를 타고 도착했다.

했다. 신민당 돌풍의 핵이 되고, 5공 정권을 아찔하게 한 방 먹였다.

2·12 총선 야당 돌풍에는 나흘 전 김대중의 귀국도 한몫했다.

770일 동안 미국에 머물면서 반정부 발언을 계속해오던 그는 2월 8일 김포공항으로 입국했다.

그의 귀국은 뉴스위크가 표지 특집기사를 'A Stormy Homecoming(폭풍 귀국)'(1985. 2. 18.)이란 제목으로 실을 정도로 국내외의 관심을 모았다. 연도에 몰린 수많은 인파와 야당 지지자들이 "김대중, 김대중"이라고 외치는 것을 '폭풍의 귀국'으로 묘사한 것이다.

그보다 1년 6개월 전인 1983년 8월 21일 필리핀 야당 지도자 베니그노 니노이 아키노 상원의원이 공항에서 총에 맞아 암살당한 사건 때문에, 혹시 김대중도 사살당하는 건 아닌가 해서 내외신 기자들의 이목을 끌었다. 그래서 미국에서 하원의원 에드워드 페이건, 토머스 포글리에타 등 2명과 언론인 등 미국인 27명이 김을 호위해서 방탄용으로 함께 왔다.

안기부는 김대중·이희호를 비행장의 출입 제한구역으로 몰고 갔다. 거기서 50여 명이 넘는 사복 요원들이 김대중을 수행원들과 분리해 끌고 갔다. 그들은 제지하는 미국인 몇 사람을 주먹으로 치고, 발로 차고, 땅바닥에 내동댕이치면서 김대중을 엘리베이터에 처박았다. 김대중 부부는 마이크로버스에 실려 공항 뒷길을 통해 자택으로 압송됐고, 동교동에 도착한 즉시 가택에 가두어 외출을 금지(軟禁)했다.

김대중을 곧바로 격리해버렸지만, 선거판에서의 바람까지 차단하지는 못했다. 유세장에서 야당 후보들은 경쟁적으로 김대중 귀국 소식을 외쳤고, 김대중 붐이 일었다. 도착 하루 뒤인 9일, 민정당 대표 권익현은 기자들에게 "(야권 후보들이 YS와 DJ를 거론하는 것이) 득표에 유리하다고 그러는지 모르나, 이는 10·26 이후의 혼란과 국가의 정치·경제적 위난(危難)에 책임을 통감하고 있지 않다는 증거"라며 비난했다. 그만큼 신경을 곤두세웠다.

김대중 바람과 안기부의 활약을 말해주는 사례가 있다.

김대중이 귀국할 때 환영 벽보를 붙이던 아주머니 한 명이 경찰에 붙잡혀 즉심에 넘겨졌다. 안기부가 엄벌로 본때를 보이라고 공작했던 모양이다. 서울형사지방법원장이 아주머니 사건을 넘겨받은 법원의 지원장에게 전화로 "그 여자에게 구류 20~29일 이상 살리라"라

고 지시하자 지원장이 전화기를 집어 던지며 화내는 모습을 봤다고
한 판사는 회고했다. 이 사건은 그저 과태료 4500원이나 구류 3일이
면 충분했기 때문이다. [37]

"야당 표 분산되면 민정당이 압승!" 오판… 신민당 약진

총선 결과는 놀라웠다.

변란 같은 야당 바람이 몰아쳤다. (이종찬의 표현)

여당인 민정당이 35.3% 득표로 148석(지역구 87, 전국구 61석)으로 총
의석수 276석의 절반을 겨우 넘겼다. 신민당은 29.3% 득표로 67석(지
역구 50, 전국구 17)을 얻었고, 민한당은 19.7%를 득표하여 35석(지역구
26, 전국구 9)이었다. 국민당은 9.2% 득표로 20석을 건졌다.

두 김이 미는 신민당의 약진이었다.

선거 직후 민한당 의원들이 탈당해 양 김 씨의 신민당으로 합류함
에 따라 100석이 넘는 거대 야당이 되고, 선명 투쟁을 벼르는 부담스
러운 세력으로 등장했다.

노태우는 회고록에서 청와대가 오판한 결과라고 적고 있다.

"청와대 참모들은 총선을 앞두고 민한당과 신민당이 서로 야당 성
향의 표를 갈라 나누어 먹으면, 민정당이 압승한다고 분석했다. 민한
당이 당연히 제2당이 될 것이고, 두 김의 신민당은 제3당으로 민한당
에 흡수되어 강경 노선이 힘을 잃게 되리라고 오판했다. 이런 오산으
로 1984년 11월 30일 구정치인들을 풀어주면서 출마의 길을 활짝 열
어주었다. 그러나 1980년 이후 5년간 눌려온 민주화 열망이 총선거
중에 폭발한 것이다." [38]

1985년 2월 12일 총선 직후, 전통은 그다지 '충격' 먹은 표정이 아니었다. 산전수전, 월남전도 겪은 그가, 이기고 지는 건 병가지상사(兵家之常事)라고 여기는 듯했다.

물론 여기에는 권익현 민정당 대표와 장세동 경호실장의 입력도 작용했다.

권익현은 공언했다.

"민정당이 의석 151개에서 3석을 잃어 148석이니 평년작은 한 것이다. 전국 득표도 지난번 11대 35.5%에서 이번에 35.3%로 불과 0.2%포인트 감소한 것에 불과하다. 우리가 패배한 것은 아니다."

안기부장 노신영은 패배를 자인했다. 그렇다고 안기부가 놀고 있었던 건 아니다.

총선 5개월 전인 1984년 9월부터 투표일 직전까지 선거 판세를 분석하고 취약지구 공작을 기획한 게 기록에서 드러나고 있다. 또 안기부가 관제 야당(민한당)을 지원하기 위해, 민한당 의원들의 이탈을 주도한 김현규 후보를 상대로 공작하고 압력을 가한 사실이 공식 자료로 확인된다.[39]

노신영 안기부는 김현규를 7회 접촉하여 "민추협 탈퇴, 정계 은퇴 약속을 이행할 것"을 재촉하고 이해하지 않을 시 재차 연행해서 조사하는 방안, 무소속으로 출마해 당선시키는 방안, 두 가지를 적시했다. 선거 중에 말썽이 나면 여당이 타격을 입는다고 걱정해 2안을 추진하기로 했다. 김현규의 예상 득표를 추산하여 보고서에 첨부도 했다.

김현규는 실제로 그때 무소속으로 당선되었다가 신민당에 입당해 김영삼의 발탁으로 원내총무를 지냈다. 이러한 공작의 실패, 통제의 어려움을 두고 전두환은 "정치판이란 쌕쌕이판"이라고 자조적으로 말하곤 했다.

비단 김현규 한 명만을 공작한 건 아닐 터이다.

그런데도 선거 결과는 패배였다.

2월 14일 노신영은 사표를 들고 청와대로 올라가 머리를 조아렸다.

총선 공작의 한 축을 지휘했던 안기부장으로서, "신민당의 위력을 간과하고 미흡한 결과를 가져온 데 대해 책임을 느낍니다"라며 사의를 표했다.

그러나 대통령은 애써 태연했다. 사표를 읽다 말고 노신영에게 물었다.

"부장의 사표 제출을 누가 알고 있습니까?"

"차장 두 명과 기조실장은 알고 있습니다."

"어서 남산으로 돌아가서, 간부회의를 소집해서, 1년간 더 유임하게 되었다고 전하세요."

"아닙니다. 그래도 저는 그만두는 게 맞습니다."

"빨리 내려가세요."

사표를 도로 주면서 전통이 채근했다.

서울, 부산에서 좋지는 못했지만, 지방에서 평년작은 했으니, 점잖고 인품 좋은 이원경 외무부 장관을 총리로 기용하여, 쇄신을 겸한 개각을 하겠다고 구상을 말했다. (진의종 총리는 와병 중이었다.)

전통의 지시대로 노신영 부장은 남산으로 돌아왔다.

간부회의를 소집해 인사이동은 없을 것이라고 선언했다. 선거 결과에 흔들리지 말고, 열심히 일하라고 격려했다. 대통령은 다음 날도 마찬가지였다. 민정당의 권익현 대표에게 당의 골격을 유지하고 심기일전해서 새 출발을 기하라고 했다.

참패 쇼크는 가라앉는 듯했다.

그러나 서울, 부산에서 격전을 치르고 살아서 돌아온 의원들이 들고일어났다.

이종찬은 종로·중구에서 이민우 신민당 총재와 격전을 치른 바 있다. 권익현의 '평년작' 소리에 이종찬이 반박했다. "내용을 보세요. 서울에서 이종찬, 이세기를 빼면 모두 2등 당선이다. 그나마 강남에서는 이태섭이 떨어졌다. (김동길, 이중재 당선) 소선거구 같으면 거의 다 떨어진 선거를 그렇게 평년작이라고 말해선 안 된다. 득표에서도 야당이 47%나 얻고, 우리는 30%에 불과하다."

"4·19가 서울서 났잖소? 수도권 민심이 중요한 거지"

권익현이 짜증 내듯 말했다. "왜 서울만 이야기하는가?" (권익현) "권대표님, 4·19가 지방에서 났습니까? 서울에서 났습니다. 그만큼 수도권과 부산 민심은 중요하다는 것을 알아야 합니다." (이종찬)

그러던 판에 서울 대표주자 이종찬은 장세동 경호실장으로부터 "대통령이 찾는다"라는 전갈을 받았다. 접견실 입구에서 장 실장이 말했다.

"각하께 잘 말하세요. 우리 선거가 평년작은 했다고 말입니다."

과연 장세동은 각하의 심기까지 편하도록 살피는 슈퍼 충신이다.

이종찬이 전두환에게 보고했다. 서울 분위기가 궁금해서 부른 것일 테니, 냉엄한 현실을 알려야 한다.

"전체적으로 선거가 평년작이라고들 합니다만, 각하께서 앞으로 수도권에 좀 더 신경을 많이 써주셔야 하겠습니다."

전통은 동물적인 감각으로 말귀를 알아들었다. 그러면서 덧붙였다.

"이종찬, 조금 더 구체적으로 심도 있게 이번 총선 결과를 분석해서 보고서를 나한테 직접 보고해주기 바라네."

이종찬 등 수도권 의원들은 크게 반성하고 당을 쇄신해야 한다고 보고했다. 새로운 정국 상황에 맞추어 당의 간판을 바꾸어야 한다며, '노태우 대표'를 천거하고 나섰다. 노태우를 당 대표로 천거하자 전통은 이종찬에게 말했다.

"그 친구가 맡으려 하겠어? 당신도 알잖아. 서대문에 출마하라고 해도, 꽁무니 빼던 거."

이종찬은 노태우를 만나 설득했다.

노태우는 생각할 시간을 달라고 하더니, 그다음 날 수락했다. 그러면서 사무총장 이한동, 원내총무 이종찬, 모두 유임해서 잘 도와달라고 부탁했다.

서울, 부산 등 대도시에서 당선된 의원들의 건의로 당정 개편의 폭은 커졌다.

노신영 안기부장은 쇄신 바람 속에 국무총리로 올라갔다.

그렇게 해서 노태우 대표–노신영 총리 체제가 출범했다.

그리고 장세동이 안기부장으로 글러브를 끼고 링에 올랐다. 세간의

1985년 2·12 총선에서 껄끄러운 양 김이 이끄는 신민당이 약진함에 따라 전두환은 노태우를 민정당 대표로, 장세동을 안기부장으로 전진 배치하게 된다. 안기부장이던 노신영은 국무총리로 올라갔다. 사진은 1979년 12월 27일 창교구락부 송년회 자리의 노태우(가운데)와 장세동(왼쪽).

눈길은 그 결사대 충복의 일거수일투족에 쏠리게 된다.

장세동의 취임사부터가 예사롭지 않았다.

"안기부라는 조직의 가치는 국가 발전의 원동력이라는 데 있고, 국가 보위의 선봉에 서야 한다. 어느 분야에도 꼭 필요한 산소와 같은 활력소가 되도록 자신감과 확고한 신념을 갖고 일해나가자."

국가 보위(5공 권력 수호)를 내걸고 무슨 짓이든 치고 나가겠다는 결의다, "어느 분야에나 꼭 필요한" 주먹이 되어, 심지어 불법 공작, 깡패 동원도 마다하지 않겠다는 예고가 되었다.

거슬러 올라가보면, 장세동을 안기부장으로 기용하기 위해, 전통은 1984년 가을부터 밑그림을 그리기 시작했다. 원래 그보다 2년여 전, 노신영을 안기부장에 시킬 때부터 "오래 맡기지는 않을 테니"라고 했던 터다.

장세동 안기부장은 전에게 오래 간직해온 비장의 카드요, 임기 막판을 방어해줄 필살기(必殺技)였다. 하나회 안현태 준장을 경호실 차장으로 불러, 후임 경호실장으로 예비했다.

그러면서 두 달 후인 1984년 12월 7일, 장세동 소장을 별 하나 더 얹어 중장으로 진급·예편시켜 '민간인' 경호실장으로 근무시켰다. 그의 동기 16기는 물론 15기조차도 아직 소장이었다. 심지어 하나회 출신 15기의 실세 고명승 장군(수경사령관, 보안사령관 역임)도 장세동보다 1년 늦게 중장을 달았다.

장세동의 중장 진급은 그만큼 파격이었다.

준장에서 소장도 특급이었는데, 중장 승진까지는 아직 최저 복무기간이 차지 않았다. 그렇다고 해서 규정상의, "전쟁이나 국가 비상사태에서 현저한 공적을 세운 것"도 아니지 않은가.

아무리 통수권자라 해도 장성들의 불만을 의식한 듯, 전통은 한동안 비밀에 부쳤다. 전통은 그가 소장이던 1980년 초, 이희성 계엄사령관 시절에 중장으로 진급시켜달라고, 줄기차게 뛰어다니던 때를 떠올렸을 것이다. 인사권자가 위아래 진급 서열을 짓밟고 파격으로 별을 하나 더 달아주는 것이 쉬운 일이 아닌 것을 절감하며, 난색을 보이던 계엄사령관 이희성의 심정을 늦게나마 이해했을 터이다.

전두환은 12·12에 성공한 직후부터 중장으로 올려달라고 졸랐다.

중이 제 머리 깎지는 못한다고, 전두환 소장은 국방부 주영복 장관, 조문환 차관을 앞세워 이희성 계엄사령관을 설득하려 했다.

그러나 이희성은 딱 잘라 거절했다. "명분이 없는 진급은 안 됩니다. 1사단장 마친 지 1년도 안 됩니다. 균형상 안 맞지 않습니까. 아무리 보안, 수사, 정보를 조정하는 업무를 내세우더라도, 소장이면 되지, 중장으로 보하는 것은 이릅니다."

이렇게 두세 차례 버텼으나 역불급, 전두환은 기어이 1980년 3월 1일 중장에 오른다. 이희성은 실세들에게 휘둘리는 '바지 사령관'의 무기력을 만천하에 드러내고 말았다.

그렇게 장세동 중장은, 소리 없이 별 3개를 달고 예편했다. 민간인이 된 장세동은 안기부장에 등판할 날만 손꼽아 기다리던 중이었다.

안필준 보안사, 2·12 총선 후 친위 쿠데타 기획하다

1985년 2·12 총선의 신민당 돌풍은 일각의 충성파 장군에게 엉뚱한 망상을 품게 했다.

신민당 돌풍으로 세 야당이 얻은 득표율(58.2%)은 여당인 민정당(35.3%)을 압도했다. 유신 붕괴의 도화선이 된 1978년 국회의원 선거(10대), 야당이 여당보다 득표율에서 1.1%포인트를 앞서서, 마침내 박정희 암살과 유신 파탄에 이르던 흑역사가 있었지 않은가.

친위 쿠데타로 다시 한 번 쓸어버리고, 정권 기반을 다잡자.

하나회 장성, 안필준 보안사령관이 박준병으로부터 지휘 바통을 받고, 총선이 끝난 어느 날이었다. 마침 대통령은 미국 방문 중이었다.

안 사령관이 감찰실 한용원 실장을 불렀다.[40]

"대통령 각하가 미국을 방문하는 동안, 군부가 싹 쓸어버리는 계획을 세웁시다. 총선에서 야당이 지나치게 선동정치를 했다는 명분으로, 친위 쿠데타를 하는 겁니다. 그것을 완수하고 나서, 대통령이 귀국한 뒤에 국회를 해산하고 쿠데타 주모자를 처벌하는 모양새로, 사태를 진정시키는 방안으로 짜보세요."

물정 모르는, 턱도 없는 망상이었다.

한용원은 내키진 않았지만(애당초 되지도 않을 일이라고 생각했다), 그렇다고 항명하다가 괘씸죄로 죽는 것도 어리석었다. 조심스럽게 '신중론'을 보고서로 적었다. 타자로 치면 보안이 유지되기 어려우니, 볼펜으로 무려 40장이나 적었다.

'이 정권에서 친위 쿠데타까지 발생한다면 가뜩이나 취약한 정통성이 더 취약해져, 민관 모두 고통을 받게 되고 미국, 일본 등 우방국의 비난을 면치 못할 것이다. 그러므로 1년여 정도 유화정책을 펴다가 정 안 되면 그때 가서 헌법 57조의 규정에 따라 국회를 해산하는 방법도 가능할 것이다.'

안필준은 이 보고서를 들고 장세동 경호실장, 정호용 육참총장 등과 협의한 후, 한 실장에게 알려주었다. 거기서 비토되었던 모양이다.

"안기부가 정치 공작으로 대처해나갈 수밖에 없다는 결론일세."

한용원 실장에게 그렇게 말해주었다.

친위 쿠데타 대신에 안기부의 정치 공작으로 때운다!

임기 내내 어설픈 정치 공작(정치깡패 매수 등)을 일삼다 파탄을 맞은 장세동 안기부의 불길한 서곡(序曲)이다.

조재연 판사 "국회 발언 묶은 책이 유언비어?" 무죄 선고

장세동 안기부는 까칠해진 야당 국회의원의 발언록 출판부터 단속했다.

126

1985년 2·12 총선에서 들끓는 민심을 타고 국회에 입성한 '돌아온 사형수' 이철 의원은 6월 국회 본회의에서 "이런 정권은 퇴신해야 한다"라고 외쳐 민정당 의원들의 야유와 폭설을 들었다. 쏭선 이내 국회의 '2중내, 3중내' 야닝과는 별리, 양 김의 신민당은 저돌적으로 대들고 도전했다.

    1985년 6월 1일 국회 본회의에서, 이철 의원은 '돌아온 사형수'라는 플래카드를 내걸고 2·12 총선에서 당선된 투사답게, "이 땅에 결단의 때가 왔음을 엄숙히 선언"한다면서 광주 학살, 전두환 일가의 부정·비리를 지적하는 등 강성 발언을 쏟아냈다.

    20여 분의 발언 가운데 17번이나 장내 소란이 일고, 24군데나 속기록이 삭제되었다. 민정당은 이런 발언이 예고되자 '야유조'를 편성해서 "집어치워라", "야, 임마!"라고 맞섰지만, 이철은 "구린 데가 있는 분들은 계속 떠들어주십시오"라고 대꾸하며 연설을 계속했다.

    "현 정권은 즉각 퇴진"해야 한다는 그의 발언이 끝나자 민정당은 즉각 의원총회를 소집했다. 청와대를 의식해서 마이크를 잡은 충성파

노태우·장세동·노신영, 링에 오르다

의원들은 "남로당 프락치가 설치던 제헌국회를 연상케 한다", "빨갱이를 빨갱이라 부르지 못하는 현실이 한탄스럽다", "민중 혁명을 하자는 자와 국회를 같이할 수 없다"라고 분을 참지 못했다.

신문·방송이 보도지침에 묶여 있으니 출판사가 나섰다. 당시 유력 출판사인 '일월서각'은 이철 등 13명 의원의 발언 등을 모아 《민주정치 1》이라는 책을 펴냈다.

안기부는 경찰을 앞세워 일월서각의 지형(紙型)과 책자를 압수하고, 출판사 대표 최옥자를 잡아서 경범죄 처벌법 위반으로 즉심에 넘겼다. 앞으로 유사한 '불온서적'이 나오는 것을 막기 위해 안기부는 "법원이 유죄를 선고하도록 사전 협조(조정)"하는 등 손을 썼다.

8월 23일, 그런데도 조재연 판사(문재인 정부의 대법관)가 무죄를 선고해버렸다.

안기부의 법원 담당관은 다음 날 바로 '일월서각 대표 최옥자 등 즉심 무죄 선고 사유 확인 및 조치 보고'를 통해 그의 암약 내용을 보고했다.[41]

"8월 22일과 23일 두 차례에 걸쳐 서울형사지법원장 황선당과 수석부장판사 박만호에게 《민주정치 1》 책자는 국회의원 이철이 홍보용으로 발간한 불순책자로서, 동 책자 내용에는 실정법상 위반되는 내용이 포함되어 있어 시판될 경우 정국 안정에 위해가 된다. 이를 묵인할 경우 유사 내용 책자 제작·판매가 우려되므로 유죄를 선고토록 협조 요청(조정)'하여 황선당과 박만호로부터 최대한 협조할 것을 다짐받았음." (8월 24일 작성)

안기부는 동시에 광주 민주항쟁을 다룬 최초의 도서인 《죽음을 넘어 시대의 어둠을 넘어》를 판매해 즉심에 넘겨진 책 도매상 '진명서적'의 영업부장인 이규만과 민통련의 '불순성명' 제작과 관련하여 즉심에 회부된 이부영 위원장(민생분과)과 실무자 오경열에 대해서도 엄벌 '협조'를 요청했다.

안기부 보고서는, 수석부장판사 박만호가 사건 담당 판사 조재연이 즉심에 들어가기 직전 "동 책자에 수록된 이철 의원 발언 중 광주사태 부분이 시중에 유포되면 유언비어가 되어 사회 안정에 유익한 것이 못 되며, 유무죄는 정식 재판에서 논하도록 하고 즉심에서 유죄 인정 구류 선고해주기를 당부"했다고 밝혔다.

수석부장판사의 '당부'에도 불구하고 '즉심 담당 판사 조재연'은 "국회 의사록이 일반에게 배포된다 해서 허위 사실 날조·유포가 되겠는가요?"라고 반문했다. 조 판사는 어떤 판결을 내릴지 '구체적 언급'을 '회피'한 뒤 법정에 들어갔다.

조재연 판사는 최옥자에게 무죄를 선고해버렸다.

"국회의원의 의사당 내 발언을 수록·편집한 것만 가지고는 유언비어 유포라고 볼 수 없고 범죄 구성요건에 해당하지 않는다"라는 취지였다.

정형근 수사단장을 법원에 보내 무죄 판결에 엄중 항의

조 판사는 이규만이 《죽음을 넘어 시대의 어둠을 넘어》를 전국의 서점에 배포한 데 대해서도 "책 장사라는 정상을 참작, 형 면제를 선고"했다. (다만, 민통련의 이부영 위원장 등은 "사안이 중하다는 이유로 검찰 송치 명령"을 내렸다.)

안기부의 서울형사지법 담당관은 "무죄 선고 즉시 서울형사지법원 장 및 수석부장판사에게 강력 항의"하여 법원장 등이 "면목 없다"라 며 "향후 대책 수립 적극 협조 다짐"을 했다고 보고서에 썼다.

안기부 수사2단장 정형근의 활약도 이 보고서에 나온다.

보고서는 안기부가 수사2단장(정형근)을 보내 형사지법원장 및 수석 부장을 "직접 방문"하여 "엄중 항의"하고, "담당 판사에 대해 엄중 조 치해줄 것을 요구"했다고 밝혔다.

안기부가 이 사건과 직접 관련이 없는 검사 출신 대공수사2단장을 법원에 보낸 것은, 같은 사법시험 출신 법조인을 보냄으로써 법원을 나름대로 '예우'한 것이라 할 수 있지만, 따지고 보면 법원의 독립성 을 중대하게 침해하는 것이었다.[42]

안기부의 엄중 조치 요구에 대해 박만호 수석부장은 "향후 유사 사 례가 없도록 책임지고 자체 대책을 충분히 강구할 테니 담당 조재연 판사에게 너무 힐책은 말아주길 요망"했다고 한다. 법원 쪽의 간곡한 부탁에도 불구하고 안기부는 조재연 판사에 대해 '조치'에 들어갔다. 보고서는 안기부가 "담당 판사 조재연"에 대해서는 "비위 내사, 견제 자료 확보" 조치를 취하고, "여타 비협조 판사들에 대한 비위(非違) 자 료를 집중 수집"하기로 했다고 결론지었다.[43]

노신영 안기부, 외무부 차관과 기자를 두들겨 패다

"노신영이, 안기부장 100년 해 처먹으라고, 그래!!"

1984년 1월 중순, 청와대 정무수석 정순덕 방 앞에, 복도가 쩌렁쩌 렁하도록 고성을 지르는 비서관이 나타났다. 외무부 국장을 지내다가 올라온 홍순영 비서관(훗날 김대중 정부의 외교통상부 장관)이었다. 대낮에 절간처럼 조용한 구중궁궐 청와대에서, 천하의 안기부장을 성토하다니 간덩이도 크다. 놀란 직원들이 다들 복도를 내다보았다.

그는 점심시간에 청와대 앞 설렁탕집 백송에서 소주를 몇 병 들이켠 상태였다. 외무부 미주국장 박건우(나중에 차관, 주미대사 역임) 등이 안기부 지하실에 끌려가 심하게 구타당한 데에 흥분한 것이었다. '북한의 3자회담 제의' 기사가 신문에 난 것은, 외무부가 보안에 소홀한 때문 아니냐는 것이 안기부가 일을 저지른 이유였다.

박건우 국장만이 아니라 이상옥 차관보, 노재원 차관도 얻어맞았다니, 홍순영은 기가 찰 노릇이었다.

노신영 안기부장은 반년 전까지만 해도, 외무부 장관 아닌가.

안기부장으로 가더니 저만 살기 위해, 죄도 없는 후배들을 몽둥이로 두들겨 팬다? 홧김에 홍순영은 일부러 고래고래 소리 지르며 미친 척했다. (훗날 본인의 표현)

한국일보와 동아일보에 보도된 기사는 '북한이 3자회담(남한, 북한, 미국)을 미국에 제의, 중국 통해서 북경 미국대사관에 두 차례'라는 제목이었다.

당시 외무부를 담당하던 한국일보 노진환 기자(나중에 서울신문 사장)는 "'3자회담'이란 본래 1980년 지미 카터 미국 대통령(1976~1980)의 아이디어였다. '남북한이 똑같이 권위주의 체제, 인권에 반하는 통치로 서로 첨예하게 대치하여 전쟁 위험이 상존한다. 그러니 미국 같은 큰 형이 마련하는 3자 테이블에 셋이서 마주하면 좋지 않겠느냐'는, '인권 대통령'의 순진한 발상이었다"라고 회고한다.

북한은 즉각 손사래 쳤다. 이런 제안은 일고의 가치도 없다는 것이었다.

한국은 그래도 혈맹 미국의 제안이니, '노코멘트'로 반응했다.

그러는 사이 레이건이 대통령에 당선되어, 낙선한 카터가 제안한 3자회담은 죽은 카드가 되었다.

놀랍게도 죽어버린 카드를 다시 꺼낸 것은 북한이었다.

그것도 대미공작 차원에서, 아주 고약한 타이밍에 내밀었다.

1983년 10월 9일 버마(현 미얀마)의 아웅산 묘소에서 전두환 대통령 일행을 폭파·살해하는 작전을 꾸며놓고, 딱 하루 전인 10월 8일 중국을 통해서 베이징의 미국대사관에 '3자회담'을 미끼처럼 제안했다.

북은 평화와 대화를 원한다, 폭탄 테러 따위는 하지 않는다고, 미리 한 자락 깔아두는 술책이었다.

"아웅산 테러의 알리바이(현장 부재 증명)를 만든 것이다. 중국이 가운데서 북미회담을 주선해달라고 하는데, 뭐 미얀마까지 가서 그런 무자비한 짓을 하겠는가. 그런데 북의 메시지는 중국이 시간 여유가 없어서 아직 미국에 전달하지 못한 상태에서, 폭탄이 터졌다. 그래놓고 북은 '우리가 이런 평화 노력까지 하는데 남측은 왜 우릴 누명 씌우는가'라고 화내며 반발했다."[44]

담담타타(談談打打).

중국 공산당 마오쩌둥(毛澤東)이 쓰던 유명한 전술이다.

대화하는 척하면서(談談) 상대방의 허를 찔러 공격을 하고(打打), 적과 전쟁을 할 때에도(打打) 다른 한편에선 대화를 제의(談談)하여 상대방을 교란하는 게릴라 전술. 3자회담은 북한의 교활한 양동작전이고,

치밀한 '위장평화' 매설이었다.

그다음 날, 아웅산 폭파 사건이 터지고 이범석 외무부 장관 등 17명이 순직했다. 대통령 전두환, 경호실장 장세동은 구사일생으로 살아 돌아왔다.

서울은 초상집 분위기이고, 휴전선은 폭탄 테러의 후유증으로 일촉즉발의 긴장이 감도는 그해 12월 말, 워싱턴포스트가 '북한의 3자회담 제의'를 보도했다. 그것도 2차례나 제의했다는 내용이었다.

미국 국무부가 간을 보기 위해 신문에 흘린 것이었다.

미국은 남한, 북한, 미국 3자에다 중국을 넣어 4자회담이 어떠냐고 한국에 물었고, 실제로 며칠 후(1월 10일) 레이건 대통령이 4자회담을 공식으로 수정해 제의했다.

그런데 미국이야 한반도 전쟁 방지와 평화가 중요하다고 쳐도, 한국은 아직 그럴 기분이 아니었다. 특히 외무부는 엊그제까지 장관이던 이범석이 살해당해서 상복도 벗지 못한 상태다. 그런 초상집에, 아무리 88 올림픽이 중요하다고 해도 북한과 마주 앉을 기분이 날 리가 없다.

외무부 기자들도 그런 상황을 잘 알고 있었고, '3자회담'은 비보도 (오프 더 레코드) 사안으로 묵혀졌다. 그러던 어느 날 유엔본부 주재 박근 대사가 일시 귀국한 참에, 기자들과의 오찬 자리에서, 3자회담에 관한 미국 여론과 분위기를 자유롭게 얘기해주었다. 그는 '미국의 속내'를 그럴듯하게 전했고, 기자들도 흥미롭게 경청했다.

그다음 날 문제가 생겼다.

조선일보 출입기자가 한국일보 노진환 기자에게 나직이 고백했

노신영 안기부는 1983년 1월 북한의 한국, 북한, 미국의 3자회담 제의를 누설했다는 이유로 외무부 노재원 차관, 이상옥 차관보, 박건우 미주국장을 지하실에 가두고 구타했다. 노신영 부장은 나중에 외무부 후배들에게 이를 사과했다. 한편 노신영 자신도 외무부 차관 시절인 1975년 박통 치하에서 정보부 지하실에 잡혀가 기밀 누설 혐의로 구타당한 바 있다. 사진은 1974년 김종필 총리(오른쪽)가 운전하는 차에 탄 노신영 외무차관(왼쪽). 뒷자리에는 김용식 통일원장관, 김동조 외무장관이 타고 있었다.

다.

"노 선배, 편집국에서 기사가 없다고 조여대서 '3자회담'을 한 줄 송고했어요."

'오프(off)'를 깼다?

화들짝 놀란 노 기자가 낙종으로 책망을 들을까 봐 부랴부랴 송고했다. 이튿날 조간 한국일보에 1단 기사가 보도되었다. 그러나 정작 조선일보의 경우, 정치부장이 노련한 워싱턴 특파원 출신이라, 미묘한 내용이다 싶어 삭제해버렸다. 한 줄도 안 나온 것이다.

조간의 한국일보 1단 기사를 보고 놀란 동아일보는, 기왕 '비보도'가 깨진 것이니, 석간 1면 톱으로 실었다.

청와대가 발칵 뒤집혔다.

폭파 순직의 피비린내가 가시지도 않은 판에, 북한의 술책에 장단 맞추는 보도를 하다니, 그리고 입이 가벼운 외무부를 혼내야 하지 않겠는가. 게다가 주한 미국대사관의 리처드 워커 대사는 이 기사를 보고 청와대의 대통령에게 항의했다.

"3자회담이 내키지 않으면 그만이지, 신문에 흘리면서 여론전까지 하나요?"

이것저것이 꼬여서, 안기부에 불똥이 튀었다.

그 스파크에 노재원 차관, 이상옥 차관보, 박건우 미주국장 3인이 잡혀가 치도곤을 당했다.

동아일보 기자도 붙잡혀갔으나, 이미 한국일보에 보도된 내용인 것이 확인되어 풀려났다. 나중에 노진환 기자가 잡혀 지하실에 구금되자, 외무부 3인은 풀려났다. 노진환은 이틀 가까이 필설로 다하지 못할 가혹 행위를 당해야 했다.

죄라야 별거 없었다.

이미 12월에 워싱턴포스트에 보도되었고, 세상이 다 아는 빤한 내용에 불과하니, 굳이 국가 기밀이라 할 수도 없었다. 그저 대통령의 노기, 짜증에 안기부가 발작을 일으킨 것이다.

홍순영의 노신영 안기부장에 대한 '푸념'을 전해 들은 외무부 '노신영 스쿨'의 김홍수(나중에 바티칸대사)가 남산으로 보스 노신영을 찾아갔다. 외무부 친정 식구들의 실망과 분노를 전했다. 물론 청와대 홍순영의 행패를 안기부장이 모르고 있을 리 없었다.

노 부장은 짐짓 "지하실 일은 나도 몰랐던 일이다"라고 놀라는 표정이었지만, 안기부의 구조상 그 말을 곧이듣는 사람은 없었다.

어쨌든 노 안기부장은 시간이 흐른 어느 날, 이상옥, 박건우, 홍순영 등을 식사 자리에 불러, 미안했다고 어깨를 두드려주었다. 홍순영에게는, "아무리 그래도 네가 나한테 그런 말을 할 수 있어?"라고 해서 다들 웃었다고 한다.

위로받은 후배들은 안기부의 몽둥이질 '습벽'에 변을 당한 거라고 생각했다. 최초의 '문민 부장' 노신영이라도 "그 고질적 폐습, 무단(武斷) 통치의 환경에는 한계가 있으리라"라고 이해해주었다. (박건우의 회고)

제14장

김일성 만나랴, 대학 시위 막으랴

북 수재(水災) 구호물자, 거절 말고 받아버리자

1984년 8월 31일부터 닷새 동안 유례없는 집중호우가 중부지방을 강타했다. 인명 피해와 재산 피해가 막심했다.

그러자 북한은 9월 8일, 방송을 통해서 이재민에게 구호물자를 보내겠다고 기습적으로 제의했다. 쌀 5만 섬, 포목 5만 m, 시멘트 10만 톤과 의약품 등을 거저 주겠다는 것이었다.

가당찮은 원조 제의를, 어찌할 것인가?

청와대와 관계부처 실무자 회의는, 당연지사처럼 거절하기로 했다. 통일원이 이런 대세를 보고하여, 대통령은 원조물자를 '받지 말자는 의견'에 수긍했다. 마침 주말이라, 노신영 안기부장은 정부 부처 간의 이런 협의를 모르고 있었다.

그러나 노신영은 생각이 달랐다. 그는 반대 논리를 가다듬어, '수

재 구호물자를 받아버립시다!'라고 대통령을 설득하기로 했다. 대통령을 찾아가 건의했다.[45]

"첫째, 한국의 경제력이 북한보다 월등히 낫다는 것을 세계가 다 압니다. 수재 구호물자를 받는다고 해서, 코리아의 체면이 손상될 것은 없습니다."

"둘째, 북한의 원조 제의를 수락하면, 한국의 자신감과 포용력을 보여주는 것이 됩니다."

"셋째, 남북 간에 물자를 주고받는 선례를 만들면, 남북대화나 화해 분위기 조성에 도움이 될 것입니다. 88 올림픽에도 큰 도움이 될 것입니다."

대통령이 고개를 끄덕이면서 반문했다.

"왜, 그런 건의를 하루 전에, 좀 일찌감치 하지 않았나요?"

그렇게 해서, 통일원에 내린 재가를 뒤엎고, 안기부의 건의를 받았다.

노신영은 단단히 한 건(件) 올렸다.

안기부와 장관들 사이에 위상을 과시했다.

이에 따라 노신영 부장은 진의종 국무총리에게 뒤집힌 과정을 설명하고, 장관들에게도 알렸다. 안기부의 현홍주 차장과 박세직 차장이 평통자문회의와 국정자문회의에 가서 정부의 대응 방안을 설명해 주었다. 이로써 6·25전쟁 이래 34년 만에 처음으로 남북 간에 공식 물자 교류가 성사되었다.

북의 '허풍(블러핑)'을 받아들여 받은 수재 구호물자는 북한 실상을 드러냈다.

남북 적십자 회담이 1985년 5월 12년 만에 재개되었다. 그 전해 북측이 수재(水災) 물자를 주겠다고 제의한 걸 남측이 받아들인 데 따른 '해빙 무드'였다. 이 회담을 위한 물밑 접촉으로 남북이 비밀 대화 창구를 열기로 합의했고, 남북은 박철언·한시해 간의 대화 채널을 열고 전두환·김일성 정상회담을 논의하기에 이른다. 장세동, 박철언이 그해 10월 평양에 가서 김일성을 만났다.

1984년경은 이미 북한이 제로 성장에 멈추어 있을 때였다.

"쌀을 찧어서 보냈는데 회색이었다. 정미한 쌀은 첫해에는 흰색이지만 2~3년 지나면 습기를 머금다 건조되고 풍화해서 회색이 된다. 북에선 이런 걸 먹으며 사는가, 하고 실정을 짐작하게 되었다. 그리고 시멘트도 벽에 바르면 주르르 흘러버리는 불량품이었다. 도로를 포장하는 데 썼는데, 그나마 그 길은 잘 깨져서 보수가 잦았다. 옷감과 약품도 받긴 했는데 너무 조악했다." (정세현 전 통일원 장관)[46]

아무튼, 북을 대화로 끌어들이는 물꼬가 되었다.

1985년 5월 27일 북한 적십자사 대표단이 서울에 왔다.

그 전해 여름 북측의 수재 구호물자를 전략적으로 받아들인 결실이었다.

장세동 안기부장의 비서실상 한상일(국민대 교수, 정년퇴직)이 북측의 림춘길 부부장(노동당 중앙위 비서국)과 최봉춘(판문점 연락관)이 머무는 쉐라톤워커힐호텔 숙소로 찾아가 남북 간의 비밀 접촉 통로를 타진했다.

북측은 의외로 선선히 응했다.

남북은 판문점에서 7월 11일 비밀 접촉을 갖기로 합의했다.

대통령과 장세동 안기부장은 남측 대표를 누구로 할 것인가 숙고 끝에 박철언 특보(안기부)와 김용환 과장(남북대화 사무국)으로 정했다. 그러면서 전두환, 장세동 두 사람은 '대통령 임기 중에 남북 정상회담 실현'을 목표로 삼기로 했다. 되기만 한다면, 국내 정치에도 득이 되는 이벤트요, 88 올림픽을 안전하게 치르는 담보가 될 것이다.

남북 정상회담 개최는 대통령과 안기부의 제일의 관심사가 되었다. 그래서 프로젝트 명칭도 '88 계획'으로 지었다.[47] 연세대 최평길 교수 등을 자문위원으로 위촉하여 연구팀을 보강하고, 장세동 부장, 손장래 안기부 2차장, 이원경 외무부 장관, 이세기 국토통일원 장관, 허문도 정무1수석 등과 궁정동 안가에서 전략회의도 열었다.

전 대통령은 호쾌하게 지시했다.

"정상회담의 시기는 언제든 좋다. 장소는 평양도 서울도 좋다. 북이 다른 지역을 원하면 제3국이든, 모스크바, 북경 어디라도 상관없다."

1985년 7월 11일 판문점 남측 지역인 '평화의 집'에 한시해, 최봉춘이 넘어와 박철언, 김용환과 실무회담을 했다. (이날 이후 박철언과 한

시해는 6공 노태우 정권에 이르기까지, 6년여에 걸쳐 총 42차례의 비밀 대화를 이어가게 된다.)

이어 7월 26일 박철언은 판문점 북측 지역인 통일각에 넘어가 한시해와 두 번째로 회담을 했다. 또 8월 9일 양인은 3차 실무회담을 통해, '허담(1929~1991, 전 외상)의 9월 서울 방문'을 합의했다.

1985년 8월 21일 돌발 사태가 생겼다.

전두환 대통령의 변덕이었을까, 돌연 북측에 '1983년 아웅산 테러 사과'를 요구하라는 지시가 떨어졌다. 장세동 부장은 안현태 경호실장한테서 전해 들은 지시사항이라며, 박철언 특보에게 말했다.

"아웅산 테러에 대한 유감 표시가 없으면 정상회담을 할 필요가 없다. 박철언 특보가 한시해를 만나거든, 서울에 허담 특사가 올 때 유감의 뜻을 표시해야만, 접촉이 가능하다고 사전에 설명하도록 하라. 북의 특사가 유감 표명을 하지 않을 때는 김일성 주석을 만날 때라도 짚고 넘어가야 한다. 이것이 없으면 특사를 만날 필요도 없고, 내가 평양에 갈 필요도 없다고 하셨답니다."

장세동 부장도 그 지시에는 공감한다고, 자신이 당시 아웅산 테러 현장의 경호실장으로서, 각하의 심정을 이해한다고 말했다. 그러자 박철언은 "아웅산 테러 공식 사과를 전제로 하면, 북측의 특성으로 미루어 정상회담이 곤란해질 것 같다"라고 답변했다.

박철언은 대통령을 조심스럽게 달래며 건의했다.

"어려운 일입니다. 아웅산 테러에 대한 사과는, 일단 장세동 부장이 사전에 허담에게 종용하고, 각하께서 그때 언급하시되, 우리가 북측으로부터 받아낼 최대치는 '과거를 잊고 새롭게 출발하자'라는 정도일 것입니다. 또 북에서 김일성 주석이 언급할 수도 있겠습니다만, 서울에서는 녹음을 의식하기도 할 터이니, 히담 같은 아랫사람들은 입에 담기 어려울 것 같습니다. 또 북한에 치명적인 굴복을 요구하는 것이므로 극도로 민감한 문제입니다."

대통령은 어느 정도 수긍하는 눈치였다.

그 결과 허담 비서가 장세동 부장과의 단독면담(9월 4일)에서 에둘러서 한마디(사과) 하는 것으로 낙착되었다. 허담은 아웅산 테러와 관련해 "역사가 밝힐 것이니, 과거를 불문하고 앞으로 그런 불행한 일이 다시 일어나지 않도록 서로 노력합시다"라고, "우회적이고 상징적인 사과"(박철언의 표현)를 하는 선에서 정리되었다.

전두환, 기흥의 최원석 별장에서 밀사 허담 만나다

허담이 서울에 머무르는 동안, 양측은 9월 22~24일 장 부장과 박 특보가 평양에 답례 방문하기로 합의했다.

전두환 대통령은 청와대에서 장 부장, 박 특보에게 말했다.

"현재의 대화 국면을 3~4년은 더 끌고 갈 생각이다. 10년을 내다보면서 계획을 세우고, 시간을 두고 보완하는 것이 필요하다. 북은 1983년 아웅산 테러 실패 이후 대남 전략을 바꾸어 우회하고 포위하는 전략으로 바꾼 것 같다. 김중린이 대남 총책일 때와는 달리, 허담이 1984년에 등장한 이후부터는, 무장공비도 안 보내고 폭력을 쓰지 않아, 오히려 우리를 해이하게 만들고 적개심과 경각심이 풀리도록 유도하는 것 같다."

"장 부장도 평양에 가면, 버마 사건에 대해 김일성 주석에게 한번 짚고 넘어간 다음에 친서와 설명문 낭독에 들어가야 한다."

1985년 9월 5일 오전, 전두환 대통령이 경기도 기흥읍에 있는 한 별장에 도착했다.

동아건설 최원석 회장의 별장. 현직 대통령의 이례적인 행차는 북에서 온 밀사 일행을 맞기 위한 것이었다. 청와대나 서울의 호텔은 비밀 유지가 어려워서, 일부러 멀찌감치 이곳에 '영춘재(迎春齋)'라는 현판을 붙이고 임시 접견 장소로 삼았다.

11시 정각, 영춘재 2층 접견실에 대통령이 가운데 상석에 앉고, 그 오른쪽에 허담(북한의 대남총책) 비서, 박철언(안기부 특보)이 자리했다. 왼쪽에는 장세동 안기부장과 한시해 부부장(북측 노동당 비서국 소속)이 좌정했다. 한시해는 1970년대에 유엔대표부 대사, 외교부 부부장을 역임한 외교관이다.

그런 자리 배치는, 만에 하나, 북한 밀사가 대통령을 위해(危害)하려고 할 상황에 대비한 것이다. 장 부장, 박 특보가 제압할 수 있도록, 북측 인사를 한 사람씩 꿰차는 형식이었다.

접견 전에 대통령은 아웅산 테러의 피해의식인 듯 말해두었다.

"만약의 경우에 대비해 만년필 모양의 호신용 무기를 준비하라."(8월 29일, 박철언에게)

전두환 대통령이 한시해를 향해 먼저 "북에서 지난해, 우리가 수재를 당했을 때, 물자를 보내준 데 감사합니다", "특사를 파견해준 김일성 주석의 용단을 높이 평가합니다"라고 운을 뗐다.

허담 비서는 김일성의 친서를 펼치더니, 두 손으로 받쳐 들고 낭독했다.

안기부장 장세동과 특보 박철언(오른쪽)이 1985년 10월 17일 평양 주석궁에서 김일성(왼쪽)을 만났다. 그 사흘 뒤 북한의 무장 간첩선이 부산 청사포 앞바다에 침투하다 격침되어 남북대화 분위기는 싸늘하게 식어갔다.

　"가능한 한 빠른 시기에 평양에서 정상회담이 실현되기를 희망합니다. 북남 간에 전쟁 상태를 격화하는 행동을 삼가고, 대규모 군사훈련(팀스피리트 훈련)을 중단하기 바라며, 정상회담 개최 시기가 확정되는 대로, 서로 비방과 중상으로 공격하는 행위를 중지합시다."

　전 대통령이 김일성을 띄워 올리며, 말문을 열었다.

　"김 주석께서, 40년 전에는 민족해방운동으로, 그리고 평생을 조국과 민족을 위해 애써오신 충정이 넘치는 그런 말씀을 잘 들었습니다."

　군사 전문가답게 남북의 군사 통계를 인용하며 말을 이어갔다.

　"어떤 이유에서든, 남북한의 전쟁은 강대국들의 개입을 불러오고, 그렇게 되면 남북한은 모두 풀 한 포기도 살아남지 못하게 됩니다. 민족 멸망이 불을 보듯 빤합니다. 전쟁 억지는 남북 지도자 모두의 사명입니다."

이어서 오찬도 함께했다.

오찬에는 장세동·박철언 안기부팀 말고도, 이규호 비서실장, 안현태 경호실장이 함께했다. 대통령은 허담이 찔리는 아웅산 테러를 꺼내 말했다.

"1983년도에 내가 버마에서 그 일(테러)을 당하고 귀국했을 때, 우리 군부에서는 전쟁 계획을 수립해놓고 있었습니다. 이건 전쟁이다 싶어, 내가 지휘관들을 불러가지고 전방을 전부 순시했어요. 나에 대한 충성심은 고맙다, 그런데 전쟁을 해야 할 시기를 누가 더 잘 알겠느냐, 여러분보다 내가 더 잘 알 것 아닌가, 내가 명령할 때 해라, 라고 했습니다. 군대라는 것은 과격하고, 또 그래서 군대를 하는 거지만."

넌지시 아웅산 테러를 일침 놓고, 남침 시에 반격 준비가 완비되어 있다는 의미로 말했다.

허담은 장세동 부장과 단독회담도 하고 2박 3일 일정을 마치고, 판문점을 거쳐 평양으로 귀환했다.

그런데 작은 소동이 벌어졌다.

북한의 허담 밀사 일행이 9월 서울을 다녀간 사실이 외신에 보도된 것이다. 정부는 이를 부인했으나, 북한은 남측에 강력히 항의했다. 그러면서 평양의 보안상 이유를 대며, 두 사람의 방북 일정을 10월로 미루자고 고집했다. 결국, 1985

북에서 온 허담 특사(전 외상)가 전두환 대통령을 만났다(1985. 9. 5.). 비밀을 유지하기 위해 청와대 접견을 피하고, 경기도 기흥의 최원석(동아건설 회장) 별장에서 회동했다.

년 10월 16~18일에 평양에 가기로 수정 합의되었다.

대통령은 박철언에게, 특수지역 출상허가서를 결재하며 농담했다.

"박철언이 안기부 간 지 얼마 안 되어서 큰일 맡아 평양도 가고 날리는구나. 이 허가서는 20년쯤 지나면 역사적 기념 문서가 될 터이니, 잘 보관해두게."

장세동·박철언 "김일성 청력 나쁘고, 얼굴 검버섯 보니 노쇠"

1985년 10월 17일 장세동, 박철언은 평양에서 김일성을 만났다.

김일성은 허담, 한시해가 배석한 자리에서 말했다.

"우리 민족은 역사상 열강의 호상(互相) 각축에 싸여 희생이 많았습니다. 어느 블록에도 가담하지 말고 열강의 위성국이 되지 말아야 합니다. 어디에도 편중되지 않는 중립적인 나라가 되어야 합니다. 스위스 같은 나라는 여러 민족인데도 연방을 만들어 잘사는데, 단일 민족인 우리가 못살 조건이 없다고 생각합니다."

상투적인 입발림도 있었다.

"일본이 조선을 지배할 때 아마 3개 사단밖에 주둔하지 않았는데, 북남이 통일된 중립국을 선포하면 20만 병력으로도 충분하다고 생각합니다. (양 정상이) 상봉하면 통일 강령도 채택하고, 불가침 선언도 채택하면 좋을 것입니다."

"88년 올림픽 같은 것도 공동으로 주최해서, 단일팀을 만들어 세계에 표본으로 과시해보자고 (대통령께) 말씀드려보시지요. 그리고 통일 강령, 불가침 선언문의 초안도 드릴 테니, 서울로 돌아가거든 연

146

구해보십시오."

김일성은 많이 노쇠한 기색이 보였다.

청력도 나빠져 대화 시에는 마이크를 써야 했다. 얼굴에 검버섯이 많았고, 목 뒤의 물혹도 상당히 커져 있었다. 기억력, 통찰력이 흐려진 것이 역력했다고, 두 사람은 느꼈다.

10월 20일, 대화에 찬물을 끼얹는 도발이 일어났다.

장세동 안기부장, 박철언 특보가 귀경한 직후, 북의 무장간첩선이 부산 청사포 앞바다에 침투하다 우리 군에 의해 격침된 것이다. 국내 여론이 들끓었다.

가뜩이나 안기부 주도의 전두환·김일성 회담을 걱정스럽게 바라보고 조심스럽게 반대 의견을 펴오던 노신영 총리, 이원경 외무, 이규호 비서실장, 허문도 정무 등은 우려하던 사태라고 들고일어났다. 보수 성향의 신문들도 북에 대해 성토 일색이었다.

그것 봐라!

친미 일변도 극우적 경향의 인사들(박철언의 표현)에 둘러싸인 대통령은, 어느 사이엔가 열정이 싸늘하게 식어갔다.

전 대통령이 장세동, 박철언에게 말했다.

"세계 역사를 보더라도, 특사가 왕래할 때는 전쟁도 소강 상태인데, 간첩선을 투입하는 것은 안 될 일이야. 아웅산 테러에 북의 특사가 한마디도 없는 것은 그들의 진의를 의심케 해. 이번 공작선 문제도 실무자를 처벌하는 등의 성의를 보여야 진의를 인정할 수 있어."

그러더니 박철언의 가슴이 철렁 내려앉는, 청천벽력을 때렸다.

"이제는 정상회담을 성사시키려고 노력하지 말라. 북을 교육하고,

우리 자신을 과시하도록 해. 우리는 이미 목표를 달성했다. 전쟁이 나면 핵전쟁으로 이어지고, 모두 멸망할 것이라는 말로 남침을 저지했어. 회담을 위해서 질질 끌려다닐 필요가 더는 없어."

1986년 1월 20일 북은 '팀 스피리트' 훈련 강행을 구실 삼아 모든 남북대화를 일방적으로 연기하겠다고 방송했다.

그래도 2월 3일 판문점에서 남북 비밀 접촉 9차 회의가 열렸고, 설 명절을 계기로 12일부터 사흘간 박철언 특보가 평양을 방문하기로 합의했다.

장세동 부장과 박철언이 청와대로 출장 보고를 가자 대통령이 말했다.

"이번 일은 올해 안에 성사되면 좋고, 안 되어도 본전이다."

남북 정상회담을 제1의 목표요, 관심사로 여기던 몇 달 전과는 완전히 달라졌다.

대통령은 농담처럼 말했다.

"수행원 두 사람(강재섭, 김용환)에게 책임감을 갖도록 지시하게, 그리고 미인계와 술에 조심해. 평양은 여비를 보태줄 곳도 아니니, 잘 다녀오게나."

남북한 서로가 차갑게 식어갔다.

대통령 전두환, 안기부장 장세동은 더 급박해진 국내 정치에 파묻혀갔다.

1986년 벽두의 정치 상황, 신민당의 개헌서명운동추진본부 결성대회, 경인 지역 대학생 1000여 명의 서울대 집결투쟁(2월 4일), 미국 체류 중이던 김종필 씨의 귀국(2월 25일) 등으로 더 큰 스트레스를 받았다.

그러는 사이 북측도 시들해져갔다.

"북한은 남한 정권이 임기 말로 치닫고, 저물어가는 시기에는 대화를 하지 않는 게 기조다. 어차피 대화 상대가 바뀌게 되어 있는데, 굳이 현 정권에 매달릴 필요 없으니 지켜보는 것이다"라고 한상일 명예교수(국민대, 당시 안기부장 비서실장)는 필자에게 말했다.

한순간에 바람 빠진 풍선이 되고만 '88 계획'은 박철언 팀에 의해, 6공의 대화 채널로 넘어가게 된다.

"중국 어뢰정 반란자들 다 돌려보내 북경의 환심 사야"

안기부장에서 갓 국무총리로 온 노신영이 시험 무대에 섰다.

1985년 3월 21일 중국 어뢰정 1척이 소흑산군도 앞바다에 표류해 왔다.

칭다오 해군기지의 고속 어뢰정 편대 6척이 훈련을 마치고 귀항하던 중, 1척에서 해상 반란이 일어나 하급 병사가 상관을 살해한 사건이 벌어진 것이었다.

해경은 이 어뢰정을 예인해서 전북 부안군 하왕등도 근처에 정박시켰다.

선내에는 2명의 부상자를 포함한 13명의 승무원과 6구의 시체가 있었다.

어뢰정을 뒤쫓아온 중국 해군 함정 3척이 우리 영해를 침범해 양국 함정 간에 함포 사격을 주고받을 일촉즉발의 위기 상황이 벌어졌다. 미국, 일본이 외교 경로에 등장하고, 긴급 메시지를 전달하여 포

1985년 3월 중국 어뢰정 한 척이 선상 반란으로 서해 소흑산도 앞바다에서 표류 중, 한국 어선에 구조되어 해군에 예인되고 있다. 중국 해군이 어뢰정을 끌고 가기 위해 긴급 출동하여 우리 해군과 일촉즉발의 대치 상황이 벌어졌으나, 미국과 일본의 중재로 포격전을 모면했다. 한국과 중국은 어뢰정 송환 협상을 하면서 관계 정상화로 한 걸음 다가섰다.

격의 위기를 피하긴 했다.

어떻게 처리해야 할 것인가?

여론과 국제법학자들의 견해는 어뢰정과 군인들을 대만으로 보내야 한다는 것이었다. 중국은 당시 국교도 없는 적대국이었고, 반란자는 중국에 보내면 사형밖에 없으니 인도주의적 측면에서도 그랬다.

그러나 외무부의 주무과인 동북아1과 김석우 과장(나중에 통일원 차관)은 국제해양법 전공자로서, 다른 보고서를 냈다.

'어뢰정과 병사들을 기국(旗國)인 중국으로 통째로 보내야 한다. 영국을 중심으로 발전해온 일반 원칙이 주권 면제를 인정하는 군함의 지위를 절대적으로 만들었다. 그리고 중국에 보내는 것이 북방정책을 선언한 외교정책 방향에도 부합한다.'[48]

김석우가 직접 타자 쳐서 만든 보고서는 김병연 아주국장, 이원경 장관을 거쳐 노신영 총리와 대통령에게 올라갔다.

노신영의 회고.[49]

"총리로서 나는 외무부를 포함한 관계부처 장관회의를 소집했다. 나는 이 사건이 긴급피난과 해난 구조의 성격을 띤 데다, 공해상에서 일어난 중국 함정 내부의 난동이므로, 비슷한 경우에 적용될 수 있는 국제법과 국제관행 등을 참작하여 한국 정부는 어뢰정과 승무원을 모두 중국에 돌려주는 것이 맞다고 판단했다."

송두리째 중국에 주는 것으로 결론을 냈다.

당시 서울대 백충현 교수(국제법, 2007년 작고)는 필자에게 이런 결정을 신랄하게 비판했다.

"중국의 위력을 의식한 외교의 오류다. 외교에서 소국은 소국답게 논리와 명분(인도주의)을 무기 삼아야 하는데, 이처럼 힘을 좇아 외교를 하다 보면, 나중에 강대국 힘의 논리에 무엇으로 맞설 것인가? 중국으로 넘겨진 반란자들은 모두 죽고 말 것이다. 외교사에 남을 치명적 치욕적인 실수다." (백충현 교수)

그러나 화살은 시위를 떠났다.

3월 28일 서해 북위 36도, 동경 124도 해상에서 중국 해군에 어뢰정을 넘겨주었다.

그에 앞선 3월 26일 중국은, 사건 발생 초기에 자국 군함이 한국 영해를 침범한 데 대해 공식적으로 사과하는 각서를 한국에 전달했다. 이 각서는 '중화인민공화국 외교부의 명을 받은' 신화통신 홍콩지사 부사장이 우리 측 홍콩 주재 부총영사 앞으로 보낸 것이었다.

사과의 가장 높은 단계인 'Apology'라는 용어를 썼다.

국내 여론과 학자들의 비판은 격렬했으나, 그만큼 중국은 감동했나.

한 달 후에 덩샤오핑 실권자는 첸지천(錢其琛) 외교차관을 비롯한 간부들에게 "한국과 수교하면 중국의 물건도 팔 수 있고, 대만도 견제할 수 있다"라는 지침을 주었다. 덩샤오핑은 동시에 전두환 대통령에게, 차이나 로비스트인 애나 셔놀트(Anna Chenault) 여사를 비밀 특사로 보내서 고맙다는 사의를 표명했다.

김석우 전 차관의 회고.

"그 어뢰정 사건은, 중국이 86 아시안 게임, 88 올림픽에 참가하는 물꼬를 튼 계기였다. 대회 참가를 앞두고 중국 외교부 등 관계기관의 담당자들이 익명으로 한국을 직접 둘러보면서 사전 답사를 했다는 사실을 나중에 실토했다. 그리고 1992년 8월 마침내 한중 수교가 이루어진다. 북방외교의 마지막 관문이, 북의 반대 공작에도 불구하고 열린 것이다. 동아시아의 지형이 바뀌고, 한국은 외교와 통상 영역을 대륙으로 넓히는 전환점이 되었다."

1985년 2·12 총선 직후의 정치 상황을 전두환은 훗날 민정당 당직자들 앞에서 회고했다.

"2·12 총선에서 진 이후 민정당 의원들은 의욕을 상실하고 패잔병처럼 되어서, 사기가 땅에 떨어졌다. 야당이 그 이전의 11대 국회 때는 고분고분하고 매우 협조적이어서 만만한 게 사실이었다. 그러나 2·12 총선 이후 12대 국회부터 정국을 끌고 가는 것이 너무 힘들었어." (1986년 8월 25일)[50]

두 김이 이끄는 야당은 예전 1중대, 2중대처럼 말을 듣지 않았다.

대학가와 재야의 투쟁도 5년여 강권 통치에 내성(耐性)을 얻어 더 거칠어졌다.

그 가파른 저항에 맞서기 위해, 또 정권 후반기의 통치권 누수를 막기 위해, 회심의 카드로 친위대장 장세동을 내세웠다. 그러나 대통령 전두환의 고백처럼, 일단 상승세를 탄 신민당과 재야, 노동, 학생운동권의 기세는 탄력을 받고 있었다.

안기부장 장세동이 불을 끄는 소방수가 될 수 있을까?

1985년 5월 하순, 안기부장에서 국무총리가 된 지 얼마 되지 않은 노신영은, 미국문화원 점거 사건과 관련하여 민정당 원내총무 이종찬을 총리실로 불렀다. 이종찬이 가보니, 총리는 누군가 긴히 면담 중이라는데, 알고 보니 김석휘 법무부 장관이었다.

총리가 밖으로 얼굴을 내밀고 들어오라고 하더니 대뜸 물었다.

"마침 잘되었습니다. 미문화원 점거 주동자들에 대해 전원 국가보안법으로 기소하라 하는데 법무부 장관이 그것을 과도한 조처라고 반대하고 있습니다. 이 총무의 의견은 어떻습니까?"

청와대의 강경 분위기에 맞추자는 총리의 응원 요청이다.

이종찬은, 그래도 점거 학생들이 남북 적십자회담 직전에 스스로 농성을 푼 점 등으로 미루어, 사상적으로 단죄하는 것은 심하다고 생각하며 말했다.

"저는 법을 잘 모릅니다만, 사회 통념상 국가보안법은 간첩을 다루는 법인데, 이것을 학생운동에 적용하는 건 김석휘 장관 말대로 과하다는 생각이 듭니다. 보안법은 큰 칼 아닌가요? 그 큰 칼은 칼집에 있을 때 위엄이 있는 것이지, 학생한테 휘두르면 가벼워 보이지 않겠습니까?"

법무장관·서울대 총장 목을 쳐서 대학 시위 잠재우라

김석휘 장관의 표정이 풀리고, 노신영도 진지하게 받아들였다.

"그렇게 결론을 내립시다. 김 장관은 나와 같이 청와대로 올라갑시다."

그러나 청와대와 안기부는 강경했다.

대학생들의 점거와 관련해, 안기부장 장세동은 5월 24일 간부회의에서 "주요 보안 목표에 대한 공격이 있을 때에는, 총살해서라도 저지해야 한다"라고 흥분한 바 있다.[51]

허문도 정무수석도 "삼민투의 민주, 민족, 민중 가운데 민중은 사상적으로 붉은 색깔이 분명하다"라면서 국가보안법 적용을 고집했다. 그런 우김질 끝에 함운경 1명만 보안법을 적용하기로 법무부와 조율이 되었다.

그 와중에 법원을 우습게 여기는 재판 거부 소란이 벌어졌다.

7월 15일, 서울의 미문화원 농성 사건 첫 공판이 열린 서울 형사지법. 피고인들은 구호와 노래를 부르며 재판을 거부해 끝내 재판이 중단되는 초유의 사태가 빚어졌다. 점거 피고인들이 재판정에 들어서자 방청객들은 박수로 응원했다. 그러자 피고인들은 의기양양하게 구호를 외쳤다.

"미국은 공개 사과하라. 우리는 재판을 거부한다."

변호인들도 가세하여 "피고인 접견을 제대로 하지 못했다. 방어권 행사를 못 하게 되니, 재판에 응할 수 없다"라고 합세했다. (이 시절, 변호사들은 안기부가 다룬 재판 피고인들을 만나지도 못하는 경우가 많았다.)

청와대와 안기부가 보기엔 주객이 뒤집힌 말세(末世)였다.

7월 16일 김석휘 법무부 장관이 돌연 경질되었다.

김석휘 장관의 점잔 빼는 국회 답변에도, 전두환과 장세동은 기분 나빴다.

국회 질의에서, 문화원 점거 피고인들이 내건 '삼민투(민족 통일, 민주 쟁취, 민중 해방)'와 '민중'이라는 용어가 좌경적 계급용어인지, 아니면 단순히 감상적인 용어인지를 묻자, 김석휘 장관은 딱 부러지게 대통령과 안기부의 입맛을 맞추어주시 않았다. 허문노가 빨갱이라고 하는 판인데.

"무어라 단정하기 이르고, 계속해서 검토해보아야 합니다."

김석휘의 뜨뜻미지근한 답변이 신경 거슬리던 판이다.

그런 의미에서, 김석휘 경질은 예고된 참사였다.

청와대는 서울대에 대해서도, 점거 학생 전원을 제적하라고 했다.

그러나 이현재 총장은 "학원 자율화(1983년 12월 23일)로 유화 조치를 취한 지 얼마 안 되어 다시 학생 신분을 박탈하고 극약 처방을 하는 것은 무리"라고 온건론을 폈다. 그러자 2호 희생물로 이현재 총장(나중에 노태우 정부의 국무총리)을 찍어 목을 쳤다.

안기부장 장세동과 허문도 정무수석이 길길이 뛰었다.

대학생 시위에 대해 유화 조치를 했는데, 약발이 안 먹히는 거 아니냐, 그렇다면 학생 집단 순화를 위해서 특별법을 만들어 초강경으로 대처하자고 나섰다.

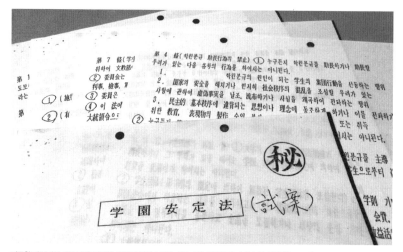

전두환 대통령과 장세동 안기부장, 허문도 정무수석은 대학가의 시위를 차단하기 위해 '학원안정법'(사진, 시안) 제정을 밀어붙였다. 그러나 '법원의 영장도 없이 구금'하는 위헌적인 요소 때문에 야당과 종교계가 격렬하게 반발했고 심지어 청와대 이학봉 민정수석조차 "경제가 잘 안 되면 경제안정법 만들고, 정치가 안 되면 정치안정법을 만드나"라고 냉소했다.

1983년 12월, 학원 자율화 조치를 할 때 안기부장 노신영은 이종찬 총무 등이 있는 자리에서 말했다.

"지금 제적된 대학생들이 1200명이고 교도소에 있는 자만 350명에 달합니다. 이들을 관리하는 것이 어렵습니다. 더욱이 내년(1984년) 5월이면 교황이 방한합니다. 폴란드 태생의 그분은 자유화에 대한 의지가 특히 강합니다. 대학생들이 그렇게나 많이 교도소에 갇혀 있다고 하면 우리에게 부담이 됩니다. 그래서 근본 대책을 세워야 하는데 결국 탕평책이 필요하다고 봅니다."

그런데 노 안기부장의 덧붙이는 말이 의미심장했다.

"연말을 기해 일제히 털어버리고, '정화(淨化) 탱크'를 하나 만들어 학생들을 선도해나가야 한다고 생각합니다."

정화 탱크라? 그것이 학원안정법이라는 이름으로 고개를 내미는 것 아닌가.

'학원 정상화를 위한 임시조치법(약칭 학원안정법)'.

1985년 6월 초, 전두환은 장세동 안기부에 입법을 지시했다.

안기부 법제연구반의 강재섭(나중에 국회의원, 한나라당 대표)과 청와대 비서관 최창윤을 비롯하여 법제처, 법무부, 문교부 요원들이 실무 작업 끝에 초안을 마련했다. 요약하면 '학생 시위를 일으키는 문제 학생들을 격리하여 순화 교육하는 정치범 수용소'를 설립한다는 것이다. 국무총리나 민정당은 물론 청와대 수석들도 모르게 극비리에 진행되었다.

그 학원안정법 시안이 경향신문에 특종으로 보도되었다.

1985년 7월 25일 정오가 조금 넘은 시각, 국무총리실 기자실의 경향신문 부스에 있는 정치부 직통 전화벨이 울렸다. 김지영 기자(나중에 경향신문 편집국장, 편집인 상무)가 받았다.

홍성만 정치부장이 "일단 회사로 들어와 봐" 하고는 전화를 끊는다.

커피 대접? 코피부터 터뜨리는 안기부 지하실

김지영은 이런저런 생각을 하며 신문사로 돌아왔다. 그런데 왠지 편집국 분위기가 썰렁했다. 홍 부장이 말했다.

"오늘 1면 머리기사 특종 때문에 안기부에서 와 있어."

그것은 '학원안정법 제정 추진' 제하의 기사와 '노신영 총리·노태우 대표 대책 협의' 제목의 기사다. 정부·여당이 학원 시위를 제압할 대책으로 '학원안정법' 제정을 추진하고 있다는 내용이었다.

특종기사는 사회부의 김현섭 기자가 취재해 썼다. 그리고 자취를 감추었다.

김지영은 그날 아침 당정회의 기사를 송고했었다. 노태우 민정당 대표와 노신영 총리, 장세동 안기부장, 이규호 청와대 비서실장, 허문도 정무1수석 등 당정 고위 인사 6인이 안가에서 비밀회의를 열어 학원안정법 제정을 비롯한 대학가 2학기 대책을 논의했다는 내용. 그 기사는 1면 머리기사 안에서 별도의 3단 기사로 편집되었다.

문제의 법안은 시위 전력이 있는 운동권 학생들을 영장 없이 체포해 가둘 뿐 아니라 데모가 거듭 발생하는 경우, 지도교수들도 연대책임을 지게 하는 위헌적 내용도 있었다.

안기부 수사관 2명은 편집국 회의실에서 김지영 기자가 오기를 기다리고 있었다. 홍 부장과 함께 들어서자 그들은 말했다.

"우리와 같이 가주셔야겠습니다. 잠깐이면 됩니다."

김 기자는 멈칫했다. 아무리 막가는 세상이라도, 영장도 없이 편집국으로 와서 기자를 잡아간다는 게 말이나 되나? 거부 분위기에 그들은 다시 채근했다.

"잠깐이면 됩니다, 협조해주세요."

'기관원'은 당시 신문사와 방송국 등에 수시로 드나들었다.

안기부와 치안본부, 보안사 등 정보기관의 요원들이 언론사, 정부 부처는 물론 민간기업, 사법부까지 출입처를 정해놓고 무시로 드나들었다. 요원들은 정당이나 정부 부처에서 기자회견을 할 때면, 기자들 틈에 섞여 정보 수집을 하곤 했다. 그들의 얼굴이 미디어에 나타나는 것도 다반사. 그래서 '관선 기자', 혹은 '관선'이라고 불렸다.

당시는, 문화공보부 홍보조정실이 매일 언론사에 '보도지침'을 내보내고, 기관원이 편집국 보도국을 드나들던 암흑기였다. (1987년 6·10 항쟁 무렵까지 그랬다.) 그렇긴 해도 기관원이 편집국 안에 들어와 기자를 잡아가는 일까지는 드물었다. 어색한 분위기가 길어지자, 홍 부장이 거들었다.

"별일 없을 것 같아. 뭐 커피나 한잔 마시고 오지 않겠나…?"

커피라고?! 그 일주일 전쯤인가, 노신영 총리가 종합청사 구내식당에서 기자들과 점심을 함께했다. 이낙연 동아일보 기자(문재인 정부의 국무총리) 등 출입 기자들이 자리했고, 비서실장 하순봉(MBC 앵커 출신), 반기문 의전비서관(나중에 유엔 사무총장)이 배석한 오찬이었다.

노신영은 총리가 되기 직전 안기부장을 지냈기 때문에, 안기부나 안기부장의 역할에 많은 질문이 나왔다. 기자들의 질문에 대답하던 노 총리는 자랑삼아, 자기가 안기부 조사 관행도 고쳐놓고 나왔다고 떠벌렸다.

"재직 중에, 강제 연행이나 고문은 일절 못 하게 했습니다. 조사 대상자들에게는 커피도 한 잔씩 권하면서 편하게 대하도록 만들어놓았습니다."

그러나 막상 김지영이 남산 지하실에서 겪어보니 새빨간 거짓말이었다. 아니라면 혹시 노신영이 안기부를 떠나자마자 몽둥이질이 되살아난 것일까?

커피는커녕 코피부터 터졌다.

김지영 기자는 그날 아침 유난히 일찍 중앙청으로 나갔다. 정부·여당의 강경대책이 나올 듯한 예감에 취재 촉각을 곤두세우고 있던 참이었다. 다른 기자들은 거의 보이지 않았다.

그런데 노 총리도 평소라면 나올 시간이 지났지만, 자리에 없었다. 비서실장 방과 여러 방을 돌며 총리의 행방을 탐색했다. 하순봉 비서실장부터 모든 관계자가 말문을 돌리며 딴청을 부렸다. 하지만 군색한 그들의 답변을 모아 퍼즐을 맞추자 곧 상황이 드러났다.

고위 당정회의로구나.

김지영은 시치미를 떼고 혼자 몰래 그 기사를 송고했다.

사실 김지영 기자는 그때까지만 해도 김현섭의 기사가 게재되는 것을 모르고 있었다. 그런데 컨트롤타워(편집국)에서 볼 때 그날 신문 1면은 아귀가 딱 맞아떨어지는 특종이었다. 학원안정법 시안에다가, 이 법안을 놓고 고위 당정인사 6인이 첫 회의를 한다는 보완 기사까지 들어왔기 때문이다.

학원안정법, 데모 학생들은 영장 없이 수용소 보내라

학원안정법은 정부·여당이 대학가의 2학기를 겨냥해 은밀하게 준비해온 정국 운영대책의 핵심 카드였다. 만약 이 법안이 미리 공개될 경우, 정부·여당이 입법의 동력을 잃게 되고, 가뜩이나 한창 끓어오르는 야당과 학원가에 큰 반발의 빌미를 줄 소재였다.

당시 경향신문은 속칭 '여당지', '청와대 신문'이었다.

5공 정권의 언론 통폐합으로, 한 회사였던 MBC와 분리된 뒤 회사 형태는 사단법인으로 바뀌었다. 사단법인이라면 정부(문화공보부)에 예산 보고를 하고 감사를 받는 처지. 실질적인 인사권과 소유권은 청와대가 쥐고 행사했다. 경향신문은 '기관지'처럼 5공화국 체제를 옹

호하는 데 앞장서왔다. (김지영 기록)[52]

그러한 경향신문으로서는 학원안정법 관련 기사들을 1면에 게재하는 결정이 쉬운 일은 아니었다.

특종기사를 위해, 손광식 편집국장과 홍성만 정치부장, 강신구 사회부장은 작전을 썼다. 5공화국 청와대 대변인 출신인 정구호 사장(전두환의 대구공고 후배)이 모르게, 그리고 손쓰지 못하게, 마감 직전에 기사를 1면에 밀어넣었다. 이렇게 쿠데타처럼 1판 마감을 마치고 난 손 국장과 강 부장 등 편집국 간부 몇 명은 조마조마한 심정으로 점심을 하던 중에 청와대로부터 다급한 전화를 받았다.

청와대는 협박으로 나왔다.

"기사 내용은 사실이 아니니, 신문사가 숙고해서 결정하세요."

오보(誤報)라는 소리에 놀라, 신문을 싣고 떠난 수송 차량이 고속도로까지 갔다가 회사로 되돌아왔다.

홍 부장과 김 기자를 태운 승용차는 남산 1호터널 앞의 안기부 정문 쪽이 아니라 뒷문 쪽으로 향했다. 뒷문에 들어서기 전 수사관들은 종전까지 다소 정중했던 태도에서 험악하게 돌변했다.

"눈 가려, 이 새끼들아."

눈가리개 하나씩을 던져주는 것이었다. 두 사람은 복도부터 철창으로 차단된 지하의 취조실로 끌려 들어갔다.

김 기자는 수없이 자술서 쓰기를 되풀이했다. 똑같은 내용을 반복하지 않으면, 거짓이라고 치도곤을 당한다. 조사의 핵심은 두 가지였다.

"김현섭은 어디로 도망갔느냐?"

"고위 당정 대책회의는 총리실의 누구한테 취재했느냐?"

사실 김 기자는 김현섭 기자가 어디에 있는지 전혀 몰랐다. 이미 그 날 낮 안기부 수사관이 출동하자 강신구 사회부장은 외부에서 취재 중인 김현섭 기자에게 "피신하라"라고 지시했다. 그때부터 김현섭은 대학 동문인 한국일보 신재민 기자(전 문화체육관광부 차관)의 신혼 살림 집에 피신해 은거했다.

김지영은 고위 당정회의를 취재한 취재원에 대해서는 일관되게 잡 아뗐다.

"분위기는 포착했으나 취재가 안 되어, 추측 작문으로 기사를 썼 다."

그렇게 우겼다. 그러자 담당자는 "안경을 벗고 혁대를 풀라"고 한 뒤 그를 벽에 세워놓고 주먹과 발길로 구타를 했다. 그러다 진술이 마 음에 들지 않으면 또다시 구타하곤 했는데, 어느 순간 본능적으로 주 먹이나 발길질의 공격을 막고, 또 피했다.

그러자 조사관은 정말로 화가 난 모양이었다. 잠시 나가서는 두 명 의 조사관을 더 불러오고 각목도 가져와서는 인정사정없이, 그야말 로 야수처럼 두들겨 패는 것이었다. 김 기자의 얼굴은 곧 피투성이 가 됐다.

그들은 손광식 편집국장과 강신구 사회부장, 이실 정치부 차장도 연행돼 옆방에서 조사를 받고 있다고 했다.

김 기자는 감금된 채, 취조와 자술서 쓰기, 구타를 이틀 동안 견뎌 야 했다.

집에는 알릴 틈도 없었다. 나중에 집에 돌아와 집사람에게 들으니 연행돼간 날 밤, 두 살짜리 딸애가 이유 없이 밤잠을 자지 않고 울어 댔다고 한다. 한 남성에게 전화가 걸려왔는데 이름은 밝히지 않은 채 "김지영 기자가 오늘 집에 못 들어가니 그렇게 알라"고 했다는 것이다.

취조관들은 다른 간부 4명에게 집요하게 한 가지를 추궁했다.

"무슨 정치적 의도나 음모로 보도한 게 아니냐?"

"당시 학원안정법을 주도한 것은 안기부장 장세동, 허문도 정무수석이었다. 반면 민정당의 노태우 대표, 이종찬 원내총무는 상대적으로 온건파에 속했다. 말하자면 강경파에서는 온건파의 누군가가 의도적으로 학원안정법에 대한 정보를 흘린 것으로 짐작하고 있었던 듯하다. 또 노태우가 그 배경이 아닌가 추정하면서 만약 그렇다면, 차제에 노태우에게 치명적인 타격을 줄 수 있을 것으로 보았던 모양이다."(김지영 기록)[53]

하지만 취재 소스는 전혀 다른 곳이었다. 김현섭 기자의 대전고 동기동창인 정재학. 그는 당시 이 일을 맡은 민정당 학원특위 위원장 남재두 의원의 보좌관이었다. 김현섭은 정재학으로부터 특종을 얻어낸 것이었다.

그런데 안기부는 5명을 구타하고 닦달했지만, 김현섭도 못 잡고, 취재원도 캐내지 못했다. 그 뒤 안기부는 3일간 취재원 신원을 끈질기게 추궁하면서 수사관들을 다시 경향신문에 파견했다. 관련자들을 다시 연행하겠다고 으름장을 놓았다.

정구호 사장 주재로 감사 등 임원과 간부들이 회의를 열었다.

"회사를 살리기 위해 취재원을 밝힐 수밖에 없다", "아니다. 취재원만은 밝혀선 안 된다"라는 논란이 벌어졌다. 그러는 사이, 정재학이 유출자인 것이 제보된 듯, 사건은 마무리되었다. 정재학은 이 사건이 가라앉은 뒤, 여당 의원 보좌관에서 잘렸고 경향신문사에 기자로 특채되었다.

김지영 기자는 고문을 당하고 이틀 만에 안기부에서 풀려나오면서 "이민 가야겠다"라고 결심했다. 결국, 이민은 가지 못했다. 하지만, 그는 이 사건을 계기로, 1980년대 후반, 경향신문 노동조합의 초대 집행부와 4대 노조위원장을 맡으며 '언론 민주화'에 나서게 된다.

도하 신문이 학원안정법 시안을 보도하자, 반대 여론이 들끓었다.

양 김이 이끄는 신민당은 민주제도를 말살하는, 체제 유지만을 위한 악법이라고 반발하고 나섰다. 대한변호사협회와 천주교, 기독교 단체에서도 강력히 반대 의사를 밝혔다. 야당과 재야 단체만이 아니라 여당 내에서도 반대 기류가 심했다.

그러나 허문도 정무수석은 여당의 이종찬 원내총무에게 설득했다.

"일본에서도, 대학가의 투쟁이 심해지던 1969년 8월 '대학 운영에 관한 임시조치법'을 입법한 바 있습니다."

데모를 일으킬 '대학생 5000여 명을 수용해서 순화'하는 정화 탱크를 만들어야 한다는 것이었다.

허문도는 당정회의에서도 열변을 토했다.

"각하로부터, 당과 정부가 충분히 토의하여 당에서 혼연일체의 공

감대를 갖도록 하라는 지시가 있
었습니다."

　참석자들은 강제수용소나 '삼
청교육대' 같은 인상을 주어서는
안 된다는 의견들을 개진했다.
현홍주 정책조정실장은 이종찬
총무에게 귓엣말로 "위헌 소지가
있는 법안입니다"라고 속삭였다.

　장세동과 허문도는 이 법을 국
회에서 의원입법으로 해달라고
원내총무 이종찬을 압박했다. 정
부 입법은 국민에 대한 설득력이
약하니 국회가 앞장서달라는 것
이다. 이미 데모를 막는 집시법,

대학가 시위를 발본색원하겠다는 학원안정법은 특히 종교계
에서 극구 반대했다. 김수환 추기경(왼쪽)과 김윤식 목사(오
른쪽)가 1985년 8월 14일 청와대를 방문해 법 제정에 반대
한다는 의견을 밝혔다.

거기에 더 무서운 국가보안법이 있는데도 얄팍한 법 하나 더 만든다
고 조용해질 리가 있겠는가,

　그것도 원내총무 이종찬이 주도해달라는 말에 비위가 상했다.

　"단순한 학원 시위 주동자를 사법 절차도 거치지 않고, 인신을 구
속하거나 교육을 목적으로 강제 수용하는 것은 위헌의 소지가 있습
니다."

　그러자 '이종찬이 대권 욕심에 자기 정치만 한다, 인기를 노리고 딴
전 피운다'라는 공격이 들어왔다. 2·12 총선에서 서울 종로에서 살아
올라온 이종찬은 부쩍 컸고, 그만큼 시기와 구설도 뒤따랐다.

김일성 만나랴, 대학시위 막으랴

전두환 대통령 입에서 그런 말이 나왔다.

그 무렵 장세동 안기부장이 서울 강서 지역구의 남재희 의원을 남산으로 불렀다. 자리에 앉자마자 장 부장이 이종찬 총무를 공격했다.

"이종찬이는 내 초등학교 동창입니다. 아세요?"

남 의원이 처음 듣는 소리라, 뜨악해하자 장 부장이 말을 이었다.

"이종찬은 반사체에 불과합니다. 스스로 빛을 발산하는 발광체가 아닙니다. 그것을 잘 아셔야 합니다."

이종찬 줄에 서지 말라! 그 한마디뿐이었다.

세상에, 바쁜 안기부장이 불러서 한다는 말이, 그 말뿐이람. 남재희는 고개를 갸웃하며 나섰다. 그 무렵, 전두환 대통령도 청와대에서 남 의원에게 "이종찬과 너무 친하게 지내지 말라"고 경고했다. 대통령이 다른 얘기도 아니고, 이종찬과 가깝게 놀지 말라는 안건 하나라니 싱겁다는 생각이 들었다고 한다.

이종찬 원내총무 잘라내며 "학원법 통과시켜라" 기합

7월 30일, 기자들이 이종찬 총무에게 8월 임시국회가 열리느냐고 물었다. 그러자 그는 "민생 법안을 처리하는 국회라면 몰라도, 학원안정법 처리를 위해서는 소집할 계획이 없다"라고 단호하게 대답했다.

그날 주한 미국대사관의 클리블랜드 부대사가 이종찬과 점심을 같이하면서 빈정거리듯 물었다.

"수용소(Gulag, 옛 소련의 정치범 수용소) 계획은 잘되어가나요?"

하루가 지나고 7월 31일, 노태우 대표가 이종찬을 당사로 불렀다.

"미안합니다. 이 총무를 경질하라는 통보를 받았습니다. 각하께서 급히 청남대에 다녀가라고 해서 다녀왔습니다."

괘씸죄. 이종찬 총무는 그렇게 목이 날아갔다.

전두환과 장세동, 허문도의 밀어붙이기다.

그리고 당 내부의 군소리를 향한 협박이었다.

"여당인 민정당 내부도 설득하지 못하는 법안이었다. 이런 것을 놓고, 안기부가 군불을 피우기 시작했다. 언론에서는 학원 안정의 필요성을 제기하며 특히 학생들이 사상적으로 오염되고 있음을 강조하고, 정부가 선도적으로 조치해야 한다는 논설이 실렸다. 듣지도 보지도 못한 '하부 청 중앙협의회'라는 단체가 국무총리를 찾아가서 대하가이 조속한 정상화를 건의했다. 대학의 총장, 학장들이 정신문화연구원에 모여 '대학교의 힘만으로 대학을 안정시킬 수 없다'라는 건의문을 발표했다. 여당 의원의 80%가 반대하는데도 안기부는 맨투맨으로 의원들을 설득했다. 국회 상임위별로 팀을 짜서 반대하는 의원은 위원장이 책임지고 설득하라는 명령도 떨어졌다." (이종찬의 술회)[54]

이종찬을 끌어내리고, 이세기를 원내총무로, 사무총장도 이한동에서 정순덕으로 바꾸는 기합을 넣었다.

내부 기강을 다잡는 초강수에 한동안은 다들 움찔했다.

그러나 전두환도 시간이 흐르면서 무리가 있음을 느끼기 시작했다.

야당과 재야의 반발이 너무 거센 데다, 민정당 내부에서조차 여전히 공감대가 서지 않았다.

법 하나로 해결될 데모라면, 무엇이 걱정이겠는가?

김일성 만나라, 대학시위 막으라

수석비서관 회의에서 이학봉 민정수석조차 "경제가 안 되면 경제 안정법, 정치가 안 되면 정치안정법을 만들 것인가?"라고 허문도를 비아냥댄다는 것 아닌가.

8월 1일 청남대에서 대통령은 국무총리 노신영에게 전화를 걸었다.

"오늘 여기에 충청 지역 국회의원들과 유지들이 여러 명 다녀갔는데, 그들 중에도 학원안정법에 반대하는 사람이 적지 않습디다. 이 문제는 총리가 잘 알아서 판단하여 처리하시오."

노신영 총리는 대통령의 지시를 반겼다.

"애당초 '정화 탱크'가 필요하다는 생각은 했었지만, 위헌 소지도 있고 야당과 재야가 이처럼 극렬하게 반대하리라고는 상상조차 못 했다. 설사 법을 만들어도 실효를 거두긴 틀려먹었다. 무리라고 생각해오던 차에 대통령이 잘못된 거로 인식하게 된 게 반가웠다." (노신영 기록)[55]

대통령의 지시 이후에, 허문도 정무수석이 총리실로 와서 통사정했다. 학원안정법의 필요성을 재차 강조하면서, 노신영에게 협조를 부탁했다.

"국가의 중대사인 이 문제를 놓고, 누구를 돕고 안 돕고의 차원에서 다룰 수는 없습니다."

노 총리는 외교관 출신답게 점잖게 거절하고, 허문도를 돌려보냈다.

그래도 허문도는 끈질겼다.

안현태 경호실장을 붙잡고는, 학원안정법의 필요성을 호소하면서

대통령 전두환은 1985년 0월 17일 학원안정법 제정을 시두르지 않겠다고 물러섰다. 당초 이에 반대하는 민내흥구 이종찬을 끌어내리고 이세기 의원을 앉혀 여당 내의 반대 기류를 누르는 등 강경 자세였으나, 역불급을 의식하고 후퇴했다. 2인자 노태우만 받아쓰기 자세로 오른손에 펜을 들고 전두환을 바라보는 것이 이채롭다.

도와달라고 간청했다. 안 실장은 경호 파트에서 그런 말씀을 각하께 드릴 수는 없는 거 아니냐고 짜증을 냈다. 허문도가 혼자서 외롭고 뜨겁게 역전을 노리는 사이, 전두환은 '체면이 있는 후퇴'를 노신영 총리에게 맡겨놓고, 뜸을 들였다.

5개월 전, 2·12 총선에서 지고 오른팔 장세동을 안기부장에 앉혀, 지금 양 김 진영과 전쟁을 치르고 있다. 기왕 스타일은 구긴 마당이니, 돌멩이라도 하나 집어 들고 일어서야 하는 것 아닌가.

전두환은 이민우를 비롯한 야당 총재들과 만나주는 시늉을 해보였다. 그래도 법안에 관해 그 총재들에게 양보하거나 선심 쓰지 않았다.

8월 17일, 당정 확대회의를 열어서 말했다.

"학원 상황이 심각하기는 하나, 8월 임시국회에서 꼭 통과시켜야 할 만큼 시급한 건 아니다. 좀 시간 여유를 두고 검토하라."

학원안정법안 보도로 소란이 인 지 20여 일 만의 백지화 선언이었다. 그 자리에는 아들(재국)도 그 회의에 앉아 있어서, 참석자들은 아들의 역할도 있었으리라고 짐작했다.

제15장

단말마로 치닫는 '몽둥이 정권'

편집국장·정치부장·기자를 지하실에서 팬 장세동 안기부

1985년 8월 24일, 중국 폭격기 한 대가 전북 이리(현 익산) 상공을 배회하다 정수장 제방을 들이받고 불시착했다.

폭격기는 논바닥에 곤두박질쳤다. 활주로가 아니었으므로, 추락의 충격으로 조종사는 중상을 입었고 통신사는 요행히 무사했으나, 항법사는 사망했다. 공교롭게도 들에서 일하던 주민(배봉환)이 그 날벼락에 다쳐 사망해버렸다.

폭격기 조종사가 한국으로 도망치기 위해 승무원에게는 '비행기의 방향타가 고장'이라고 속였다. 전속력으로 탈출에 성공했으나, 한국 공군기의 유도 착륙이 없어 연료가 바닥나는 바람에 불시착했다. 조종사는 대만으로 망명하기를 희망했고, 통신사는 고향인 중국으로 돌아가고 싶다고 말했다.

서해 방공망이 뚫린 셈이다.

정부는 "공군이 유도 비행을 했지만 기름이 바닥나서 밀어졌고, 이리 상공에 공습경보도 울렸다"고 거짓 발표를 했다. 그러나 이리에서 그 경보를 들은 사람은 없었다. 동아일보는 윤상삼 기자(작고, 영화 '1987'에 이희준의 연기로 등장하는 특종 기자)의 이리 현지 취재로 이 아픈 대목을 폭로했다.

동아일보는 '정부가 유도 비행을 했다고 하면서도 그 경로를 밝히지 못한다', '중국 민항기가 춘천에 불시착할 때 울린 사이렌 소리를, 왜 이리에서는 들은 사람이 없는가'라고 의문을 제기했다. 이는 정부의 거짓 발표를 비꼬는 것이었다. (나중에 가을 국회에서도 야당이 정부의 거짓 발표를 물고 늘어졌다.)

노신영 안기부와 외무부는 조종사와 통신사의 신병 처리를 놓고 5일 동안이나 고심했다.

중국도 북방외교에 중요하고, 우방인 자유중국도 배려해야 했다. 결국은 두 사람의 희망대로 신병을 처리키로 하고 발표만 남기고 있었다. 그러한 신병 처리가 1976년 옛 소련 벨렌코 중위의 망명 이래, 국제관례이기도 했다. 벨렌코는 미그-25기를 몰고 일본에 착륙했고, 미국 정착을 희망하여 그대로 실현되었다.

8월 29일, 외무부를 출입하던 동아일보 정치부 김충식(필자) 기자는 그날 오후 정부종합청사 8층에서 긴장된 표정으로 종종걸음치는 사람을 보았다. 장기호 동북아시아과장(나중에 이라크대사를 역임하고 퇴역. 근래에는 교회 목회 활동)이었다. 폭격기 사건 담당 과장이 허둥지둥 다니는 데서, 뭔가를 직감하고 장 과장에게 물었다.

"그거 발표하는 거요? 오늘?"

장 과장은 고개만 끄덕이고 사라졌다. 추가 취재 끝에 정부의 공식 발표가 임박했음을 확인했다. 필자는 미주국장 부속실에서 전화로 기사를 송고했다.

정치부장 이상하는 "중공 폭격기의 승무원 송환 발표가 오늘 오후 3~4시에 있을 것"이라고 이채주 편집국장에게 보고했다. 곧 발표가 예정되어 있다는 보고이니, 서울 시내 지역에 배달되는 2판에 실어도 무방할 것 같았다. 2판 1면 중간 톱으로 '중공기 조종사 대만 보내기로'라는 제목으로 보도했다. "정부는 생존 2명에 대한 신병 처리를 29일 오후 발표한다. 소송사는 국제법상의 '방병자'로 간수해 대만에, 통신사는 '재난 상륙자'로 보아 중공에 보낸다." 하지만 외무부에서는 공식 발표가 나오지 않았다. 부산과 광주 등 지방으로 배달되는 3판 제작을 끝내야 하는 오후 7시까지도 소식이 들어오지 않았다. 이채주는 얼핏 불길한 예감이 들었다. 지방에 가는 3판에서는 그 기사를 뺐다.

그 무렵, 안기부 직원 몇이 동아일보사 정문에서 어슬렁거렸다.

그들은 편집국장 이채주, 정치부장 이상하, 정치부 기자 김충식을 찾고 있었다. 일부는 편집국으로 올라와 이채주, 이상하가 어디에 있느냐고 소리쳤다. 김 기자는 당분간 피신하라는 선배들의 충고를 듣고 귀가하지 않고 친구 집으로 갔다. 한 달 전에, 학원안정법 특종 보도로 안기부 지하실에서 치도곤을 당한 김지영 기자의 선릉 부근 아파트로 가서 잤다. 고문에 견디는 법도 알아둘 겸 해서 간 것이다.

안기부 요원들은 저녁 9시경 편집국에 들이닥쳐 이채주 편집국장을 연행했다. "한남동으로 갑시다." 남산 조사실로 간다는 사인이었다.

오후부터 심상찮은 분위기였다. '이리 상공에 사이렌이 울리지 않았다. 유도 비행 경로가 없다'라는 폭로 보도 이후, 안기부가 보복을 벼르고 있다는 소리가 들리던 터다.

2·12 총선에서 정권 측이 패배한 이후, 동아일보의 상습적인 보도 지침 위반을 괘씸하게 생각한다는 소리도 수없이 들어왔다. 올 것이 온 것인가, 이채주 편집국장은 생각했다. 그날 자정께 정치부장 이상하가 집 앞에서 연행됐다. 김충식은 이튿날인 8월 30일 아침, 편집국에 전화를 걸어 추이를 물었다. 남산에 들어가 조사에 응해주라는 얘기에 따라 사장실로 갔다. 거기에 기다리고 있던 요원들에게 이끌려 남산 지하실로 잡혀갔다.[56]

안기부 수사관들은 그를 허리띠 없는 청색 군복으로 갈아입히고 무차별 폭력을 가했다. 주먹세례에 몸을 웅크리자 발길질을 해대고 몽둥이가 날아왔다. 몸 전체가 타격 대상이었다. 복날 개 잡듯 두들겨 팬 뒤 옷을 발가벗기고 심문했다.

정보를 제공한 외무부의 취재원을 대라는 것. 그리고 그동안의 기사 스크랩을 들이대며, 반골 새끼는 죽여야 한다고 소리쳤다. 이번에 엠바고 파기이니, 사표를 쓰라는 것이었다. 엠바고는 처음부터 걸린 적이 없었다. (김흥수 대변인은 최근 필자에게 재차 확인해주었다.)

비판 기사 들이대며 "죽여서 유기하겠다" 으름장

"잘못하면 취재원 장 과장이 다칠 수도 있다"라고 마음속으로 되뇌며 고통을 견뎠다.

필자는 국제법과 관례에 따라 29일 발표할 것이라고, 상식에 따라 '추측 보도'를 했을 뿐이라고 우겼다. 구타, 심문, 모욕주기 등이 계속 이어졌다. 옆방에서 편집국장의 고통스러워하는 신음이 들려왔다.

이채주에 대한 심문은 중국 폭격기 기사가 보도된 경위가 초점이 아니었다. 수사관들은 동아일보 기사 스크랩 보따리를 가져와 1985년 2·12 국회의원 총선거 이후 정권에 비협조적인 기사를 조목조목 들이대며 구타를 하고 사직서를 쓰라고 강요했다. 특히 1985년 2월 8일 김대중 씨가 귀국할 때 1면 2단이라는 보도지침을 어기고 사실상 중간 톱으로 보도한 저의가 무엇이냐고 추궁했다.

새벽에 나타난 안기부 국장급 간부는 "아무도 모르게 죽여버릴 수도 있다"라고 협박했다. 그는 이렇게 말했다.

중국 폭격기 조종사가 1985년 8월 24일 망명하기 위해 서해 영공을 넘어와 연료 소진으로 불시착해, 전북 이리의 정수장 제방을 들이받았다(사진). 논바닥에 내리는 과정에서 농부 한 명이 사망했다. 국회는 방공망이 뚫리고 공군이 유도 비행에 나서지 못한 점, 사이렌 경보가 울리지 않은 사실 등을 추궁했다. 안기부는 이런 사실을 보도한 동아일보의 편집국장, 정치부장, 정치부 기자를 남산 지하실에 가두고 며칠간 구타하고 고문했다.

"동아일보 편집국장의 인신 처리는 우리 마음대로 할 수 있다. 각하도 양해한 사실이다. 당신을 비행기에 태워 제주노로 가다가 바다에 떨어뜨려버릴 수도 있고, 자동차로 대관령 깊은 골짜기에 데려가 아무도 모르게 땅에 묻어버릴 수도 있다…."

그해 상반기의 정국은 뜨거웠다. 2·12 총선으로 촉발된 민주화 열망은 서울 미문화원 점거 농성, 전학련 및 삼민투 사건, '민중교육'지 사건 등 반정부 민주화운동으로 거세게 타올랐다. 대통령 전두환, 경호실장에서 안기부장으로 옮겨온 장세동, 허문도 정무수석 등은 학원안정법을 만들자고 강경 대응으로 맞섰다. 그러나 학원안정법은 야당, 재야, 종교단체는 물론 여당과 청와대 일부까지 반대해 백지화한 상태였다.

세 사람에 대한 불법 연행과 가혹 행위는 이런 시대적 상황에서 일어났다. 문제 삼은 기사는 구실이었을 뿐, 정권에 고분고분하지 않은 동아일보에 대한 보복이자 언론계에 대한 군기 잡기였다. 이채주와 이상하는 8월 31일 오후, 김충식은 9월 1일 오후 각각 풀려났다. 모두 조사받은 사실, 내용, 가혹 행위 등을 일절 발설하지 않겠다는 각서를 쓴 뒤 몸에 생긴 피멍을 없애기 위한 '안티프라민 치료'를 받았다.

김충식은 그때 남산 지하실에서 두부모보다 큰 대용량의 안티프라민이 존재하는 것을 알게 됐다. 이채주의 하반신에는 안티프라민을 바른 쇠고기가 감겼다. 피멍이 든 데는 쇠고기가 응급약이다. 얼마 되지 않아 퍼런 물이 흘러나오기 시작했다. 9월 1일 저녁, 동아일보 편집국에 기자 80여 명이 모였다. 분노의 소리들이 터져 나왔다. 이날 열린 긴급 기자총회에서 기자들은 '우리의 입장'이라는 결의문을 채택했다. 결의문은 이낙연 기자(당시 정치부, 나중에 국무총리)가 정서했다.

"동아일보 편집국 기자 일동은 최근 언론인들이 당국에 잇따라 연행·폭행당한 데(학원안정법 시안 보도로 경향신문 기자들을 연행해 폭행한 것)이어 특히 지난 8월 30일부터 9월 1일 사이에 동아일보 이채주 편집국장과 이상하 정치부장 및 김충식 정치부 기자가 연행돼 가혹 행위를 당한 사실에 대해 분노한다…."

이날 회의에서 기자들은 정권에 정식으로 항의하는 '성명서'를 내자고 주장하기도 했으나 우선 불법 연행 및 가혹 행위에 관해 먼저 기사화해 일단 항의 입장을 공표한 뒤, 성명서는 사태 추이를 보아가며 거론하기로 의견을 모았다. 하지만 이 사건에 관한 기사는 실리지 못했다.

당시 최고 일간지의 편집국장, 정치부장, 정치부 기자를 데려다 두들겨 팰 수 있었던 그런 시대, 넘을 수 없는 안기부라는 철벽이 존재했던 것이다. 이 사건을 9월 5일 특집기획으로 보도한 아시안월스트리트저널은 "신문의 경영층이 이 사건에 대해 어떠한 것도 보도하지 않도록 하고, 사적인 구제 조치를 취하기로 했다. 동아의 경영층은 정부의 최고위층에게 이러한 종류의 일이 다시는 재발하지 않도록 보장하라는 조용한 메시지를 전했다"라고 썼다. 이 사건은 국내외에 큰 파장을 일으켰다.

신민당은 2일 국회 내무위와 문공위 소집을 요구했고 신민당 민주화추진협의회, 한국기독학생회총연맹의 성명 등이 이어졌다. 동아 기자들의 비상총회가 연일 열린 편집국에는 야당과 재야 단체 관계자들의 격려 방문이 계속됐다. 국제기자연맹(IFJ)도 강경한 내용의 규탄 성명을 발표했다. 외신들의 보도도 이어졌다. 9월 4일 로이터통신의 첫 보노를 시삭으로 아시안월스트리트저널, 네이션 등은 이 사태를 상세하게 전했다. 미국 국무부 인권보고서는 이 사건을 상세히 기록해 배포했다. 유달리 무더웠던 그해 8월의 끝날 발생한 이 일은 외신들이 대서특필하고 국제신문인협회(IPI) 총회에서 중대 문제로 보고했다. 하지만 당사자인 동아일보를 포함한 국내 미디어들은 단 한 줄의 기사도 싣지 못했다.

고문은 당사자들에게 끔찍한 기억으로 남아 있다.

해마다 8월 말이면 고문의 기억에 잠을 뒤척였다. 특히 이채주는 주황빛 전구가 괴물의 눈처럼 침침하게 비추던 지하 조사실에서 거인처럼 서 있던 요원을 잊지 못한다.

김충식은 "서울 시내 한복판의 밀폐된 지하실, 법과 제도의 사각에서 벌어지는 광분한 권력의 행패에 정신 이상이 되지 않고 불구가 되지 않은 것이, 스스로 신기할 정도였다"라고 썼다. (기자협회보)[57]

안기부 "性을 혁명 도구로 삼나?" … 송영길·심상정 위장취업

1986년 6월 6, 7일 장세동 안기부의 헛발질을 불러온 사건이 터진다. 부천경찰서 성(性)고문 사건이다. 문귀동 사건, 혹은 권인숙 사건이라고도 한다.

문귀동이라는 경찰관(경장)이 권인숙 학생(현 국회의원, 당시 서울대 의류학과)을 조사하면서, 차마 입에 올리기조차 민망한 짓을 저질렀다.

한 편의 영화로도 못다 할, 이 엽기적 드라마의 경과를 과거사진상조사위에서 안기부 관련 자료를 소상히 뒤지고 점검해본 한홍구 교수(성공회대)는 말했다.

"5공에는 갖가지 사람들이 있었다. 문귀동 같은 자가 있고, 그자를 써먹어 출세하려는 자가 있고, 문귀동의 죄악을 덮어버려야 5공 정권이 산다고 믿은 자가 있고, 반대로 문귀동을 잡아넣어야 체제 유지에 도움이 된다고 생각한 자도 있었다. 검찰과 사법부가 성고문 은폐의 공범이 될 때, 기꺼이 협력한 자도 있고, 부끄러워한 자도 있고, 뒷방에서 눈물을 흘린 자도 있었다." (한홍구 교수)[58]

1986년의 '5·3 인천사태'가 그 배경에 자리한다.

안기부가 창당을 방해·탄압하던 신민당 경인지부 결성대회가 강행되던 날이었다. 지금은 '태극기 운동권'으로 전향한 김문수(경기도지사, 국회의원 역임) 등이 주도한 시위대가 "인천을 해방구로!"라고 외치며 나선 강성 데모였다.

전두환 정권은 더 강하게 맞섰다.

129명을 구속하고 37명을 수배하는 한편, 사태의 진원지인 '위장취업자' 색출에 나섰다. 당시 운동권 대학생들은 학력을 중졸이나 고졸로 낮추거나, 혹은 다른 사람으로 신분을 위조하여 공장에 들어가 노동 현장에 뛰어들곤 했다. 인천지역에서는 송영길(5선 의원, 더불어민주당 대표, 인천시장 역임)이 유명하다. 그는 연세대 직선 학생회장으로 뽑혀 데모를 주동하다 제적된 후, 85년 대우자동차 배관공, 벽시계공장 직공을 거쳐 택시노조 인천지부 사무국장까지 지냈다.

그는 86년 '전두환 암살 음모'라는 엄청난 혐의로 안기부에 잡혀가 한 달간 죽다 살아나왔다. 열혈청년 송영길이 고교 은사에게 쓴 편지에서 "전두환을 총으로 쏘아 죽이고 싶다"라고 썼는데 우편검열에

운동권 학생들이 학력을 낮추어 공장에 위장 취업해 노조 운동을 벌이는 게 1980년대 투쟁의 한 패턴이었다. 서울대생 권인숙은 남의 주민등록증을 고쳐 공장에 취업했다가 붙잡혔고, 경찰은 도망친 다른 수배자의 행방을 대라고 닦달하며 '성고문'을 했다. 사진은 1988년 '성고문 피해 위자료' 청구 소송에서 권인숙(오른쪽)이 조영래 변호사(왼쪽)와 함께 법정을 나서는 장면이다.

서 걸려 그런 엄청난 죄목으로 붙잡혀가 지독한 고문을 당했다.

구로공단 위장 취업자로는 심상정(정의당 대통령 후보, 4선 의원)을 빼놓을 수 없다. 서울사대 재학 중이던 1980년 재봉사 자격증을 따서 봉제공장에 숨어 들어가, 일당 540~1100원(시다)짜리 노동자들 틈바구니에서 노동조합을 결성하고 '구로동맹파업'을 주도하며 그 동네의 스타가 되었다. 이후 1985년 '서울노동운동연합'의 창립에 나섰고, 5·3 인천사태로 지도부가 체포되자 서노련 지도위원이 되었다. 1990년 '전국 노동조합협의회'가 창립되자 쟁의국장과 조직국장을 맡았다.

서울대생 권인숙도 그 때문에 잡혀갔다.

공장에 위장 취업을 하려고, 남의 주민등록증을 고친 것이 공문서 위조가 되었다. 경찰은 그 빌미로 조사했지만, 실은 도망친 다른 수배자에 대한 정보를 캐내는 데 혈안이 되어 있었다.

문귀동 경장은 권인숙을 닦달하면서 '성고문'을 2차례 자행한 것이다.

권은 교도소에서 그 끔찍했던 순간을 변호사 손태봉에게 말했다.

손 변호사는 권 양 아버지와 사법시험 공부를 함께 하던 친구였다. 아버지는 사시를 포기하고 법원 일반직 공무원이 되었다. (나중에 춘천지법 원주지원 사무국장으로 퇴직.) 친구의 딸을 변호하러 나선 손 변호사는, 그러나 이른바 '반체제, 인권 변호사'가 아니었다.

권 양이 처음부터 그 부끄럽고 끔찍한 일을 고백한 건 아니다. 손태봉의 증언.[59]

"2차 접견 날인 6월 23일 권 양이 '이런저런 일을 당하면 강간죄가 아닌가요?'라고 물었다. 나는 같은 감방에 있는 다른 여학생이 당한 얘기인가 싶었는데, 한참 침묵을 지키던 권 양이 '내가 조사 중에 그렇게 당했다'라고 말해 깜짝 놀랐다. 더욱이 고소하겠다고 말해서 말렸다. 우선 23살 처녀의 명예에 지울 수 없는 상처로 남을 것을 걱정했기 때문이다."

손 변호사는 어차피 주민증 위조는 사실이니, '쉬쉬하고 지내면 기소유예나 집행유예가 날 터이니 참으라'고 달랬다. 변호사의 법리로는 강간(성기의 함몰)에는 이르지 않았기 때문에, 증거도 없는 '성고문'을 입증하는 것도 난감했으리라.

그래도 권 양은 꿋꿋했다. 아버지 친구인 변호사는 말했다.

"나는 반체제 변호사가 아니다. 친구 딸을 인천 소년교도소에서 빨리 꺼내주는 것이 목표였는데, 권 양이 '창피스럽고 희생당하는 한이 있더라도 다시 이런 일이 생기지 않도록 고소하겠다'라고 했다. 나는 당국의 주목을 받을 경우, 유리할 것 없다는 판단에서 극구 말렸다. 내 이야기를 들은 가족들도 몇 차례 권 양을 만나서 고소하지 말라고 설득했다."

하지만 권은 막무가내, 또 다른 피해를 막기 위해서라도 진실을 알리겠다고 우겼다.

"제발 덮어버리자고, 세상에 알려지면 엄마, 아버지는 약을 먹고 죽겠다고 하고, 그런 딸의 장래를 걱정하는 부모님의 애타는 호소, 언니는 편지에 '너 때문에 부모님 한 분이라도 어떻게 되면 널 죽여버리겠다'라고 했지만, 세상에 고발하겠다고 결심했습니다." (권 양이 1심 재판부에 낸 탄원서)

검찰과 안기부가 권 양과 변호사의 접견 기록(지켜보는 교도관이 작성)을 보고 사정을 알게 되었다. 처음부터 덮는 것이 목표였다.

위장 취업 사건부터 맡아오던 인천지검 남충현 검사가 "왜 나한테 일찍 이런 말(성고문)을 안 했는가"라고 물어 권 양은 "묻지도 않았고, 말해도 소용없을 것 같아 안 했다"라고 했다.

남 검사는 "이런 사건은 증거 확보가 어려우니 권 양의 명예만 훼손된다"라는 취지로 달랬다. 그러면서 고소를 안 하더라도 우리 검찰이 문귀동에게 응분의 조치를 가할 방침이라고도 말했다.

문귀동 "검사에게 불어도 소용없어! 우린 다 한통속이야!"

문귀동 경장이 성고문을 가하면서 권 양에게 내뱉은 그 말대로였다.

"네가 당한 일은 검사 앞에 나가서 해봤자 아무 소용이 없어. 검사나 우리는 다 한통속이야!"

그 교도소에는 인천사태 수감자들이 많았다. 그들 입을 통해서 구속자 가족들 사이에 소문이 번져 나갔다. 민변(민주사회를 위한 변호사 모임)의 전신인 정법회가 그 소문을 듣고, 이상수 변호사(나중에 국회의원)가 갔다.

소문은 사실로 확인되었고, 조영래, 홍성우 변호사가 가세했다.

발생 한 달 만인 7월 3일, 조영래 등 9명의 변호사가 지원하여, 권인숙의 이름으로 문귀동을 정식으로 고발했다.

그러나 5공 정권은 펄쩍 뛰었다. 그런 사실 자체가 없다고 부인했다.

박철언(당시 안기부장 특보)은 당시 안기부, 검찰, 경찰을 한눈에 볼 수 있는 위치에 있었다. 그에 따르면 안기부는 "권인숙이 허위 사실을 주장하고 있다. 급진 좌경사상에 물든 나머지 혁명을 위해 성적 수치심마저 이용한다"라고 판단했다. 심지어 안기부 인천분실장이 7월 10일 보고한 바로는, "문제의 6월 6, 7일 문귀동은 집에서 쉬고 있었고, 권인숙을 취조한 일 자체가 없다"라는 것이었다.

안기부장 장세동은 거짓 보고를 믿고 흥분했다.

7월 11일 안기부 확대간부회의에서, 차제에 판세를 뒤엎자고 나섰다.

"공권력을 마비시키기 위한 공산 세력의 조작이다. 사실대로 수사하여 진위를 명명백백하게 가려야 한다."

허위 보고에 놀아나 폭발물을 건드리고 만 셈이다. 애초에 문귀동 '구속 수사' 정도로, 호미로 막았어야 할 일을 가래로도 못 막게 키워버렸다.

당시 인천지검장(검사장) 김경회(2001년 작고)가 남긴 회고록에 그 경과가 생생히 기록되어 있다.

문이 고발당한 다음 날인 7월 4일, 김 지검장은 법무부 장관 김성기로부터 전화를 받았다.

"경찰에서 권인숙을 명예훼손과 무고(誣告) 혐의로 맞고소하면, 우리 검찰이 받아주어야 할 것 아니냐?"라며 다소 신경질적으로 말했다. 경찰을 거느리는 내무장관 정석모의 부탁을 받고 하는 말이었다.

김 지검장이 전화를 끊자, 인천 경찰국장 유길종이 득달같이 달려왔다.

"검사장님, 성고문은 터무니없는 허위 사실입니다. 권인숙을 무고 혐의로 맞고소해야겠습니다."

고소장이 접수되고 인천지검이 조사에 나섰다.

경찰관 수감자 등 43명을 조사해보니 사실이었고, 문귀동을 구속해야 마땅한 사건이었다. 그런데 김 지검장은 사방이 썰렁한 분위기를 느꼈다. 안기부를 비롯한 공안 기관들이 사시(斜視)의 눈으로 보고 있어서, 고립무원의 느낌이 들었다.

김성기 법무부 장관은 "그 정도의 쌍방 사건은 초임검사도 50 대 50으로 엮어서 처리할 수 있는 데 뭘 미적거리는가"라고 압박했다.[60] 문귀동과 권인숙, 둘을 싸잡아서 무혐의 처리로 털어버리거나 타협적으로 기소유예하라는 의미다. 대검에서 들리는 소리는 온통, "초짜 검사라도 능히 처리할 식은 죽 먹기 같은 사건인데, 인천지검이 끙끙대고 껴안고 있다"라는 빈정거림이었다.

결대로, 있는 그대로 수사해서는 안 된다는 수뇌부 때문에 인천지검의 고민이 깊어졌나.

특수부장 김수장은 마침, 실세 박철언과 사법시험 동기였다.

안기부라는 고소대처(高所大處)의 박철언 특보에게 해결 방향을 잡아달라고, 위에서 원하는 해답을 제시하라고, 도움을 청했다. 그러자 박은 "내가 뒤를 봐줄 테니 소신껏 수사하라"라고 격려했다.

박철언은 다음 날 검사장 김경회에게도 전화를 걸어서, "검찰총장님(서동권, 나중에 6공의 안기부장)께도 이 사건이 원칙대로 처리되어야 한다고 말씀드렸습니다"라고 응원 사인을 보냈다.

김성기 법무부 장관도 간부회의에서 호언했다.

"나의 직을 걸고 명령하니 원칙대로 파헤쳐라!"

그렇게 말했다고 김두희 검찰국장이 인천의 김경회 지검장에게 전화로 알려주었다. 김경회는 실소를 지으며 자문(自問)했다고 한다.

'어제까지와는 판이한 이 현상이, 정부 권력의 취약성 때문인가? 아니면 줏대 없는 검찰권의 방황인가?'

심기일전, 아무튼 인천지검은 수사의 심지를 한껏 당겨 불을 지폈다.

"검사에게 정신병원 4개월을 구형합니다!"

그러나 어쩌랴, 7월 15일 김경회가 검찰총장에게 불려갔다.

서동권 총장이 머뭇거리며 말했다.

"장세동 안기부장이 주도한 관계기관 대책회의에서, 검찰 발표문과 대통령 보고문에서 성고문의 '성'자 한 자도 나와서는 안 된다,라고 했어."

김경회는 어이가 없어 헛웃음을 쳤다. 자신도 모르게 총장 앞에서 불경(不敬)을 저질렀다. 실세인 박철언의 지원 사격까지 받아가며 경찰(문귀동)을 조지기로 한 수사 결과는 하룻밤 사이에 180도로 그렇게 뒤집혔다.

7월 16일 발표 날, 김수장 특수부장이 나타나서 발표했다.

지검장이 발표하라는 지시였지만, 화난 김경회가 뻗대는 바람에, 부장이 대신 나섰다. 그런 사정 때문에 발표 시각이 2시간 30분이나 늦춰졌다. 김경회 지검장의 저항권은 겨우 발표 마이크를 거부하는 정도였다.

사실 날조의 발표문.

'권인숙이 조사받은 방은 안이 들여다보이는 곳이고, 다른 경찰관들이 더운 날씨 때문에 문을 열어놓고 왔다 갔다 하는 장소다. 성고문이란 있을 수 없다. 단지 문귀동이 조사 중에 티셔츠 입은 앞가슴을 몇 차례 쥐어박은 일은 있을 뿐이다. 문이 조사에 집착해 우발적 과오를 저질렀으나 이미 파면 처분을 받았고, 10년 이상 성실하게 복무해왔기 때문에, 기소를 유예할 방침이다.'

곁들여 배포된 '사건의 성격'이라는 보조 발표문은 안기부와 문공부가 만들었다. (서동권 검찰총장이 국회에서 그렇게 증언했다.) 그 내용.

"목적을 위해서는 비열한 짓도 서슴지 않는 운동권은 성을 '혁명의 도구'로 삼고 있다. 권인숙의 '성적 모욕'이라는 허위 주장은 운동권 세력이 상습적으로 벌이는 소위 의식화 투쟁의 일환이다. 한낱 폭행을 성 모욕으로 날조·왜곡함으로써 수사기관의 위신을 실추시키고 반체제 혁명 투쟁을 확산시켜, 공권력을 무력화하려는 의도다."

손바닥으로 하늘을 가리는 짓이 있다.

그렇게 사슴을 말이라고(指鹿爲馬) 발표하던 날, 김경회는 방문을 걸어 잠그고 소리 없이 울었다고 한다. 수사에 참여했던 이만수 검사가 검사장실에 와서 대성통곡하고 간 뒤에, 검사라는 직업을 가진 것을 후회하며 울었다.

"사실과 동떨어진 엉터리 발표를 해놓고도, 그래도 일말의 양심은 있어서인지 최종 불기소 결정론을 놓고 이리저리 잔머리 굴리는 검찰 조직을 보면서, 내가 거대한 정신병동에 사는 게 아닌가, 하는 생각이 들었다."(김경회 회고록)[61]

성폭행범 문귀동 경사를 구속하려던 인천지검의 김경회 검사장은. 안기부의 압력을 받은 서동권 검찰총장의 '축소 발표' 지시로 방문을 걸어 잠그고 울었고, 수사 검사도 대성통곡했다고 회고록에 적었다. 경찰은 경찰 출신 전기환(전두환의 형)을 앞세워 대통령을 움직였고, 결국 인천지검을 찍어 눌렀다. 사진은 1982년 김경회(왼쪽)의 공안부장 시절.

발표 이튿날, 서동권 검찰총장이 다시 김경회 지검장에게 전화를 걸어 말했다.

"어제 발표에 대해 검찰이 다른 소리와 불만을 내는 것이 공안 기관(안기부)에 감지되고 있으니 각별히 부하들의 입단속을 해주세요."

이에 김경회는 이렇게 적었다.

"지금, 이 판국에 검사장이 입단속할 형편인가? 수채 구멍에 목을 묻고 죽지 못해 사는 처지 아닌가. 아무리 보안을 당부한들 손바닥으로 하늘을 막는 격이니, 창피해서 얼굴을 들고 다닐 수가 없지 않은가."

그러면 흑백을 뒤집은, 보이지 않는 손은 누구였나?

박칠인에 따르면 전두환의 친형, 전기환 실세였다.

경찰은 전직 경관 전기환을 앞세워 '검찰 누르기'에 성공했던 것이다.[62] '끈끈한 가족주의자'인 전두환을 움직인 친형 전기환, 경찰의 5공 대부(代父)는 소문난 명성 그대로였다. 나중에 장세동도 "전직 대통령(전두환)의 결정이었겠지요"라고 말해 그 말을 뒷받침했다. 용산경찰서에 근무했던 전기환은 5공의 경찰 고위직 인사를 좌지우지하여, '용산 마피아'의 두목으로 불렸다.

문귀동 기소유예!

검찰의 결정이 나자 무려 166명의 변호사가 소송대리인으로 나섰다. 검찰의 흑백이 뒤집힌 처분에 대해 재정신청을 냈다. 그러나 안기부라면 설설 기는 법원(서울고법)은 무기력했다.

'권인숙의 일방적인 주장만으로 사실을 인정하기 어렵다, 문귀동도 우발적인 범행으로 이미 파면되었고 나쁜 여론으로 인해 정신적 고통을 받았으므로, 기소유예가 정당하다.'

정의를 외면하는 법원을 향해 조영래 변호사가 탄식했다.

"오늘 사법부의 몰락을 봅니다. 한 그릇의 죽을 얻어먹기 위해서, 사법부는 한낱 구구한 안일을 좇아서, 국민으로부터 위탁받은 막중한 사법권의 존엄을 스스로 저버린 것입니다. 용기 없는 사법부, 스스로 사명을 저버린 사법부, 이 재정신청의 기각으로, 사법부의 독립을 믿는 사람은 더는 없을 것입니다."

각지에서 경찰관의 성고문 규탄대회가 열렸다.

서울 명동성당에서도 7월 19일 범국민 규탄대회가 열렸는데, 당시 인권위원장으로 집회를 주도한 오대영(민통련 인권위원, 홍사단 이사)이 집시법 위반으로 수감되었다. 그런데 검사의 구형이 징역 4년이었다. 집회 자체가 소규모로 평온하게 끝났는데도, 4년 징역은 너무한 것이었다.

피고인 최후진술 순서가 왔다. 오대영 피고인이 말했다.

"재판장님, 저에게 징역 4년을 구형한 검사는 아무래도 정신이 이상한 것 같으니, 본 피고인은 검사에게 정신병원 4개월을 구형합니다."

판결 선고일, 법정이 열리기 전에 검사가 오대영 피고인을 불렀다.

"피고인이 검사에게 구형하는 재판이 어디 있습니까? 내 평생 잊지 못할 일이오. 그동안 고생 많이 하셨습니다. 차 한잔 마시고 가세요." 오대영은 최후진술을 잘한 덕인지, 그날 집행유예로 풀려나왔다.[63] 5공 한복판의 소극(笑劇)이었다.

1985년 12월 4일, 인천지법 선고 공판에서 권인숙에게 1년 6개월 실형이 선고되었다. 문귀동은 오래전에 벌써 검찰에서 기소유예로 풀려나가 자유인이었으니, 가해자와 피해자가 바뀐 것이다.

원래 재판부는 권인숙도 집행유예를 선고해서 풀어주기로 판사끼리 합의되었다. 그런데 안기부 인천분실 대공과장이 재판부에 찾아가, 징역형으로 압력을 넣은 사실이 국정원 보고서 파일에서 확인되었다.[64]

권인숙은 6·29 선언 직후인 1987년 7월 8일에 양심수 석방을 요구하는 여론에 따라 가석방되었다. 1988년, 대법원이 뒤늦게 재정신청을 수용함으로써 성고문 사건의 실체가 세상에 알려졌고, 가해자 문귀동은 징역 5년, 자격정지 3년 징역형을 선고받았다.

미 건국기념일, 대사관의 김대중 초청을 막아라

7월 4일 미국대사관 건국기념일 파티에 김대중이 나타났다.

미국은 문화원 방화 사건 등으로 들끓는 반미 여론에서 벗어나야 했다. 탄압받는 김대중을 대사관에 초청하여, 5공 정권만을 편애하는 게 아니고 공평하다는 것을 보이려 했다.

전두환과 안기부장 장세동으로서는 속이 뒤집히는 일이다.

감옥에 넣지 못해, 동교동에 가두어둔 '실정법 위반자'를 미국대사관이 초청하는 것은, 곧 정권에 대한 비아냥이고, 반정부 투쟁에 풀무질하는 짓이다.

외무부 미주국을 앞세워 집요하게 방해했다.

"크리미널(범죄인)을 왜 미국이 공식 장소에 초대한다는 말인가? 김대중의 키만 키워주는 짓이다. 한국의 사회 안정을 해치는 짓이다."

그런 호소와 논리도 안 통했다. 김대중이 '동교동 감옥'에서 활개 치고 나와 정동 미국 대사관저를 휘젓고 다녔다.

외무부를 앞세운 공작은 실패했다.

엄명을 수행하지 못한 통치권 누수 아닌가. 안기부장 장세동이 분노하고, 외무부의 무능을 비판하여 외무부 미주국장 장선섭(2017년 작고)이 쫓겨났다. (유명환 전 외무부 장관의 증언, 당시 북미과장) 그 후유증

으로 이원경 장관도 경질되어 최
광수가 온다. 그 일로 찍힌 장선
섭은 요직인 미주국장을 지냈음에
도 주미공사, 덴마크대사로 겉돌
다가 문민정부가 들어선 1993년
에야 겨우 주프랑스대사로 체면을
회복했다.

김영삼계 국회의원 유성환은 1985년 10월 12일 "반공보다 통일이 우리의 국시(國是)"라고 국회 대정부 질문에서 주장하다 구속되었다. 현역 의원이 국회 발언으로 구속된 첫 사례다. 대통령 전두환은 "유성환 발언이 잘 터진 셈이야"라며 야당에 '카운터 펀치'를 먹일 태세였다.

단말마(斷末摩)라는 말은 본시 불
교에서 나왔다.

숨이 끊어질 무렵의 모진 고통
을 의미한다.

5공 정권의 단말마를 1986년 가
을 '유성환 국회의원 체포'와 '건국
대 데모 1200여 명 구속'에서 엿보게 된다.

1986년 10월, 야당인 신한민주당 소속 유성환 의원의 국시 발언(반
공보다 통일이 국시다)을 계기로 정치판 싹쓸이(이른바 비상 선진계획)가 시
도되었다.

전두환이 청와대 회의에서 말했다.

"유성환 문제가 적절한 시기에 잘 터진 셈이야." (10월 16일 육성 증
언)

유성환은 10월 12일 국회 대정부 질문 원고에서 "통일은 자본주의
나 공산주의보다 상위 개념"이라고 주장해서 10월 17일 구속되었다.

"우리가 88 올림픽에 동구 공산권을 참가시키자 하고, 모든 나라와 무역을 하는데 나라의 국시(國是)를 반공으로 두는 것이 과연 합당한가? 국시는 반공보다 통일이어야 한다. 통일이나 민족이라는 용어는 공산주의나 자본주의라는 용어보다 그 상위에 있어야 한다."(유성환 의원)

여당은 벌떼같이 일어나 반발했다. 국가보안법의 이적(利敵) 동조 행위(제7조 1항)에 해당한다고 흥분하며 체포동의안을 밀어붙였다. 국회의 가결로, 국회의원이 회기 중에 직무상 행한 발언으로 구속된 최초의 선례를 남겼다. 야당은 그 반발로 본회의장을 점거하고 농성에 들어갔다.

전두환 대통령의 말에 정무수석 김윤환이 답변했다.

"유성환 구속에 반발하는 야당이 의원직 일괄 사퇴로 나올 것입니다. 야당의 장외투쟁이 확산하면 비상조치를 해야 할 상황이 연내에 올지 모르겠습니다."

비상조치.

'비상 선진계획'이라는 이름의 싹쓸이 구상이 안기부 장세동 부장 중심으로 벌써 다듬어지고 있었다. 그 대책회의가 안가에서 열렸다.

10월 18일, 안기부 안가(궁정동)에서 장세동 부장과 안기부 1, 2차장, 국장과 특보들을 비롯해 장관들(외무, 법무, 내무, 문교)과 검찰총장 서동권, 치안본부장 강민창, 보안사령관 고명승, 정무수석 김윤환 등이 총집결한 가운데 관계기관 대책회의가 열렸다.[65]

장세동 부장이 '비상 선진계획'이라는 것을 내밀면서 엄숙하게 말했다.

"이번에 손을 대면, 시대를 정리하는 정도의 초강경조치를 할 것입니다. 앞으로 복권(復權)이란 있을 수 없습니다."

서늘한 단말마, "김영삼·김대중 구속해야"

김종호 내무가 한술 더 뜨고 나왔다.

"차제에 아예 정계 개편(김영삼, 김대중 제거)까지 나가야 합니다."

그러자 최광수 외무가 조심스럽게 의견을 냈다.

"강경조치를 취할 경우, 국민적 지지를 받을 수 있는 사전 분위기 조성이 필요합니다. 미국, 일본 같은 주요 우방국에 미리 설명하는 것이 필요합니다."

장세동 부장이 마무리했다.

"지금 당장 조치를 해야 할 상황은 아닙니다. 비상조치는 최후의 단계이고, 안 할수록 바람직한 것이 사실입니다. 비상조치 없이도 할 수 있도록 우리가 지혜를 모아 최선을 다해야 합니다."

실무적으로 계엄령(싹쓸이) 선포를 위한 구체적인 작업은 진행 중이었다. 일단 11월 5일을 디데이로 잡고 있었다. (미국의 중간선거가 11월 4일이니, 그 결과에 따른 유불리도 따지기로 했다.)

10월 22일, 전두환은 장세동 안기부장을 통해 구체 지침을 내렸다.

"(싹쓸이 이후의) '민주정치 발전 국민회의'는 200명 정도로 구성하고, 민정당 지역구 의원 전원, 전국구 의원 일부, 그리고 국민당의 지역구 의원 전원, 민한당의 지역구 의원을 집어넣어라. 거기에 신민당도 30~40명 정도 포함할 생각이니 그 명단을 미리 만들어서 보고

하라.”

진통은 그러면서 덧붙였다.

“비상조치 준비에 관계부처가 차질이 없도록 하라. 비상조치에 따라 법은 어떤 법을 어떻게 고칠 것인지, 계엄 포고령은 종합적이니까 각 부처의 해당 사항이 다를 것이다. 이런 것을 부처끼리 협의하라. 그리고 각 부처가 통과시키고 싶었던 법안들을 이번 기회에 해결하라.”

그러면서 섬뜩한 말로 맺었다.

“비상조치를 내린 직후에, 김대중에게는 ‘군부에서 죽이기로 했으니, 정계 은퇴를 하지 않으면 다시 감옥에 넣을 것이다’라고 경고하도록 보안사령관(고명승)에게 지시해놓았다.”

10월 30일, 전두환 대통령의 추가 엄명이 장세동 부장을 통해서 내려왔다.

“김영삼, 김종필은 갑근세(갑종 근로소득세)도 내지 않는데, 탈세 혐의로 입건할 수 있는지 알아보라. 또 이번 계엄령이 해제된 이후에도 비상조치상의 ‘비상 군법회의’는 계속 유효하도록 조치하라. 김대중, 김영삼은 연행은 보안사가 하되, 조사는 안기부가 맡는다. 출입국 관리를 철저히 해서, 해외로 도망치는 일이 없도록 하라.”[66]

11월 5일, 김대중은 민추협 사무실에서 시국 기자회견을 자청했다.

“최근 권력이 휘몰아친 한파는 온 국민을 극도의 긴장과 불안 속에 떨게 하고 있습니다. 이제 나는 대통령 직선제 개헌을 현 정권이 수락한다면 비록 사면·복권이 이루어지더라도 대통령에 출마하지 않겠나

전국 27개 대학생 수천 명이 1986년 10월 28일 건국대 캠퍼스에 모여 "살인 정권 타도하자!" 등의 플래카드를 내걸고 본관, 도서관 등 건물 5개 동을 점거한 채 반정부 데모를 벌였다. 나흘 뒤인 31일 대규모 경찰력이 투입되어 1200여 명을 연행했다. 장세동 안기부장은 회의에서 "건대 사태와 관련해 한두 명은 사형선고를 고려하라"라고 흥분했다.

는 나의 결심을 천명합니다."

그는 성명서를 읽은 후에 덧붙였다.

"대통령 직선제가 채택되고, 신민당과 김영삼 씨가 후보로 결정된다면 나는 그를 대통령 후보로 밀겠습니다." 김대중'스러운' 후퇴였다. 추위를 탄 불출마 선언은 두고두고 그의 발목을 잡았다.

다시 10월 17일, 김종호 내무장관의 그즈음 흥분 기조에 발맞추듯 치안본부는 전국 대공과장 회의를 열어 주요 수배자 54명을 서둘러 체포하라고 지시했다. 그런데도 실적이 오르지 않자 재차 회의를 열어 수배자를 검거하지 못하면 '간첩이 통과했거나 은신한 지역의 경찰국장과 서장을 문책'하는 전례에 따라 징계하겠다고 을러댔다. (12월 1일)[67]

10월 28일 건국대에서 대규모 데모가 벌어졌다.

전국 27개 대학 대학생들이 건국대에 모여 본관, 도서관 등 5개 건물을 점거했다. 경찰은 31일 전격적인 작전을 벌여 1219명을 연행했다. 검찰은 845명을 구속하고, 추가로 420명을 다시 붙잡아 검찰에 넘겼다. (11월 4일)

1987년 5월의 장세동 경질, 6월 항쟁까지 약 6개월이 남은 시점이다.

정권에 대드는 저항은 격렬해지고, '수문장' 장세동의 언동도 거칠어졌다. 11월 15일 안기부 간부회의에서 이해구 1차장에게 지시했다.

"건국대 사태와 관련해 학생 한두 명은 사형선고까지 고려하라. (법원은 안기부의 손바닥 안에 있었다.) 화염병 처벌을 강화하고 이번 기회에 법을 통과시키도록 하라. 데모하는 학생들에게는 공부를 안 시킨다는 의지를 보여주어야 한다."[68]

대학생 사형선고! 권력의 단말마가 아닌가.

돌이켜보면 박정희 유신체제도 그런 단말마 이후 붕괴했다.

1974년, 박정희는 장기 집권으로 인한 도전이 거세지자 "민청학련 대학생들은 순 빨갱이야, 잡히기만 하면 모두 총살이야"(1974년 4월 5일)라고 공언했다.[69] 박정희는 바로 그즈음 인혁당 피고인 서도원 등 8명의 사형 확정판결이 난 지 18시간 만에 기다렸다는 듯이 처형해버렸다. 최악의 흑역사이자 사법 살인이었다. (2007년 이들 8명은 재심에서 모두 무죄를 받았다.)

장세동, 김종필에게 "박정희 추도식 말라!"

10 · 26 박정희 7주기 행사를 벌여 김종필 세력이 뭉치려 했다. 안기부장 장세동은 그러한 준동도 막아야 했다. 1986년 가을, 김종필은 정치 재개의 준비운동으로 첫 공식 추도식을 준비했다.

장세동 안기부장이 김종필을 쫓아다니며 위협했다.

"정보부가 안기부로 이름만 바꾸었지 하는 일은 여전했다. 정치에 개입하고 민간인을 사찰하고 협박하는 짓은 똑같았다. 하루는 장세동이 나를 프라자호텔 안기부 전용 방으로 불렀다. 그들은 안가라고 불렀다."(김종필)[70]

장세동이 말했다.

"총재님, 추도식을 중지하시오. 정치를 다시 시작하려는 모양인데 그건 안 됩니다. 그걸 하면 매우 어려운 상황에 부닥칠 것입니다."

협박인가, 김종필이 화가 나서 대답했다.

"당신, 내가 이 순간을 기억해두마. 세상 무슨 짓을 해도 추도식을 중지할 수는 없다. 나는 더 무서운 짓도 한 사람이다. 당신이나 조심해."

장세동 부장과는 김종필은 그렇게 헤어졌다.

그런데 장세동 안기부는 지방에서 추도식에 참석하러 상경하는 전세버스 회사에 압력을 가해 운행을 중단시키고, 우체국에는 행사 안내장의 배달을 지연시켰다. 행사 당일인 10월 26일에는 박통의 고향인 구미 고속도로 진입로에 헌병들을 배치해서 서울(동작동) 현충원으로 가는 버스를 못 가게 가로막고, 되돌려보냈다. 그런 안기부의 공작에도 전국에서 수천 명이 모여 박통 사후 7년 만에 첫 추도집회를 열었다. 김종필의 세(勢) 과시였다.

　11월 2일, 장세동 안기부장은 다시 전두환의 싹쓸이 일정을 내려
보냈다.

　"11월 8일, 토요일 저녁 11시에 전격적으로 비상 국무회의를 소집
한다. 자정을 기해 국회를 해산하고, 계엄을 선포하면서 비상조치를
발표한다. 그리고 16일에 '민주정치 발전 국민회의'를 출범하고, 1987
년 1월 국민투표를 통해 새 헌법을 확정한 뒤, 2월경에 계엄을 해제하
되 비상조치는 계속해나간다."

　그러나 뜻밖에도 11월 4일(한국 5일) 미국의 중간선거 결과가 서울
의 정세를 완전히 뒤집어놓았다. 전두환이 '기댈 언덕'으로 여기던 공
화당이 참패하고, 민주당이 상·하원 모두를 석권해버린 것이다. 그
래서 원래 전두환도 "미국의 중간선거 결과를 보고 난 뒤에 7일쯤 결
행하는 타이밍이 좋겠다"라고 말해오던 참이었다. 한판 결행하려던
전두환은 풀이 죽었다.[71]

　11월 30일 궁정동 안기부 안가에서 노태우 대표, 노신영 총리, 장
세동 안기부장을 비롯한 시위 관련 장관(법무, 내무, 문교, 문공)과 강민
창 치안본부장 등이 참석한 당정회의가 열렸다. 그 전날 서울 신문로
(서울고 터)에서 시도된 범국민 투쟁대회를 경찰이 원천 봉쇄한 뒤, 후
속 대책을 논의하는 자리였다.

　김종호 내무부 장관이 치안 총수답게 흥분하여 강경론을 폈다.

　"어제 그들은 서울 심장부에서 폭동을 시도한 것입니다. 내란 기도

198

이띵파 내믹생의 킹퉨에 대인 서힝이 거세시사. 1986년 11뭘 30일 내부부 상빤 김쫑호는 안가부 안기부에서 벌린 관계기관 대책회의에서 "김대중, 김영삼 구속을 검토해야 한다. 신부 함세웅, 문정현, 김승훈도 사법 처리해야 한다"라고 흥분했다(박철언 기록). 오히려 노태우 민정당 대표, 장세동 안기부장 등 군 출신들이 온건론을 폈다. 김종호의 피 끓는 충성심은 소관 치안본부 경찰관들을 자극하여, 한 달 뒤 박종철 고문 · 사망으로 터지고 만다.

이므로 차제에 김대중, 김영삼을 구속하는 문제를 검토해야 합니다. 재야 세력의 반체제 투쟁이 본격화되고 있습니다. 함세웅, 김승훈, 문정현 등 핵심 주동자들에 대해 사법 처리를 검토해야 합니다."

오히려 노태우, 장세동이 온건론으로 반대하고 나서야 했다. 양 김을 구속하는 것은 여론상 그리 쉬운 일이 아닐 터이다. 그런데도 상주(喪主)보다 곡(哭)쟁이가 더 서럽게 우는 것이 아닌가? 정권 실세, 군인들보다 문민 장관이 더 뜨겁게 '양 김 구속'을 외치고 재야 종교인을 엄벌하자고 외치고 있었다.

치안본부를 지휘하는 김종호 내무부 장관의 이런 애끓는 충성심은, 말단의 경찰 수사관들에게 강박으로 번져갔다. 데모를 분쇄하고 뿌리 뽑아야 한다, 그런 최상층부의 '강박'과 흥분이 대공분실을 짓눌러 마침내 고문 사망을 잉태해갔다.

1987년 새해가 밝아오자 치안본부는 1월 7일 전국 대공과상 회의를 또 열어 3월 개강 전에 수배자를 모두 검거하라고 독려했다.

김종호 장관은 박종철 고문 사망 하루 전인 13일 남영동 대공분실에 들러 수사관들을 독려했다. 장관이 고문으로 악명 높은 남영동을 찾아가서 닦달하는 것은 "한두 명쯤 죽여도 된다는 살인 허가 아니겠는가"(황광우)라는 비아냥도 있었다.[72]

주요 수배자 검거에는 특진과 격려금이 걸려 있어 경쟁적으로 공을 다투게 된다. 남영동 대공수사단장 전모에 의하면 강민창 치안본부장도 그즈음 남영동에 들러 수배자에 대한 적개심에 불을 지르고 연료를 퍼부었다.

곧 마그마가 폭발해 불길을 토하기 시작했다.

김종호 내무, 강민창 치안본부장도 그 불길에 휩싸인다.

내각제 받자는 이민우 구상은 안기부 손바닥에 놀아난 것

전두환, 장세동의 제2차 싹쓸이 기세에 추위를 탄 것은 김대중만이 아니었다. 신민당 총재 이민우도 비슷했다. 대통령 직선제로 완승을 기대하기에는 개헌의 벽이 너무 두껍고 높다. 그렇다면 여당이 내놓은 내각제라도 받아들이는 게 차선책 아닐까. 이민우는 참모 홍사덕 등의 조언에 귀 기울였다.

"전승 아니면 전무, 양자택일보다는 절충을 택하세요." 그런 장세동 안기부의 집요한 공작이 먹혀든 결과였다.

12월 24일, 이민우 구상이 세상을 놀라게 했다. 직선제 개헌의 후

퇴었다.

그는 기자들에게 이른바 '선(先) 민주화 7개항 실천, 후(後) 내각제 협상 용의'를 밝혔다. 신문 보도는 그의 발언을 '내각제 협상 용의'라는 제목으로 달아 내보냈다. 그러자 노태우 민정당 대표가 기자간담회를 통해 이민우 구상을 긍정적으로 검토할 용의가 있다고 화답했다.

내각제 개헌은 약 반년 전인 7월 7일 청와대, 민정당과 안기부의 방침으로 극비리에 정해진 것이었다.

노태우 대표, 장세동 부장, 박철언이 미리 조율하고, 민정당의 정순덕 사무총장, 최병렬·이치호 의원, 그리고 허문도 정무수석, 이중근 법무수석, 안현태 경호실장 등이 참석한 가운데 확정된 방침이다.

"내각제 개헌안을 야당에 제시하되, 만일 받아들이지 않으면 기존 헌법으로 차기 대통령을 선출하고 88 올림픽을 치른 다음 개헌을 한다."[73]

이민우가 민주화라는 조건을 달긴 했지만, 선뜻 내각제 협상을 받은 것은 안기부의 공작에 놀아났다는 공격을 받기 딱 좋았다.

1980년 '서울의 봄' 이래 6년여, 직선제 개헌만이 야당의 목표였는데, 돌연 내각제 개헌이라니. 양 김은 받아들일 수 없었다. 신민당은 이민우(내각제)냐, 아니면 직선제냐, 내분에 휩싸여갔다.

이민우 구상은 1987년 6월 항쟁의 또 다른 뇌관이 되었다.

제16장

살인 권력에 맞서는 레지스탕스들

이장춘 대사 "살인범을 반공 투사 만드는 안기부"

장세동 안기부장 재임(1985. 2.~1987. 5.) 2년여, 그는 참으로 바쁜 공직자 신세였다. 그는 기울어가는 5공 정권, 우후죽순으로 치솟는 문제들을 수습하려 동분서주했다.

때로는 국민의 세금으로 범죄 행위도 마다하지 않았다. 오직 전통에게 의리를 지키고 충성하느라, 365일을 이리 뛰고 저리 뛰며 몸부림쳤다.

1987년 1월 5일, 싱가포르 주재 한국대사관에 한 청년이 나타났다.

그는 "북한 공작원에게 납치되었다가 탈출했다"라고 주장했다. 그는 현지 미국대사관에 가서 망명을 요청했으나, 쫓겨나서 온 것이다. 그를 처음 만난 것은 조상훈 참사관(나중에 터키·호주대사 역임)이었다.

윤태식(당시 28세)이라는 홍콩 거주자였다.

조 참사관이 미국대사관으로부터 얻은 정보를 토대로 장시간 인터뷰했다. 이장춘 대사도 3분 정도 간단히 심문해본 결과, 윤의 주장은 앞뒤가 안 맞고 수상했다.

무엇보다, 홍콩서 살다 왔다는 윤태식이 싱가포르에 도착해서 첫 번째로 들른 곳이 북한대사관이었다. 거기서 퇴짜를 맞고 미국대사관에 갔다는 사실부터가 이상했다.

수지 김은 본명이 김옥분. 1982년 홍콩에 살면서 충주의 어머니에게 보내준 사진.

윤태식은 횡설수설했다.

"같이 살던 아내가, 이제 알고 보니 북한의 사주를 받는 '여간첩'이었고, 부부가 함께 북으로 가자고 하다가, 안 되니까 다른 공작원들을 불러 납치했다. 그리고 괴한들에게 끌려가던 중 급히 도망쳤고, 경황 중에 북한대사관을 찾았다가 다시 미국대사관으로 갔다."

거짓말 같았다.

당시 한국대사관 주재 안기부 요원의 의견도 이장춘 대사, 조 참사관의 견해와 일치했다. 보고를 접한 서울의 안기부 역시 대사와 조 참사관, 그리고 안기부 요원의 판단을 존중하여 사건을 덮기로 했다.

그런 결정이 난 지 4시간 만에 돌변했다.

서울 안기부에서 '윤태식 납북 기도 사건'에 대한 공식 기자회견을 열라고 주싱가포르 내사관에 시시를 내렸다. 성치 공작으로 이용하려는 본부의 결정이었다. 이장춘 대사는 '현지 대사관에서 판단할 때, 수상쩍은 말로 횡설수설하는 그자를 앞세워 기자회견을 하게 되면 나라 망신'이라며 안기부의 지시에 반발했다. 싱가포르 정부도 이 '이상한 정치성 기자회견'에 강한 반대 의견을 표시했다.

하지만 서울의 안기부를 이길 수는 없었다.

결국, 이장춘 대사는 내키지 않는 기자회견을 수행하기 위해 1월 8일, 싱가포르가 아닌 태국의 수도 방콕으로 날아갔다. 거기서 억지 기자회견을 했다. 이장춘 대사는 본부의 명령을 거스르고, '주재국인 싱가포르가 아닌 태국에서 기자회견을 개최했다'라는 이유로 '시말서'를 쓰는 징계를 당했다.

이장춘 대사는 최근 필자에게 말했다.

"세상에, 살인범을 놓고 납북 기도 사건이라고 반공 기자회견을 하라니, 어이가 없는 일 아닌가. 내가 말했다. '서울에 데려가서 회견해라, 나는 싱가포르에서 기자회견을 못 한다'라고 뻗댔다. 내가 당시 안기부의 해외정보국 정주년 국장에게도 말했다. 당신네 안기부가 이런 짓을 하면 되는가?라고 힐난했다. 그러나 서울의 강압에 밀려, 하는 수 없이 태국으로 간 것이다. 그런데 내가 지금도, 외무부 최광수 장관이 나빴다고 생각하는 것이, 양심과 외교관의 체통을 지키기 위해 분투한 나에게 찬사는 못 할지언정, 서울의 지시를 어겼다고, 시말서를 쓰라고 강요했다. '현지 싱가포르에서 회견을 열라는 본부 지시를 어기고 방콕에서 회견을 열었나'는 이유었다. 말이나 되는 짓인가?"

아무리 안기부에 밟혀 있던 외무부라 해도, 최광수 장관의 충성은 지나쳤다는 것이다.

뻔뻔한 윤태식과 더 후안무치한 5공 권력, 안기부의 정치 공작이 추잡하게 어우러졌다. 민주화와 헌법 개정 요구 운동을, 반공 북풍(北風)으로 잠재우기 위해 물불을 가리지 않은 광기(狂氣)였다.

윤태식은 다음 날인 1월 9일 입국해 김포공항에서 다시 2차 기자 회견을 했는데, 그사이 안기부 요원들로부터 치밀한 교육을 받았는지 '미인계로 접근한 북한 여간첩에게 속아 결혼 생활을 하다, 북괴에 납치당하려던 순간 용감하게 탈출한 할리우드 드라마'를 그럴듯하게 떠벌렸다.

기자회견을 마치고 윤태식은 안기부로 연행되어 추가 조사를 받았다.

거기에서 윤은 "아내가 간첩이 아니고, 단순한 부부 싸움 끝에 부인이 죽고 말았다. 처벌이 두려워 거짓말을 했다"라고 진상을 실토했다. 하지만 보고를 받은 안기부 수뇌부는, 내친김에 계속 납북 미수 사건으로 밀어붙이기로 했다. 잘못 꿴 첫 단추에 공권력의 범죄는 겹겹이 붙어났다.[74]

국가 잘못에 소멸시효를 주장해서는 안 된다

1월 26일, 살인 사건의 전모가 홍콩에서 드러나기 시작했다.

홍콩 경찰은 '악취가 난다'라는 주민의 신고를 받고 윤태식 부부의 집을 수색한 결과, 심하게 부패한 여성의 시신을 찾아냈다. 부검 결과 목이 졸려 숨진 '교살'이었고, 외부의 침입 흔적이나 부부 외 다른 사람의 발자국이나 지문, 모발 등 어떤 증거도 발견되지 않았다. 북한 관련 자료나 문서, 흔적도 없었다.

시신은 윤태식의 처 '수지 김'(본명 김옥분, 당시 34세)이었다.

그녀는 충북 충주에서 1남 6녀의 가난한 농가에서 둘째 딸로 태어났다.

서울에서 공장 생활을 거쳐 미 8군 술집, 일본인 대상 유흥업소 등을 전전하다가 홍콩 남자를 만나 현지에 정착했다. 하지만 곧 이혼하고 만난 사람이 윤태식이었다. 외모 그럴듯한 젊은 연하 남자의 감언이설에 넘어간 것이 화근이었다. 손찌검을 당하며 살다 끝내는 1987년 1월 3일 윤에게 살해당했다.

홍콩 경찰은 남편 윤의 살인 혐의를 포착하고, 한국에 용의자 송환을 요청했다. 하지만 안기부와 외교부는 홍콩 경찰의 요청을 거부했다.

첫 단추가 잘못 끼워졌다.

이미 윤태식을 '반공 영웅'으로 키워놓았고, 북한을 아웅산 테러, 신상옥 감독과 여배우 최은희 부부 납치에 이어, 또다시 한국인을 강제 납치하려 한 테러 집단으로 몰아가던 중이었다. 여기에 장단 맞춘 서울의 언론은 '여간첩 수지 김' 이야기를 연일 대서특필했다. 심지어, 방영 중이던 KBS 드라마 '남십자성'은 중간에 '수지 김'이라는 여간첩을 만들어 삽입하기까지 했다.

서울의 보도와는 반대로, 홍콩 언론은 경찰의 수사대로, '수지 김은 간첩이 아니며, 윤태식을 납치하려 한 흔적은 없다'라는 보도를 계속 내보내고 있었다.

수지 김의 집안은 풍비박산되었다.

여동생 4명이 있었는데, '여간첩'의 자매라는 손가락질에 시달리다 결국 남편으로부터 이혼을 당한 사람도 있었다. 그 자녀들은 학교에서 '집단 따돌림'을 견디다 못해 자퇴해야 했다. 이웃의 혐오와 따돌림을 견디지 못한 일가족 중 3명이 정신질환을 겪고, 화병으로 사망하기도 했다.

반면 윤태식은 안기부의 묵인과 도움으로 잘 먹고 잘 살았다.

1994년, 윤태식은 방송사 PD의 신분증을 위조해 받은 신용카드를 마구 써대다가 적발되어 2년간 교도소에서 복역했다. 그러다 1998년 10월, 윤태식은 안기부 청사 내에서 '지문 인식 시스템 시연회'를 열면서 '패스 21'이라는 벤처기업의 CEO로 화려하게 등장하게 된다.

수지 김, 김옥분의 원혼은 잠들지 못한 채 10여 년 동안 구천을 떠돌고 있었다.

이 사건을 2000년에 최초로 주간동아에 보도한 것은 이정훈 기자(동아일보)였다.

이 기자는 1994년 주간조선에 근무할 당시 부장으로부터 이 사건을 들었다. 즉시 외무부 통신담당(외신관)을 찾아가서 '싱가포르와 본부 간의 전보' 내용을 물었더니 사실이었다. 필리핀으로 전근한 이장춘 대사와 국제 전화로 통화노 해서 사실을 확인했다.

이정훈은 무작정 충주의 가족을 찾아 나섰다.

호적상의 주소지를 찾고 전화번호부를 이 잡듯 뒤져서, 전화 걸기

살인 권력에 맞서는 레지스탕스들

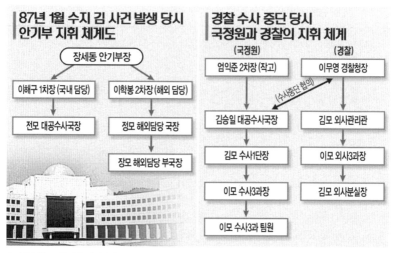

| 87년 1월 수지 김 사건 발생 당시 안기부 지휘 체계도 | 경찰 수사 중단 당시 국정원과 경찰의 지위 체계 |

87년 1월 수지 김 사건 발생 당시 안기부 지휘 체계도

장세동 안기부장

→ 이해구 1차장 (국내 담당)
→ 이학봉 2차장 (해외 담당)

전모 대공수사국장

정모 해외담당 국장

장모 해외담당 부국장

경찰 수사 중단 당시 국정원과 경찰의 지위 체계

(국정원) | (경찰)

엄익준 2차장 (작고) | 이무영 경찰청장

(수사중단 협의)

김승일 대공수사국장 | 김모 외사관리관

김모 수사1단장 | 이모 외사3과장

이모 수사3과장 | 김모 외사분실장

이모 수사3과 팀원

수지 김 '간첩 조작' 및 은폐 사건의 조직도. 1987년 그녀를 간첩으로 몰아 조작한 안기부의 부장은 장세동, 차장은 이학봉·이해구였다. 그리고 1990년대 '간첩 조작'이 드러나고도 은폐했던 안기부 김승일 대공수사국장의 협조 요청을 받은 것은 이무영 경찰청장(당시)이었다.

를 거듭해 십수 차례 만에 겨우 오빠와 통화할 수 있었다. 첫마디가 "집안에 넥타이 맨 사람 하나만 있었어도 이렇게는 안 당했을 텐데"라며 울먹였다.

그래도 기사는 나가지 못했다.

장세동 안기부가 저지른 국가 반역적인 정치 공작은, 김영삼 문민 정부를 거치고 김대중 국민의 정부에 이르도록 안기부의 족쇄가 되었다. 낯 들고 설명할 수 없는 범죄였기 때문이다.

주간동아에 2000년 처음 기사가 나가자 SBS '그것이 알고 싶다'에서 주목했다.

남상문 PD가 홍콩에 가서 '살인 증빙'을 촬영하고, 2차례에 걸쳐 드라마 같은 수지 김의 비극을 다큐멘터리로 내보냈다. 여론이 들끓고, 유가족은 서울지검에 윤태식을 살인죄로 고소하기에 이르렀다.

공소시효를 겨우 50일 앞둔 2001년 11월 13일, 극적으로 윤태식은 살인 혐의로 구속되었다. 사건이 발생한 지 14년 10개월 만이었다. 2002년 5월 14일, 법원은 윤태식의 살인 혐의에 대해 유죄를 선고하고 징역 15년 6월형을 선고했다.

법원은 판결문에서 "윤태식은 안기부와 공모하여 유족들에게 15년 동안 씻을 수 없는 상처를 입히고도 전혀 반성하는 기미가 없다"라고 선고 이유를 밝혔다.

장세동 안기부장과 안기부 은폐 관련자들도 응징되었다. 검찰은 이들의 '직권 남용' 및 '직무 유기' 범죄 혐의를 인정하면서도, 장세동의 경우, 이미 공소시효가 지나서 '공소권이 없다'라고 불기소 종결 처리했다.

전해철 변호사(문재인 정부 행정안전부 장관, 국회의원)가 소송을 도왔다. 그는 대한변협의 인권위원으로 있던 2000년 봄, 수지 김 간첩 조작 사건에 뛰어들어 유가족의 형사·민사사건을 대리하여 배상 판결에서 승소하도록 도왔다. 그 승소는 획기적인 의미가 있었다.

남상문 PD(현 SBS 제작위원)는 최근 필자에게 말했다.

"억울한 수지 김 유족이 형사재판에서 이긴 2002년, 이미 민사소송의 국가배상 청구 시효는 지나버렸다. 안타까운 상황이었다. 그런데 전해철 변호사가 '형식적으로 소멸시효가 완성된 사건일지라도 국가기관(안기부)에 귀책사유가 있는 경우에는 배상 청구가 가능하다'라는 새로운 소멸시효 이론으로 싸워서 결국 이겼다. 법원에서 국가 패소 판결이 나자 당시 강금실 법무부 장관이 항소를 포기해서 확정되었다. 이것은 전해철 변호사의 공로다."

수지 김의 원혼은 억울하게 울지만, 숱한 원죄(冤罪) 피해자들을 구원해주었다.

전해철 변호사가 끌어낸 판결은 민변 역사에 '10대 판결'로 빛나고 있다.

그 이전의 공안 사건 피해자들은, 수십 년 지나 무죄가 나더라도 소멸시효 때문에 배상을 못 받았다. 그런데 "국민을 보호해야 할 국가(안기부)가 스스로 저지른 범죄의 피해에 대해서, 소멸시효를 내세우는 것은 신의 성실 원칙(민법 제2조)에 어긋난다"라는 획기적인 논리로 싸워서 이겼다. 이후 민청학련, 인혁당 등 수많은 무죄 정치범과 고문 피해자들이 이 판례로 국가배상금을 받았다.

전해철 장관은 필자에게 말했다.

"언론의 사명과 역할을 깨닫게 해준 것이 수지 김 사건이다. 이정훈 기자의 끈질긴 노력과 남상문 PD(본부장)의 집념으로 영원히 묻힐 뻔한 안기부 공권력의 흑역사를 백일하에 드러냈다. 형사사건에서는 강희철 검사가 정의 실현 차원에서 공익의 대변자답게 철저히 안기부의 범죄를 파헤쳐주었다. 그들의 노력을 딛고, 민사에서 새로운 소멸시효 판례를 받아내 수많은 무죄 피해자들에게 구제의 길이 열린 것은 변호사로서 큰 보람이다."

수지 김의 유족 10여 명은 가정이 파탄 나고 삶이 망그러진 대신, 국가와 윤태식을 상대로 손해배상을 청구하여 42억 원의 배상 판결을 받았다. 하지만 윤태식은 빈털터리가 되어 있었다.

국가는, 국가 몫의 배상액을 유족에게 물어준 뒤 책임 당사자인 장세동과 안기부 관계자들을 대상으로 구상권을 행사했다. 하지만, 장세동은 이미 시가 8억 원대의 빌라를 처분하는 등 재산을 빼돌린 뒤였다.

'공소시효' 때문에 장세동과 일부 안기부 관계자들을 처벌하지 못한다는 사실에 여론은 분노했다. 법학계에서는 이 사건과 같은 '반인륜적 범죄'와 '국가 권력에 의한 범죄'에 대해서는 공소시효를 폐지해야 한다는 논의가 있었지만, 공론에 그치고 말았다.

국가정보원은 2003년 8월 21일, "고인의 명복을 빌며, 안전기획부가 사건을 조작한 데 대해 공식적으로 사과한다"라며 사망한 '수지 김' 김옥분 씨와 유가족, 그리고 국민에게 사죄했다.

고문은 헌법 12조가 금지하는데도 일상다반사

1987년 새해, 한 대학생이 남영동에서 숨졌다.

칼럼니스트 김중배가 그 죽음을 헛되이 말자고 호소했다.

"하늘이여, 땅이여, 사람들이여. 저 죽음을 응시해주기 바란다. 죽음을 끝내 지켜주기 바란다. 저 죽음을 다시 죽이지 말아주기 바란다. 태양과 죽음은 차마 마주 볼 수 없다는 명언이 있다는 건 나도 안다. 태양은 그 찬란한 눈부심으로, 죽음은 그 참담한 눈물 줄기로, 살아있는 자의 눈을 가린다. 그러나 서울대 언어학과 3학년 박종철 군, 21살의 나이에 채 피어나지도 못한 꽃봉오리로 떨어져나간 그의 죽음은 우리의 응시를 요구한다. 우리의 엄호와, 죽음 뒤에 살아나는 영생(永生)의 꿈을 기대한다." (동아일보 1987. 1. 17.)

치안본부 남영동 대공분실에서 벌어진 박종철 고문 사망(1987. 1. 14.) 사건이 밝혀지자 대학생들이 영정을 앞세우고 "살인 고문 정권 타도하자"라며 시위에 나섰다. 경찰은 신학기를 앞두고 도망친 '수배자'들의 소재를 캐서 미리 시위를 차단하려고 박종철을 심하게 고문했다.

첫 보도는 이틀 전 1월 15일 석간신문에 짤막하게 실렸다.

'1월 14일 연행되어 치안본부에서 조사를 받아오던 공안 사건 관련 피의자 박종철(당시 21살, 서울대 언어학과 3학년)이 조사를 받던 중 숨졌다. 그러나 검찰은 박 군이 수사기관의 가혹 행위로 숨졌을 가능성에 대해 수사 중이다.' (중앙일보 1987. 1. 15.)

보도를 본 노신영 총리는 김종호 내무부 장관, 정재철 정무장관을 불렀다. 윤석순 총리비서실장이 배석했다.

"신문에 난 그대로 맞나요?" (노 총리)

"예, 그대로입니다." (김종호 내무)

그런데 그때까지 머뭇거리던 김종호 내무가 정재철과 윤석순이 자리를 비우자 낮은 목소리로 속삭였다.

"총리님, 죄송합니다. 사실은 고문으로 죽었습니다. 고문치사입니다."

노신영은 놀라서 되물었다.

"그걸 몇 사람이 알고 있소? 대통령 각하는 알고 계시나요?"

"안기부장(장세동), 법무부 장관(김성기)이 알고 있고, (안현태) 경호실장에게는 보고했습니다만, 각하께서 아시는지는 잘 모르겠습니다."[75]

이 기사를 쓴 신성호 기자(성균관대 신방과 교수, 2015년 청와대 홍보특보) 후일담.[76]

1987년 1월 15일 아침, 대검찰청 공안4과장 이홍규는 공안부장실 티타임에서 놀라운 한마디를 들었다.

"대학생이 경찰 수사를 받다가 죽었다는군. 절대 외부에 발설하면 안 돼. 다들 입조심하세요."

방에 돌아오자 때마침 중앙일보 사회부의 신성호 기자가 들렀다. 법조계 출입 6년 차인 신 기자는 이 시각이면 매일 서소문동 검찰청사 검사실과 조사실을 한 바퀴씩 돌았다. 이 과장과는 그래서 친하게 지내는 편이었다.

"경찰들 큰일 났어."

이 과장의 한마디에 신 기자는 약간 알고 있다는 듯 맞장구를 쳤다.

"그러게 말입니다. 경찰들이 요즘 너무 기세등등해요."

두 사람은 반년 전인 1986년 6월, 경찰의 부천서 성고문 사건(문귀동 경사의 권인숙 추행) 뒤처리에서 검찰이 치욕을 겪은 것을 잘 알고 있나. 경찰의 큰 빽, 전기환(전두환의 친형)의 작용으로 인천지검 김경회 검사장과 김수장 부장이 속으로 피눈물을 흘렸었다. 경찰에 대해 끓어오르는 검찰의 반감도 공유했다.

"서울대생이라지, 아마? 그 대학생이?"

"어디서 죽었대요?"

"남영동이라던가?"

남영동은 치안본부 대공분실을 의미했다. '서울대생이 죽었다'는 것은 곧 운동권 학생이 조사를 받다가 고문에 의해 사망했다는 의미다.

고문 사망 보도를 "오보"라고 하다 기자회견 열더니…

신성호 기자는 사회부장에게 곧장 전화로 보고했다.

사회부장은 서울대 출입 기자와 부산 주재 기자에게 각각 학적부 조회, 가족관계 확인을 지시했다. 신 기자는 곧장 중앙수사부 1과장 이진강 부장검사(나중에 제44대 대한변협 회장)에게 달려갔다. 사무실에 들어서자마자 대뜸 물었다.

"조사받던 대학생이 죽었다는데, 고문이죠?"

"그럴 수 있지만 속단할 수는 없지."

"다른 데도 아니고 남영동이잖아요."

"경찰이 쇼크사로 보고했다니 조사를 더 해보면 알겠지."

그는 서울지검으로 가서 최명부 1차장검사에게 또 물었다.

"젊은 학생이 쇼크사했다는 걸 믿을 수 있어요? 노인도 아닌데

박종철의 머리를 욕조의 물에 처박고 고문하는 경찰관들. 경찰 발표를 토대로 1987년 1월 19일 동아일보가 삽화를 실었다. 그러나 실제로는 경찰관 3명이 더 가담했는데도 2명이 고문한 것으로 축소해 발표한 사실이 5월에 드러나 6월 항쟁의 도화선이 되었다.

요. 고문에 의한 것인지 아닌지, 검찰이 직접 수사해야 하는 것 아닙니까?"

최 차장은 난감한 표정으로 사실 확인을 해주면서 말했다.

"당신, 조금이라도 기사를 잘못 쓰면 큰일 날걸."

그는 서울지검 공안부 김재기 검사실로 달려갔다.

"검사님, 경찰 조사를 받다 사망한 서울대생 이름이 뭔가요?"

김 검사는 기자가 거의 다 아는 것으로 보고 대답해주었다.

"박종… 뭐더라….'"

"학과는요?"

"언어학과 3학년."

사회부 데스크에도 다른 기자의 보충 보고가 이어졌다. 학생의 이름은 서울대 언어학과 3학년에 재학 중인 박종철이었다. 부산의 가족들과도 통화가 이루어져 가족관계 확인도 마쳤다. 1987년 1월 15일 오후 첫 중앙일보 보도가 나가고, 국내 신문들이 다투어 후속 보도를 내보내는 사이, 서울발 외신의 긴급 타전으로 이 소식은 전 세계에 빠른 속도로 퍼져나갔다.

강민창 치안본부장이 신문사에 전화를 걸어 핏대를 세웠다.

"그 기사 오보야, 오보!"

하지만 진실을 언제까지나 은폐할 수는 없었다. 다급해진 경찰은 긴급 대책회의를 연 뒤, 오후 6시에 대국민 기자회견에서 발표했다.[77]

발표문에 따르면, 박종철은 1월 14일 아침 8시 10분경에 관악구 신림동 하숙방에서 연행되어 9시 16분경 아침 식사로 나온 밥과 콩나물국을 조금 먹다가 입맛이 없다면서 냉수를 몇 잔 마신 뒤, 10시 15분경부터 박종운의 소재에 대하여 심문을 받는 도중에 수사관이 책상을 '탁' 치자 박종철이 "억" 소리를 지르며 쓰러져 병원으로 후송되었으나, 정오 즈음에 사망했다는 것이다.

노신영 총리는 김종호 장관으로부터 박종철이 고문치사임을 확인하는 순간, 정신이 번쩍 들었다. 그는 "이 시간부터, 이에 관해서는 나의 지시를 받아주시오"라고 말하고는 곧 장세동 안기부장을 전화로 불렀다.

장세동은 선선히 대답했다.

"안 그래도 어제 김종호 장관이 총리님 보고가 있게 된다고, 어떻게 말씀드릴까요? 하고 물어서 이실직고하라고 했습니다." (장)

"그러면 오늘 밤, 노태우 대표, 박영수 비서실장, 그리고 우리 둘, 네 사람 회합을 주선해주세요." (노)

잠시 후, 장 부장의 답이 왔다.

"노태우 대표가 광주에 계셔서 못 옵니다."

그래서 그다음 날(토요일, 17일) 4인은 롯데호텔 안가에서 만났다.

노 총리가 주선한 모임의 결론은 첫째, 사실대로 발표하고, 신문은 주말이라 늦으니, 방송을 통해서라도 국민에게 알린다. 둘째, 총리를 포함해서 내각 차원의 인책 경질을 고려해야 한다. 셋째, 이런 내용을 박영수 비서실장이 월요일(19일)에 대통령께 보고드린다는 내용이었다. (1월 20일 내무부 장관 김종호가 책임지고 경질되는 발표가 났다. 치안본부장 강민창도 그만두었다.)

'저승에서 온 사자' 이근안의 집, 남영동 대공분실

먼저 남영동 대공분실을 소개해야 한다. 또 저 악명 높은 이근안 경감이 남영동에서 활약한 대목부터 펼쳐야 박종철 사건을 풀어나갈 수 있다.

인체에 고통을 가하는 고문(拷問)은 우리 헌법(12조 2항)이 금지하고 있다.

운동권 인사들 사이에 저승사자로 불린 '고문기술자' 이근안 경감. 그는 공군 헌병으로 병역을 마치고 순경으로 1970년 경찰에 들어가 특출난 고문 기술로 14년 만에 경감까지 승진했고, 그래서 "이근안 없으면 대공 수사가 안 된다"라는 말이 나올 정도였다.

"모든 국민은 고문을 받지 아니하고, 형사상 자기에게 불리한 진술을 강요당하지 아니한다."

그러나 5공의 안기부, 보안사, 검찰, 경찰에서 고문은 일상다반사였다. 아니, 고문이 없다면 오히려 이상할 정도였다. 1983년 김근조 고문치사로 경찰관(김만희 경위)이 구속되고 특정범죄 가중처벌의 대상이 되었지만, 입발림 구두선(口頭禪)에 지나지 않았다.

'남영동 도살장'의 고문기술자로 유명한 이근안 경감.

'조작된 간첩'으로 국가배상을 받은 함주명의 체험담이 있다.

1983년 2월 함주명은 남영동 대공분실에 잡혀가 63일 동안 갇혀서 이근안에게 43일간의 고문을 당하고, 이후 15년간 옥살이를 했다. 그는 2006년에야 고문으로 조작된 간첩 혐의라는 것이 밝혀졌다. 법원은 국가의 손해배상 책임을 인정해 함주명에게 '14억 원을 지급하라'라고 판결했다

함주명이 말하는 이근안의 고문 수법.

"한 일주일 동안 잠을 안 재우더군요. 사람이 일주일 동안 잠을 안 자면, 몽롱한 정신 상태가 지속되어, 모든 감각이 뒤떨어지고 먹먹해져요. 그런 후에 온몸을 개 패듯이 패요. 잔인하게 실신 상태가 될 때

까지. 이런데도 시인 안 해? 그러면서 퉁퉁 부어 옴짝달싹할 수 없게 된 양어깨를 볼펜 심으로 쿡쿡 찌르는 거예요.

그래도 부인하면 사람 하나 딱 누울 만한 칠성판(고문대)에 뉘어놓고 사지를 5갈래로 묶는 장치가 있어요. 그렇게 꼼짝할 수 없게 되면 이근안이 내 가슴 위로 올라타요. 그리고 수건을 입에 덮어씌운 다음 샤워 꼭지를 들이대면서 시인해! 시인해! 공기는 안 들어오고 물만 들어오는 거지.

그래도 시인 안 하면 새끼발가락에 플러스-마이너스로 전류를 흘려보내요. 온몸에 전류가 흐르면 완전히 죽어나가요. 그때 희미하게 무슨 소리가 들리면 죽지 않으려고 손가락을 까딱까딱하는 거예요. 그럼 '그만, 풀어줘' 그런 후 약간 정신을 차리면 조서 쓴 걸 보여줘요. 보면 다 엉터리로 조작돼 있지. 그럼 난 그렇게 간첩질하지 않았다고 부인하면 또 고문 시작.

이 새끼, 아직 정신 못 차렸다면서. 안 당해본 사람은 몰라요. 이근안이 왜 고문기술자인 줄 아세요? 딱 죽기 직전까지 고문하기 때문이에요."[78]

1980년대 중반, 이근안의 변태적이고 가학적인 고문은 널리 소문 났지만, 정작 이근안의 이름과 얼굴이 알려진 것은 1988년 겨울이었다. 그 이전까지는 그야말로 설화적인 저승사자였을 뿐이다.

김근태(2011년 작고, 15~17대 국회의원, 복지부 장관 지냄)가 형 집행정지로 풀려난 1988년 여름, 한겨레신문이 그해 창간(5월)을 기념하여 고문, 인권유린 특집을 기획했다. 민권사회부 기자 문학진(2선 국회의원)이 김근태를 찾아갔다.

김근태·인재근(3선 의원) 부부를 만난 문학진 기자가 '고문기술자'에 관해 구체적으로 물었다. 문학진이 최근 필자에게 말했다.

"고문한 경찰관에 대해 파악된 게 있는가 하고 김근태 씨에게 물으니 '이근한'이라고 했다. 경기도경에 근무한다고 들었다고 말했다. 그래서 내가 마침 치안본부를 출입할 때라 인사과로 올라가서 경기 도경 인사 파일을 다 뒤져 이근한과 비슷한 이름을 찾았더니 이근안이 나왔다. 직책은 공안분실장이고 이력이 모두 나타났다. 고문기술자가 맞는 것 같았다. 주소는 서울 동대문구 용두동이었다. 그런데 정작 인사 카드에 사진이 없어서 후배 기자가 용두동 동사무소를 찾아가 사진 확보에 성공했다."

민권사회부 김두식 부장도 기사를 내면서 걱정했다. 만에 하나, 오보라면 큰일이라고, 거듭 확인하라고 주문했다.

마침내 빛나는 특종기사가 나왔다.

1988년 12월 21일, 한겨레신문 1면 머리기사로 이근안의 얼굴과 이력이 공개되었다.

6공 노태우 정부는 이틀간 고민했다.

사흘 뒤인 24일 검찰총장(김기춘)이 고문 혐의를 적용해 수사를 지시하자, 이근안은 도망쳤다. 우편으로 사표를 내고 잠적하여 무려 10년 10개월 동안 도피했다. (1999년 10월 자수)

김근태는 1986년 여름에 구속되었다.

1985년의 서울대 민주화추진위(민추위) 사건으로 도피 중이었다.

김근태 등 민추위 관련자들은 1985년 5월 서울 미문화원을 점거했던 '삼민투'의 배후로 지목되어 있었다. 당국은 민추위를 자생적 시회주의자들로 규정하고 그 정점이 민주화운동청년연합(약칭 민청련) 김근태 의장이라고 찍었다.

인간이기를 포기하게 하는 남영동 고문 박물관

서울 남영동 대공분실(치안본부)에 잡혀갔다.

안기부가 실제로 운용했고, 겉모양만 치안본부 소속인 것이 나중에 밝혀진다.

김근태는 이근안을 비롯한 김수현, 백남은, 김영두, 최상남 등 수사관들로부터 물고문, 전기고문 등을 22일 동안 받았다. 김근태는 이 고문 후유증으로 파킨슨병을 앓다가 2011년 64세라는 이른 나이에 타계하였다.

김근태가 수기 《남영동》에 기록한 고문 현장.

"전기고문은 외상을 남기지 않고 치명적인 내상을 입히고 극도의 고통과 공포를 일으키는, 물고문과 불고문의 조화 같은 것이다. 물고문은 바닥이 닿지 않는 수렁에 허우적거리며 질식해가는 것이라면, 불고문은 담금질해서 뜨거워진 인두로 지져서 바스러뜨리고 돌돌 말아서 불에 튀기는 그런 것이다.

전기가 발을 통해서 머리끝까지 쑤셔댈 때마다 비명을 지를 수밖에 없다. 전기고문은 핏줄을 뒤틀어놓고 신경을 팽팽하게 잡아당겨 마침내 마디마디 끊어버리는 것과 같다. 머리가 빠개질 듯한 통증이 오고 그때 몰려오는 공포라니, 죽음의 그림자가 독수리처럼 날아와 파고드는 것처럼 공포가 다가왔다."[79]

인간이기를 포기하게 하는 고문 기술, 그 체험담이 이어진다.

"몸 전체가 시퍼렇게 핏줄이 솟고 목은 쉬어가는데 돼지 멱을 따 놓은 것처럼 마지막 숨을 몰아쉬는 것 같다. 소리를 지른다고 상하게 전류를 통하게 하고, 신음 소리가 나지 않도록 혀를 이빨로 꽉 물었다고, 혀를 빼라며 강한 전류를 또 흘려보내고, 참으면 참는다고 또 그러고. 이들의 목표는 총체적인 혼란, 착란 상태로 몰아가는 것이었다."[80]

김근태는 고문대(칠성판) 위에 사지가 묶인 상태에서 발버둥 치면서 언젠가 이 지옥의 고문을, 저승사자를 고발하리라고 결심했다. 발버둥을 칠 때마다 발뒤꿈치가 깨져 짓무른 상처가 났다. 상처가 딱지로 굳어질 때마다 모아갔다. 밀실의 고문을 입증할 증거는 그것뿐이었다.

그러나 나중에 안기부와 경찰에서 교도소에 엄명이 떨어졌다.

딱지가 재판에 증거로 나타나면, 교도관의 목을 치겠다고 했다. 그 바람에 교도관들은 그 휴지에 싸서 보관해온 딱지를 내놓으라고 애원하며 매달리고, 마침내 샅샅이 찾아 없앴다. (1989년 국회 내무위 국정감사에서의 김근태 진술.)

다시 박종철 이야기로 돌아간다.

1987년 1월 14일 아침, 박종철은 하숙방에서 붙잡혀 9시경 남영동 대공분실로 연행되었다. 정권 말기의 단말마적 '운동권 사냥'에 동원된 대공 수사관들은 85년 10월의 서울대 민주화 추진위원회 사건으로 수배된 박종운이 어디로 도망쳤느냐고 추궁했고, 박종철은 모른다고 했다.

폭력 정권의 고문으로 박종철이 사망한 사건은 대학가를 분노케 했다. 1987년 1월 24일 서울 시내 7개 대학 학생들이 고려대에 모여 추모제를 마친 뒤 시위를 벌였다.

　그러자 조한경, 황정웅, 반금곤, 이정호, 강진규 5명의 수사관은 박종철의 옷을 벗겨 두 팔을 뒤로 깍지 끼게 묶고는 조사실 욕조로 끌고 가 물고문을 반복했다. 그래도 모른다고 하자 결박한 두 다리를 들어 올려 또다시 물을 먹였고, 발버둥 치는 그를 짓눌렀다. 그러다 욕조의 턱에 목 부분이 눌리면서 압박에 의한 질식으로 숨져가고 있었다.

　죽지 않을 정도로 고문하는 '가학(加虐) 선수'들인 그들은, 막상 의식을 잃어가자 가까운 중앙대 부속 용산병원으로 연락했고 의사 오연상이 왔다. 그는 내분비내과 전임강사였는데 우연히도 왕진 갈 수 있는 내과 의사가 그뿐이었다. 오연상이 척 보니 조사실 바닥에 흥건히 물이 고여 있어, 고문치사가 역력했다.

　아마도 전화를 걸 때까지는 숨이 붙어 있었고, 의사가 오는 동안 숨졌을 것이라고 훗날 오연상은 추측했다. 왜냐하면, 완전히 죽었더라면, 의사를 부르지도 않고 사체를 인멸했을 것이기 때문이다.

동굴·바닷가·철로변에서 발견되는 의문의 시체들

그즈음 의문사가 적지 않았다.

바닷가나 야산 동굴에서 시체로 발견된 의문사가 국회에서 재수사를 요구한 것만도 3건이나 있었다. 삼민투 사건으로 수배되어 도피 중이던 우종원(서울대 사회복지학과 4년)은 1986년 10월 11일 충북 영동군 경부선 철로변 콩밭에서 시체로 발견되었다. 5·3 인천사태 후 경찰관이라는 사람 3명에게 연행되어간 신호수(노동자)의 시신은 1986년 6월 19일 고향 마을에서 4km 떨어진 동굴에서 방위병에 의해 발견되었다. 김성수(서울대 지리학과 1년)의 시신은 부산 송도 앞바다에서 스킨 스쿠버에 의해 발견되었는데, 시신 허리에는 콘크리트 덩어리 3개가 매달려 있었다.[81]

박종철은 숨져 있었다. '생체 활력' 징후가 전혀 없었다.

눈동자, 심전도, 호흡을 살펴보니 이미 사망. 폐에서는 꼬르륵 하는 수포음이 들렸다. 배를 만져보니 물이 가득 든 것처럼, 출렁출렁했다. 수사관들은 "얘가 간밤에 술을 많이 마셔 그런지 물을 달라고 해서, 주전자째로 벌컥벌컥 많이 마셨다"라고 했다.

오연상이 심폐소생술을 30분쯤 했으나 반응이 없자 수사관들은 "중앙대 용산병원으로 가자"라고 했다. 이에 오연상은 형사들에게 "미리 준비를 위해 응급실에 준비시켜야 한다"라고 말했고, 수사관들은 그냥 전화를 허락했다.

오연상은 응급실에 속삭이는 목소리로 말했다.

"경찰에서 가는 환자는 받으면 안 된다, 응급실장이 막아달라"고 알렸다. 경찰이 의료사고 사망으로 병원에 덮어씌울 수 있다고 판단한 것이다. 그래서 용산병원의 진료부장, 응급실장 등이 나서서 손을 내젓고 거부하는 바람에 시신은 국립경찰병원으로 가게 되었다.

수사관들은 오연상에게 "사망진단서를 써달라"고 했다.

하지만, 오연상이 도착했을 때 이미 사망해버린 상태였기에 사망진단서 대신 '사체 검안서'를 써주었다. 이때 "환자의 사인을 알 수 없어서 '미상'으로 썼고 부검 지휘가 나올 수 있다"라고 수사관들에게 말해주었다.

박종철 사망 첫 보도는 신문사의 경쟁에 불꽃을 당겼다.

동아일보 윤상삼 기자(1999년 작고)는 오연상을 병원 진찰실에 쳐들어가서 만났다. 의사로부터 "물고문으로 인한 질식사일 가능성이 크다"라는 정황을 확인하고, 또 동료 황열헌 기자(현대자동차 부사장, 국회의장 비서실장 지냄)가 박종철의 몸에 피멍이 많았다는 부검 입회 의사 박동호(한양대 병원)의 증언을 취재했다. 동아일보는 고문치사 뉴스로 지면을 덮었다. 보도지침이라는 규제, 문공부 홍보조정실을 통한 압력은 셌지만, 마침내 봇물이 터지고 있었다.

오연상은 폭로 보도의 취재원으로 경찰에 의해 신길동 대공분실에 잡혀갔다. 그러나 보도의 초점은 사체 부검, 사인(死因) 규명으로 옮아갔다. 오연상은 대공분실에서 풀려나자 병원에 휴가원을 내고 잠적해버렸다.

경찰병원으로 옮겨진 박종철 시신에 대한 검찰의 부검 지휘가 내려졌다.

그 과정도 순탄치 않았다.

애당초 사고 친 경찰은 서울지검 공안부 최환 부장에게 서둘러 화장(火葬)하게 해달라고 애원했다. 심장 쇼크사이니 부검 없이 곧장 태워서, 증거 없는 잿더미로 만들고자 했다.

그러나 최환 부장은 거부했다.

"경찰관들은 책상을 탁, 치니 억, 하고 죽었다고 했다. 그러나 나는 그게 말이 되나, 사리에 맞지 않는다고 했더니 그들의 표정이 달라졌다. 직감적으로 거짓말이라고 느꼈다. 나를 재촉하면서 화장을 서두르는 것도 수상한 짓이었다."

최환 부장은 정구영 서울지검장에게 보고했다.

"경찰이 갈 데까지 간 것 같습니다. 남영동 분실에서 대학생이 한 명 죽었습니다. 고문으로 죽은 것 같습니다. 법원에서 압수수색영장을 받아서 사체를 부검하겠습니다."

그러고 나서 최환은 안기부와 상부의 압력 전화를 피해 그날 동생 집으로 피신해버렸다. 그의 집 전화통은 여기저기 전화로 불난 듯했다고 한다.

부검 지휘 검사는 9년 경력의 안상수(국회의원, 창원시장 역임)였다. 그는 15일 당직이었다.

최환 부장은 안 검사에게 말했다.

"당신과 내가 단단히 각오하고 일을 하자. 경찰은 김근태 전기고문, 권인숙 성고문에서 보듯이 인권유린이 도를 넘어섰다. 이대로 놔두어서는 안 된다. 부검도 경찰병원이 아니라 거기서 가까운 한양대

5공 말기인 1986년 전후해서 실종된 운동권 대학생과 노동자들이 야산 동굴, 철로 주변 전답, 바다 등에서 의문의 사체로 발견되었다. 사진은 '의문사 진상규명 특별법'을 제정해야 한다고 시위를 벌이는 장면(2002. 9. 16.). 〈연합뉴스 사진〉

병원에서 하는 게 좋겠다."

그러면서 전략을 말했다.

"부검의도 경찰 산하의 국과수 의사는 믿기 어려우니 다른 대학병원의 법의학 교수를 정하자. 가족도 입회시키고 한양대 외과 전문의도 입회시키도록 하자. 두 명이 보면 더 정확한 사인이 나올 것 아닌가."

그러나 경찰은 버텼다. 굳이, 부검해야 하느냐는 것이었다.

최 부장과 안 검사가 협의 중에, 강민창 치안본부장으로부터 전화가 왔다. 최 부장이 받았다.

"외상도 없고 쇼크사(심장마비)인데 우리를 못 믿는 겁니까?"

쇼크사라는 말만 반복하는 강 본부장과 언성이 높아진 최 부장이 말했다.

"이미 법원에서 부검 영상이 발부되어 있다. 검찰은 집행해야 한다. 그러니 강 본부장이 끝내 말을 안 들으면 공무집행 방해한 현행범으로 체포하러 가겠다."

누그러진 강 본부장이 이번에는 부검 장소를 경찰병원으로 고집했다.

"그러면 그 결과를 누가 믿겠소. 경찰이 조사하다 죽은 학생을 경찰병원에서 부검하고 경찰 소속 의사가 집도하면 신뢰할 사람이 있겠는가."

그런 실랑이 끝에 한양대 병원으로 시신을 옮겼다.

그런데 의사는 '다른 병원' 의사가 아니라 국과수의 황적준이 오고, 한양대 외과의를 요구했으나 '마취과' 의사가 입회하러 왔다. 은폐에 나선 경찰은 참으로 집요했다.

최환 부장의 보고를 들은 정구영 지검장은 한탄했다.

"경찰(횡포가), 이 지경에 이르렀다는 말인가."[82]

부검의 황적준(국립과학수사연구소)에게 공이 넘어갔다.

강민창 치안본부장이 단순한 심장마비로 해달라고 회유하고 압박했다. 고문치사만은 피해달라고 했다. (강민창은 이 은폐 시도가 1988년 1월 밝혀져 구속되어 처벌을 받았다.) 황적준은 양심과 압력 사이에서 번민하던 시간을 일기(1월 16일)에 적었다.

"오전 11시경 치안본부 4차장이 '동아일보에서 부검 입회자 박동호 교수와 종철이 삼촌과 인터뷰(피명 확인)한 정보를 받았다'라며 편십국장을 만나러 간다며 사라짐. (4차장은 15분 정도의 대화 중에 '모든 걱정은 말고 소신껏 없던 일로 하라'고 설득.) 그런데 오후 2시에 받아본 동아일보에는 박 교수와 삼촌의 목격 상황이 상세히 보도되어 이때부터는 사실이 밝혀지고 있구나, 하는 판단을 하고 어떤 일이 있어도 부검감정서만은 사실대로 기술하겠다고 다짐함."[83]

부검의 황적준은 강민창 본부장 말을 따르지 않았다.

쇼크사로 감추려는 시도는, 의사의 양심과 직업윤리에 따라 거부되었다.

1월 16일 오후 4시 관계기관 대책회의가 서린호텔에서 열렸다. 아직도 강민창이 쇼크사를 우겨서, 거기에 최환 부장이 불려가서 말했다.

"경찰 소속인 황적준 박사도 물고문을 인정하는데, 지금 와서 사인을 덮을 수 있겠습니까?"

그러자 강민창 본부장도 별 도리 없다는 듯 수긍하면서, 그 대신 대국민 사과 담화문에는 경찰의 사기를 배려하는 표현을 써달라고 해서, 그러기로 합의했다.

강민창 치안본부, 청와대·안기부 움직여 검찰을 핫바지로

그런데 서동권 검찰총장이 다른 고위대책회의에 다녀온 이후 총체적인 고문치사 수사가 검찰에서 경찰로 넘어갔다. 경찰이 안기부와 청와대를 움직여서 검찰을 핫바지로 만든 것이다. 대공분실은 외형만 경찰 소관일 뿐 예산, 조직 운영은 안기부의 직할이었다.

기자들은 정구영 서울지검장에게 왜 초동수사권을 경찰에 빼앗겼느냐고 약 올리듯 물었다. 그러자 그가 상기한 얼굴로 목청을 높여 대답했다.

"경찰도 물고문 사실은 인정해야 합니다."

최초로 나온 '물고문', 이 표현은 17일 아침부터 대대적으로 보도되었다.

그러자 강민창 본부장이 발끈해서 기자들에게 대꾸했다.

"경찰은 궂은일만 도맡아왔다. 그런데 검찰은 마치 무슨 공이나 세운 것처럼 목소리를 높이고 있다. 검찰은 검사, 서기 다 합쳐도 3000명 조직이고, 우리 경찰은 12만 명 아닌가."

아직도 강민창은 대공파트 박처원 치안감과 함께 '쇼크사' 미련을 버리지 못하고 황적준 부검의에게 "감정서를 심장 쇼크사로 써달라"고 달래던 때였다.

1월 19일은 전두환의 56번째 생일이었다.

당국은 2차 발표에서 고문치사를 인정했다.

그날 동아일보 1면은 보도지침이 무색할 정도로, '물고문 도중 질식사' 등의 제목으로 덮였다. 내무부 장관, 치안본부장 해임 요구, 국회 본회의 상임위 소집을 검토, 검찰에서 관계자 16명 조사, 신민당이 진상조사단 구성, 김종호 내무 사과 담화 등. 보도지침은 터진 봇물에 쓸려나가고, 신문들은 앞다투어 기사를 내보냈다.

경찰은 발표 직후 조한경과 강진규 등 고문 경찰 2명을 구속했다.

검찰은 관련자를 조사하고 2명 구속 기소로 마무리했다. 김종호 내무부 상관이 경질되고 후임에 정호용 전 육참총장이 왔다. 강민창 치안본부장도 물러났다. 그리고 북한에서 탈출한 김만철 일가 11명이 일본에 표착했다가, 2월 8일 서울에 도착하면서 박종철 고문치사 사건은 파묻혀갔다.

그런데 두 대공 수사관이 갇힌 영등포교도소에 이상한 일이 벌어졌다.

옆방에 수감 중이던 이부영(동아일보 해직 기자, 나중에 국회의원, 열린우리당 의장)이 들어보니, 한 명은 종일 찬송가만 부르고, 한 명은 한없이 울기만 하는 것이었다.

교도관에게 물어보니 고문 경찰관 둘이라고 했다.

당시 보안계장 안유의 술회.

"조한경, 강진규가 갇혀 있는 동안 거의 매일 경찰 고위 간부들이 접견을 왔다. 찬송가를 부르거나, 울기만 하는 두 사람을 향해 '빨리 재판을 진행해서 최소한의 형(刑)만 받게 해주겠다. 돈 1억 원을 주겠다'라고도 했다. 그런데 조한경 말이, 죽인 놈들은 황정웅, 반금곤, 이정호인데 나와 강진규가 덮어쓰는 게 말이나 되는가?"

접견록을 메모하던 입회 교도관인 안유(2003년 서울지방교정청장을 거쳐 정년퇴직)는 경악했다.

안기부 정형근, "진상 드러나면 정부가 못 견딘다"

"고문치사가 경찰의 조직적 은폐 범죄라는 사실, 두 명이 아니라 다른 3명이 더 있다는 얘기에 깜짝 놀라, 못 들은 시늉을 하고 업무일지에만 적고 시치미 뗐다. 그러다 고민 끝에 이부영(1986년 5·3 인천 사태 관련자로 10월부터 수감) 씨에게 귀띔해주었다. 조한경이 심경의 변화를 일으키고, 경찰 상층부는 필사적으로 조를 설득하고 있다는 얘기 등.”

이부영(당시 민통련 사무처장)은 그에게서 간간이 들은 얘기를 편지로 적었다. 필기구와 메모지도 취침시간에 몰래 확보했다. 특별히 운동권 정치범을 배려해주는 한재동 교도관(2004년 정년퇴직)에게 부탁해서 받았다.

이부영은 그 편지를 외부로 내보내 박종철 사건 진상 은폐·조작을 폭로하기로 작정하고, 한재동 교도관이 창틀에 손을 올리고 자연스럽게 얘기하는 사이, 메모지를 그의 소맷부리에 넣어주었다.

목숨 걸고 메모지를 운반해준 한재동 교도관의 얘기.

“이부영 씨 말이 ‘정말 중요한 거다. 위험한 일이니 안 해도 좋다’라고 했다. 바깥의 김정남(김영삼 정부 때 청와대 교육문화수석비서관) 씨에게 보내는 그 쪽지를 나한테 주면서, ‘이게 알려지면 큰 반향이 일어날 거다, 그러나 중간에 붙잡히면 죽을 수도 있다’라고 말했다.” (안유, 한재동 2명은 2012년 박종철 25주기 추모식에 처음으로 공개 석상에 모습을 드러냈다.)

3월에 이부영의 편지 메모를 받은 김정남은 김덕룡, 홍사덕 등 정치권 야당의 지인들에게 4월 임시국회에서 터뜨려줄 수 있는지 타진해보았다. 그러나 독이 오른 5공 정권과 장세동 안기부의 철권이 무서웠던지 별 반응이 없었다. 면책특권을 가진 국회의원도 벌벌 떠는 상황이었다.

안기부는 과연 무섭도록 빨랐다.

이러한 은폐·축소 조작 폭로가 터질 낌새를 알아채고 있었다.

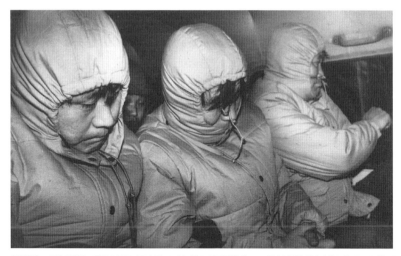

박종철을 고문한 경찰관 조한경, 강진규가 구속된 1987년 1월 20일 치안본부는 그 2인의 얼굴을 식별하지 못하도록, 복면한 다른 사람 20여 명 사이에 섞어서 호송했다.

5월 11일, 장충공원 부근 앰배서더호텔에서 안기부 정형근 단장이 신창언 부장검사, 안상수 검사를 만나서 말했다.

장세동 안기부의 본심이고, 간절한 호소다. 구구절절 범죄적이어서 소름이 돋게 한다. 국가 공권력이 스스로 저지른 범죄를 은폐하는 몸부림이 마피아 영화의 한 장면을 연상케 한다.

"안기부는 이 시국에 사건의 진상이 새로 밝혀지면 정부가 견디기 힘들다고 보고 있다. 재야와 학생이 들고일어날 테고, 야당이 단합하게 된다. 현재 정부는 5공 출범 이래 최대의 위기를 맞고 있다. 따라서 이 사건을 (은폐하고) 절대로 깨서는 안 된다. 이 상태에서 재판이 끝나야 한다. 이것이 안기부의 방침이다. 지난 1월 박종철 사건이 처음 일어났을 때 차라리 심장마비라고 발표하고 묻어버리는 것이 옳았다는 말이 안기부에서 나오고 있다. 신창언 부장검사가 지난번에 (교도소에 가서) 조한경의 마음을 흔들어놓아 경찰이 관리하느라고 애를 먹었다. 이 사건은 묻혀야 하고, 또 묻힐 수 있다. 최악의 경우 훗날 깨지더라도 할 수 없지만, 지금은 안 된다. 1심 재판만 무사히 지나가면 영원히 묻힐 수도 있다고 보는 것이 안기부의 입장이다."[84]

고영구가 이부영 숨겨주고 이돈명이 대신 감옥에

김정남은 당시 수배자 신분으로 고영구 변호사(노무현 정부의 국정원장) 집에 숨어 살고 있었다.

고영구는 사실 5·3 인천사태 수배자인 이부영도 몇 달 숨겨준 일이 있었다. 그런데 이부영이 잡혀가서, 엉뚱하게도 이돈명 변호사가 숨겨준 것으로 거짓 자백을 해서 이돈명이 구속(10월 29일)되고 말았다.

사연이 있었다.

5월 이후, 고영구 집에 숨어 살던 이부영은 전화 감청으로 체포되었다. 안기부가 성문(聲紋) 감식기를, 그가 통화할 만한 데마다 연결해서 그의 행적을 밟아 쫓아갔다. 첩보영화 수준의 추적이 성공하여, 안기부는 이부영이 사람을 만나러 간 어느 음식점에 매복해 있다가 붙잡은 것이다.

이부영은 만약 붙잡힐 경우, 고영구 집이 아니라 이돈명의 집에 숨어 있던 것으로 하자고 미리 말을 맞추고 있었다.

이돈명은 당시 정권이 신경쓰는 천주교 정의평화위원회 위원장이었고, 나이(당시 64세)도 있고 지명도도 높아 설마 구속하랴 싶었다. 그러나 독이 오른 장세동 안기부는 이돈명을 국가보안법 위반(편의 제공, 범인 은닉)으로 덜컥 구속해버렸다. 세상을 놀라게 한 구속에 변호사

고문 축소 조작을 폭로한 이부영을 숨겨준 혐의로 구속된 이돈명 변호사(흰옷)가 재판정에서 환히 웃고 있다. 그는 이부영을 실제로 숨겨준 고영구 변호사를 대신해서 '억울한 옥살이'를 했다. 그는 최후진술에서는 "나는 한 일이 아무것도 없이 이렇게 당하는 마지막 사람이 되기 바란다"라고 말했다. 원래 이부영이 붙잡히면 이돈명 집에 숨어 있었던 것으로 자백하기로, 3인이 미리 짠 대로였다. 3인은 이돈명이 나이도 64세로 많고 천주교 정의평화위원회 위원장이라 구속까지 되진 않을 거로 기대했지만 예상이 빗나갔다고 한다.

283명이 나서서 변호인단을 꾸리고 대대적인 엄호에 나섰다.

가짜 은닉이 들통날 뻔도 했다.

안기부가 사실 확인차 이돈명 집 2층에 기숙하던 대학생에게 물으니, 그런 사람(이부영)을 본 적이 없다고 했다. 그러자 요원이 이부영을 앞세워 현장 대질을 하게 되었다. 대뜸 이부영이 그 학생에게 소리를 질렀다.

"내가 그 집에 있었다고 해. 그러면 그만이야, 알겠어?"

그렇게 위기를 모면했다. 이돈명은 법정 최후진술에서 말했다.

"나는 아무것도 한 일이 없는데 왜 이렇게 갇혀 있는지 모르겠다. 사람을 숨겨주었으니 3년 징역을 살아야 한다는 검찰의 논리, 이것이 과연 형벌의 균형을 이루고 있는 것인가. 내가 한 일이 아무것도 없는

데 부당하게 처벌받는 마지막 사람이 되기를 바란다."

실제로 숨겨둔 일이 없으니, '아무것도 한 일 없는데'라고 고영구와 이부영이나 알 만한 '암호' 같은 항변을 했지만, 그 말뜻을 알아채는 이는 없었다.

이돈명은 유죄 판결을 받았다.

한참 시간이 흐르고, 이돈명의 은닉죄가 인권 변호사들 간에 화제가 되었다.

"은닉죄는 없지만, 어쨌거나 진범(고영구)을 처벌하지 못하도록 거짓 진술을 해서 위계(僞計)에 의한 공무집행 방해죄에 해당하는 건 분명하다"라고들 파안대소(破顔大笑)했다.

아무튼, 이돈명이 억울하게 감옥살이한 덕을 김정남이 보았다.

계속 고영구 집에 붙어 있게 된 김정남은 그 집 부인과 딸을 통해서 서울대교구 홍보국장이던 함세웅 신부를 접촉했다.

함세웅은 홍제동성당의 김승훈 신부가 성명서를 터뜨려줄 적임자라고 생각해 부탁했다. 그리하여 5월 18일 '5·18 광주항쟁 특별미사'를 봉헌하는 명동성당에서 발표하게 되었다.

"황정웅, 반금곤, 이정호 3명이 함께 고문했으나, 5명이 짜고 조직적으로 축소·은폐했다."

5월 21일 고문자가 3명이 더 있다는 검찰의 발표에 뒤통수를 맞은 기자들은 분주하게 뛰었다. 동아일보 김차웅 기자가 치안본부의 동향 배모 총경으로부터 결정적인 사실을 확인했다.

'아랫도리끼리만 짜서는 될 일이 아니다. 조작 모의에는 박처원 치안감, 유정방 경정, 박원백 경성 등 상납자 3명이 최초부터 개입했다. 이들 3인은 경찰 자체 조사가 시작된 1월 18일 자정 무렵 특수수사대를 찾아가서 5명을 상대로 조, 강 둘이서만 범행한 것으로 짜 맞추었다. 특수수사대 반장과 수사관들은 이들의 조작 모의 때, 자리를 피해 나가 있었다.'

'박처원 치안감은 조작을 모의할 때 아무 말도 하지 않고 있다가 조, 강 두 사람에게 장래 문제는 걱정하지 말라고 격려했다. 그런데 교도소에서 조한경이 심경의 변화로 면회 온 동료들에게 '재판정에서 양심선언을 하겠다'라고 했다. 그래서 유정방이 두 사람의 입을 막기 위해 백방으로 뛰어다녔다. 조, 강에 대한 면회가 금지되고, 검사가 허가하는 특별면회만 가능하게 된 것도 그 때문이다.'[85]

박처원 치안감의 개입이 보도되고, 축소 조작에 간여한 박처원 전 치안감 등 3명이 추가로 구속됐다. 야만적인 고문치사에 이어 은폐·조작의 실상이 밝혀지면서 이 사건은 6·10 민중항쟁의 도화선으로 불타올랐다.

파국으로 몰리자, 조작·은폐의 배후인 장세동 안기부는 당황했다.

제17장

설익은 정치 공작 제 무덤 판 장세동

민심에 어깃장 놓는 4·13 호헌, 봇물을 터뜨리다

1987년, 장세동 안기부는 야당 분열 공작에 공을 들였다.

양 김을 견제하고 대통령 직선제를 막으려면 '이민우 구상'을 살려야 했다.

김영삼 휘하의 원내총무 김동영은, 안기부의 공작 냄새를 맡은 건지 민정당 원내총무 이종찬에게 빈정댔다.

"요즘 이민우 영감이 뭔가 침을 맞은 게 분명해. 그 양반 집, 삼양동 그린벨트도 풀렸고, 의정부의 땅도 풀렸다는 소문이 있어."

이민우는 정치 휴지기에 생계 수단으로 의정부에서 양계장을 운영했다. 그 양계장 주변 토지가 군사보호지역과 그린벨트로 묶여 있어 매매가 전혀 안 되는 땅이었다. 이종찬이 반박했다.

"무슨 소리야, 어떻게 묶인 땅이 하루아침에 풀리나. 그런 오해를 한다면, 토지등본을 한번 떼어보면 금방 다 나올 것 아닌가."

"아니야, 지난 5월에 이민우 총재가 미국에 다녀온 뒤부터 태도가 달라지기 시작했어." 김동영은 안기부 공작의 결과라고 확신했다.[86]

침을 맞았는지, 신념의 변화인지는 몰라도, '이민우 구상'의 뿌리는 안기부와 청와대의 책략과 맞닿아 있었다. 박철언 기록에 의하면, 양김은 정확히 짚었다.

김영삼, 김대중은 이민우와의 오랜 동지 협력관계를 청산하기로 했다. 3월 들어, 신민당 소속 90명의 국회의원 가운데 70명의 서명을 받아, 당을 쪼개는 분당의 밑자락을 깔았다.

4월 7일 장세동 안기부장이 현 정국에 대한 판단서를 정호용 내무부 장관에게 보내왔다. 청와대에 보낸 것의 사본이었다.

내용인즉, 야당이 이민우 구상으로 말미암아 쪼개지는데 국회의원 가운데 잔류 40명, 신당이 약 30명이 되어 양 김 주도의 신당은 제2야당으로 전락하리라는 것이었다. 그러면서 야당이 분당으로 비난 여론에 몰릴 테니 그것을 틈타서 '개헌 논의 유보'를 결단하는 것이 바람직하다는 것이다. 정호용은 이종찬 원내총무에게 틀려먹은 판단이라고 불평했다.

이 판단서를 들고 청와대로 전두환 대통령을 찾아가 적절하지 못하다고 하자, 대통령은 오히려 불쾌한 표정을 지으면서, "국내 정치는 안기부장 장세동에게 맡기고 개입하지 말라"고 충고하더라는 것이다.

정호용 장관은 이종찬과 장세동이 육사 동기(16기)인 걸 알면서도,

격렬하게 장세동을 비난했다.[87]

정호용은 원래 상세동을 싫어했다.

정 내무장관은 TK도 아닌 육사 후배, 애송이 장세동을 우습게 여겼다. 장세동도 정호용을 거북하게 여겼다. 특히 정이 지엄하신 전통 앞에서 맞담배를 피우고, 다리를 꼬고 앉는 불충(不忠)스러운 태도가, 장세동의 눈에 거슬렸다. 아무리 각하의 동향 친구라지만, 최고 통치권자에 대한 예의가 아니지 않은가. '심기 경호'까지 자임하는 충신 장세동으로서는 불쾌한 존재였다.

정호용의 예언대로 장세동의 보고서는 빗나가기 시작했다.

4월 7일, 양 김은 서울 무교동의 민추협 사무실에서 신당 창당을 선언했다.

"신민당의 내분은 당내만의 문제가 아니라, 기본적으로 현 정권의 공작정치의 산물입니다. 김대중과 나는 번민과 숙고 끝에 신민당을 폭력 지배의 무법천지로 만들고, 농락 대상으로 전락시킨 불순세력과 단호히 결별키로 했습니다!"(김영삼 발언)

4월 13일, 양 김 씨 주도의 통일민주당 창당대회가 열렸다.

꼭 같은 시각, 전두환, 장세동은 어깃장을 놓는 대반전을 꾀했다.

이른바 4·13 호헌 조치를 발표한 것이다.

대통령 전두환이 내각제 개헌 협상을 철회하고 '현행 헌법에 따른 정부 이양'을 선언했다. 그로부터 1년 전(1986년 4월 6일), 전두환은 이민우 총재와의 회담에서 '임기 내 개헌'을 합의해 발표한 바 있다. 그런데 양 김 주도의 강성 야당(통일민주당)의 출범을 계기로, 돌연 '개헌 불가'라며 맞불 작전을 편 것이나.

이에 김영삼이 말했다.

"이 시각, 이른바 대통령의 중대 결단이라는 것이 발표되고 있습니다. 지금까지 현행 헌법으로는 안 된다는 국민 의사를 들어보았고, 그래서 개헌이 빠를수록 좋다는 발표도 했습니다. 그런데 이제, 현행 헌법을 밀어붙이겠다? 이것은 영구 집권 음모를 드러낸 것이며, 국민과 집권당을 위해서도 불행한 일입니다. 우리는 단호하게 투쟁해 나갈 것입니다."

4·13 호헌 조치로 정권이 욕을 먹자, 오히려 양 김은 힘을 얻고 장세동 부장의 판단과는 반대로 신민당 의원의 대부분인 74명이 탈당해 신당으로 갔다. 정호용의 예측이 맞아갔다.[88]

안기부, 정치깡패 용팔이 동원해서 신당 창당 방해

당황한 장세동 안기부는 극약을 썼다.

신당을 누르기 위해 이른바 '용팔이'(김용남) 깡패 일당을 돈 주고 고용해서, 지구당 창당 행사를 방해하고, 각목과 쇠파이프를 휘둘러 아수라판을 만들었다. 1950년대 자유당 정권을 파멸로 몰아간 정치깡패가 30년 세월을 역류하여, 안기부의 공작으로 백주대로를 휩쓸었다.

1987년 4월 20일부터 24일까지, 신당이 지구당 창당대회를 열었는데, 이 기간 신당 사무실 47곳 중 18곳이 조직폭력배들의 공격으로 아수라장이 되고, 불에 타서 잿더미가 되었다.

폭력배들을 경찰에 신고했지만, 경찰은 장세동 안기부가 배후라는 것을 짐작하기에 "당내의 일은 관여할 바가 아니다"라고 먼 산 쳐다

장세동 안기부는 양 김의 통일민주당 창당을 막기 위해 정치깡패를 고용했다. 용팔이 부대로 불린 깡패들은 100여 명씩 떼로 몰려다니며 각목, 쇠파이프를 들고 통일민주당 지구당 창당대회를 방해했다. 안기부가 뒷배를 봐주는 걸 아는 경찰은 먼 산 쳐다보며 방관했다. 사진은 폭력배들이 1987년 4월 25일 서울 관악지구당 창당을 방해하고 길거리까지 나와 각목을 휘두르는 모습.

보듯 했다. 언론은 보도지침을 따라 "야당 내부의 갈등으로 일어난 사태"라고 보도했다. 장세동 안기부가 배후 조종한 대로 흘러갔다.

김영삼의 회고.

"창당 방해 사건은 정치 쟁점으로 번져 결국, 경찰이 수사에 나섰지만, 경찰은 아무것도 밝혀내지 않았다. 그 진상은 1993년에야 규명되었다. 용팔이 김용남을 고용한 실무 총책은 미국으로 도피한 신민당 총무국장 이용구였다. 그리고 자금 지원의 배후 조종자는 신민당의 이택희, 이택돈 국회의원, 그리고 주먹계의 대부라는 호국청년연합회장 이승완(1990년 3월 5일 구속)이 개입한 사실이 드러났다."[89]

안기부장 장세동은 이택돈, 이택희에게 6억 원의 폭력배 고용자금을 전달했고, 이 때문에 구속되었다. 요컨대 "장세동 안기부의 치졸한 정치 공작이었고, 국민의 혈세로 폭력배를 동원해 민주주의를 탄압한

정치깡패 '용팔이' 폭력부대는 보통 당원처럼 어깨띠를 두르고 창당대회장에 들이닥쳐 행사를 방해했다. 그들은 의젓하게 '낭내 민주 만세', '몰아내자 당내 독재' 등의 구호를 적은 어깨띠를 둘렀다. 사진 오른쪽 아래 콧수염 기른 자가 폭력단 지휘자인 '용팔이' 김용남이다.

것이 용팔이 사건"이었다. (1992년 김영삼 정부의 검찰이 장세동을 구속하고 전두환의 개입을 추궁했지만, 장세동이 입을 다물어, 본인만 형기를 채웠다.)

이종찬의 술회.

"바로 장세동 안기부장의 맹목적 충성이 사태를 그르쳤다. 역사에서 배우지 못하고 역사를 배신하는 짓이었다. 유신 말기인 1979년 신민당의 5·30 전당대회에 권력이 개입해서 공작했지만, 성공했던 것인가? 오히려 김영삼의 위상만 높여주고, 결과적으로 10·26의 비극으로 끝을 보지 않았던가. 이런 공작은 무슨 이유에서인가. 권력 내부의 충성 경쟁에서 비롯한 것이다."[90]

장세동 안기부가 국민 세금으로 뒷돈을 댄 '용팔이 깡패부대'의 용맹스러운 활약에도 불구하고, 5월 1일 신당은 '통일민주당'이라는 이름으로 창당되었다.

정국은 가파르게 치닫고, 여론은 정권에 등을 돌리고 있었다.

5공 언론에 물린 재갈, 보도지침 폭로하다

1986년 9월, '보도지침'이 폭로되어 세상을 놀라게 했다.

긴 세월의 혹독한 언론 통제가 마침내 너무 부푼 풍선처럼 물극즉반(物極卽反)의 파열음을 낸 것이다.

세계적으로 유례가 없는 '5공(共)식 보도 통제'는 1979년 10·26 계엄 이래, 무려 7년여 동안 이어지고 있었다. 계엄령은 1981년 1월에 해제되었지만, 언론은 계엄군의 검열 대신에 문공부의 '보도지침'에 의해 사실상 검열당해왔다.

"청와대 정무 비서실에서 전화로 문공부 홍보조정실(나중에 홍보정책실)에 연락하면 홍보조정실장은 장관 결재를 받아 '오늘의 조정 내용'을 각 언론사에 보냈다. 특정 사안에 대해 '보도해도 좋음', '보도하면 안 됨', '보도하면 절대 안 됨'으로 분류했다. 세부 지침도 붙여서 '크게 키움', '신중히', '조용히', '단순히', '추측하지 말고' 등으로 지시했다. (시위 현장 사진 등) 어떤 사진을 게재하고 말 것인지, 특정 기사의 제목은 어떤 내용으로, 어느 정도 크기로 할 것인지에 대해서도 세세하게 주문했다." (김지영 전 경향신문 편집국장의 기록)[91]

홍보조정실에는 전직 기자들이 취업해 있어서, 보도 통제 기술이 계엄군 이상으로 정교하고 치밀했다. 마치 일제강점기에 조선인 순사들이 독립운동을 더 지독하게 단속하고, '황국 일본'에 더 뜨겁게 충성했던 것과 비슷했다.

1988년 국회 언론청문회 당시 이광표 문화공보부 장관의 진술에 따르면, 5공화국 기간 중 홍보조정실의 보도지침은 평균 70%가량 반영됐다. (77.8%였다는 안재현의 논문도 있다.) 또 유재천 당시 서강대 신문학과 교수의 분석으로는 친여 성향 신문(경향, 서울)은 '보도 불가' 지침 중 96%를, '보도 요망' 지침은 100% 지면에 반영했다.[92]

김주언 한국일보 기자(뉴스통신진흥회 이사장)가 담대하게 용기를 냈다.

그는 1985년 10월부터 1986년 8월까지 문화공보부가 각 언론사에 내려보낸 보도지침 584건을 한국일보 편집부에서 차곡차곡 모아 김도연(작고, 민통련 홍보국장)에게 전달했다.

'보도지침'을 민통련과 민주언론운동협의회(민언협), 어느 쪽이 폭로할 것인가를 놓고 저울질하다, 김태홍(민언협 사무국장)의 뚝심으로 '말' 지 9월호에 게재하기로 했다. (김태홍은 나중에 구청장, 2선 국회의원을 지내고 2011년 작고했다.)

'말'지는 1986년 9월 6일 특집호 〈보도지침, 권력과 언론의 음모〉를 펴냈다. 민언협은 이 책자를 널리 알리기 위해 천주교 정의구현 전국사제단과 공동으로 명동성당에서 '보도지침 자료 공개 기자회견'도 열었다.

장세동 안기부가 발칵 뒤집혔다.

보도지침 '폭로'에 당국이 또다시 '보도지침'을 내려서 한국 미디어에는 한 줄도 못 나가게 틀어막았다. 외신은 이 희한한 상황을 웃음거리로 보도했다. 그 잡지사 관할 구역인 서울 마포경찰서는 사건 후 보복 인사를 당했고, 담당 형사는 좌천되었다.

안기부의 통제를 받는 남영동 대공분실이 12월 10일에 민주언론운

설익은 정치 공작 제 무덤 판 장세동

동협의회 사무국장 김태홍, 12일에 실행위원 신홍범을 연행해갔다. 김주언도 15일에 붙잡혀 끌려갔다.

김주언은 최근 필자에게 말했다.

"남영동에서 일주일 동안 쉴 새 없이 폭행과 고문을 당했다. 그러나 이근안이 나서지는 않았다. 총 40여 일 동안의 불법 구금이었다. 그동안 우리 3인에 대해 국가보안법 위반, 외교상 기밀 누설, 국가 모독, 집회 및 시위에 관한 법률 위반, 이적표현물(운동권 이념 서적) 소지 등을 추궁해서 검찰에 넘겼다."

이들의 구속에 천주교 정의구현전국사제단, 한국기독교교회협의회, 한국기독교장로회, 자유실천문인협의회, 민주화추진협의회 등 재야 단체들이 비난 성명을 냈고 앰네스티 인터내셔널, 미국 언론인보호위원회, 미국과 캐나다 신문협회 등도 석방을 촉구하는 서한을 보냈다.

1987년 1월 27일에 서울지검 공안부는 이들 3인을 외교상 기밀 누설, 국가모독죄, 국보법 위반, 집시법 위반 등 엄청난 죄목을 적용해 기소했다. 변호인으로 한승헌, 황인철, 홍성우, 조영래 등이 나섰다.

보도지침은 부천서 성고문 사건을 '성 모욕'으로 표현하라', '성을 도구화한 혁명!'을 제목으로 하라, 검찰 발표는 원문을 다 싣고 기독교계와 여성계의 비난 성명은 절대 싣지 말라고 일간지에 지시를 내리고 있었다. 이것을 변호인이 따지자 검사가 답변했다.

"그것은 보도지침이 아니라 보도 협조 사항이었다." (검사)

"그렇다면 왜 협조 사항을 공개한 사람을 구속하는가?" (변호사)

"…" (검사)

검사는 "통상 국가 기밀에 해당하면 보도 협조로 지침이 나간다"라고 했다. 이어지는 변호사의 반론.

"그렇다면 문공부 장관의 지방 연극제 스피치는 국가 기밀 몇 급인가? 그 국가 기밀을 왜 1면에 크게 싣도록 요구했는가? 김대중의 사진은 싣지 말라는 지침도 있는데 그렇다면 김대중의 얼굴이 국가 기밀인가?"

"…"(검사)

김대중 얼굴이 국가 기밀이라 보도 못 하게 한 건가?

조영래 변호사는 수재라는 평판답게, 기발하게 공박했다.

"검찰이 '외교상의 기밀 누설'이라 해서 기소했는데, 그렇다면 보도 통제의 대상이 된 내용(예를 들면 김대중 구금)이 외교상의 국가 기밀이라는 것인가, 아니면 그러한 내용에 대한 보도 통제(김대중 보도 금지)가 있었다는 사실이 다른 나라에 국가 기밀이라는 말인가? 분명히 밝히라"라고 되물었다.

비아냥 같은 반문에, 검찰은 할 말을 잃었다.

보도지침도 난센스지만, 그것을 폭로한 기자를 처벌하는 게 웃기는 짓 아닌가, 공소 사실 자체가 정권의 입맛에 맞추어 주관적이고 자의적으로 꾸민 것 아닌가? 그 이전의 시국 사건에서 변호인들이 써먹지 못한 새로운 논리로, 조영래는 공안검사를 궁지로 몰아갔다.

억울한 송사에 재판장도 감을 잡은 듯, 변호인단이 증인으로 신청한 문공부 홍보정책실장, 주요 언론사 편집국장과 사회부장, 외신의 서울 특파원 등 무려 24명에 대해 흔쾌히 전원 증인 채택을 해주

5공의 신문은 보도지침이라는 굴레 속에서 발행되었다. 보도하지 말 것, 작게 할 것, 키울 것 등을 매일 소상하게 신문사에 지침으로 내려보냈고, 친여 매체는 96~100%를 그대로 지켰고, 다른 신문들도 평균 70~77%를 지면에 반영했다(유재천 등의 논문). 1987년 가을 '보도지침' 10개월 치를 김주언(오른쪽, 한국일보 기자)이 모았고, 이를 김태홍(왼쪽)과 신홍범(가운데)이 잡지 '말' 특집호로 찍어냈다. 3인은 남영동에서 고문을 당하고 감옥살이 끝에 1987년 6월 집행유예로 풀려났다. 사진은 1988년 12월의 국회 언론 청문회에 나온 3인.

었다.

그런데 놀라운 반전이 생겼다.

안기부와 검찰의 날 선 협박으로 어느 날 갑자기 증인 전원을 취소해버렸다. 변호인들이 벌떼같이 들고 일어났으나 재판장은 유구무언. 그런데 뜻밖에도 검사가 증인 취소 사유를 친절하게(?) 설명해주었다.

"재판장이 기록을 검토하시기 전에 증인을 채택했는데, 기록을 보시고 나서 증인 신문이 불필요한 것을 알고 취소한 것으로 알고 있습니다."

재판장도 말 못 하는 증인 취소 사유를 검사가 설명해줄 만큼, 재판은 외압에 흔들렸나.[93]

1987년 5월 13일 공판에서 송건호(한겨레신문 사장 역임)는 피고인 측 증인으로 말했다. 그는 당시 민언협 의장이었다.

"검찰은 문공부 홍보정책실이 협조를 요청한 것에 불과하다고 주장하지만, 그 내용이 지나치게 위압적이어서 단순한 협조 요청이 아니다. 또 국가 기밀을 노출했다고 하지만, 한국 언론인들은 공직자 못지않게 안보 의식이 투철하고, 보도지침 폭로 시에도 안보상의 기밀로 보이는 대목은 삭제하고 냈다."

박권상(동아일보 전 논설주간)도 증언석에서 말했다.

"(5공의) 언론기본법은 최악의 경우, 기자에게 체형을 가할 수 있고, 언론사 등록을 취소할 수도 있다. 이런 (생사여탈권을 쥔) 정부가 요청하는 것은 지시이 성격을 띠게 된다. 내가 아는 한, 자유민주국가에서 문공부 홍보정책실 같은 정부 기구는 없다. 정부와 언론이 지배·복종의 관계여서는 안 된다. 35년간 언론에 몸담아온 나 자신이 과연 피고인들과 같이 (폭로하는) 용기를 낼 수 있었을 것인지 돌아보게 된다. 젊은 후배들에게 경의를 표하고 싶다."

1987년 6월 3일 서울형사지법에서 김태홍은 징역 10개월에 집행유예 2년, 김주언은 징역 8개월에 집행유예 1년, 신홍범은 선고유예 판결을 받고 모두 그날 풀려났다.

보도지침 폭로는 6월 항쟁의 또 다른 도화선이 되었다.

노태우의 6·29 선언 이후 언론기본법이 폐지되고 문공부 홍보정책실이 없어졌으며, '프레스 카드' 제도도, 보도지침도 공식적으로는 사라졌다. 김태홍, 신홍범, 김주언의 2심 재판은 불구속 상태로 한없이 늘어졌다. 전형적인 5공 사건인데도, 노태우 정부 5년 임기가

다 끝나고, 김영삼 정부가 들어서서야 열렸다. 1994년 7월 항소심에서 무죄 판결을 받았고, 1995년 12월 대법원은 선원 무죄 확정판결을 내렸다.

노태우·정호용, 노신영·장세동을 쫓아내다

노태우와 친구 정호용은 이심전심으로 똑같이 위기를 직감하고 있었다. 박종철 군 고문치사 및 은폐·조작, 정치깡패를 동원한 창당 방해, 보도지침 폭로 등으로 여론이 뒤숭숭하여 자칫하면 노태우의 7년 적공(積功)이 물거품이 되고, 차기 대통령 꿈을 날릴 판이다.

그러나 잘만 되면 걸리적거리던 정적, 노신영 총리와 장세동 안기부장을 일거에 척살(擲殺)할 기회다. 정호용과 장세동, 견원지간의 양자 사이에 마침내 고문치사 '은폐·조작'이라는 박종철 폭탄이 끼어들었다.

이 폭탄을 적절히만 터뜨리면, 노태우로서는 일석이조다. 후계 반열의 노신영, 장세동을 다 날릴 수 있다. 노태우가 이제는 한강 변을 거닐며 홀로 눈물 흘리지 않아도 될 것이다. (유명한 실화다.)

장세동은 고약한 걸림돌이었지만 그래도 후계 라이벌은 아니었다. 스스로 "꽃받침(경호실장)은 꽃이 될 수 없다"라고 몸을 사리며 지내왔다.

그러나 노신영 총리는 격이 달랐다.

1986년 가을만 해도 청와대 아래 사랑채 같은 총리공관에 전통이 3~4번이나 다녀갔다. 총리가 무릎을 꿇고 전통에게 술잔을 따른다는 소리가 새어 나온 것이 이 무렵이다. 9월 중순, 총리공관에서 반찬을 마친 전통은 장세동 안기부장, 안현태 경호실장, 김상구 의원(동서) 3인을 2차로 청와대에 데리고 가 한잔 더 했다. 거기서 "차기에 군 출신 말고, 민간인 대통령이 어떤가? 군인이 계속 해먹는다는 소리가 나올 수밖에 없는데"라고 던져보았다.

장과 안은 민감한 얘기에 답변을 회피했지만, 김상구는 "민간인 후계도 당연히 검토해볼 만합니다"라고 했다.

노신영도 그렇게 천기(天機)가 루머로 떠돌 무렵을 회고록에 적고 있다.

"대통령이 후임으로 민간인 출신을 택할 것이며, 내가 유력한 후보라는 소문이 있었다. 이런 말들은 대통령이 총리공관을 방문하고 저녁 식사를 하는 등 함께한 일이 있은 뒤부터는 자주 들려왔고, 민정당에서도 신경을 쓴다는 소문이었다."[94]

이낙연 기자 등이 총리실을 출입했는데, 어느 날 기자 한 사람이 짓궂게 후계자설을 공개적으로 물었다. 아연 좌중이 긴장하는 가운데 노 총리가 대답했다.

"후계자? 여러분, 저기 공관 뜰에 호박 심어 놓은 거 보이지요? 시골에서 농사를 짓고 호박을 거두어 기자분들에게 나누어드리는, 영농후계자가 꿈입니다."

박장대소했다. 노신영 총리는 영리하게 비켜섰다.

노신영 후계 구상은 일시적이나마 존재했다. 당시 전통의 가족(사위)이던 윤상현 의원의 인터뷰에 나온다.

"1986, 87년 당시 민과 군의 갈등이 심화되면서, 대통령은 노신영 총리가 후계 적임자가 아닌가 심각하게 고민했다. 나와 큰처남(재국)

등 가족들은 문민 대통령이 좋겠다는 의견을 냈다. 그런데 1987년 5월쯤 다시 대통령이 나와 큰저남을 청와내 소식당으로 불러내 '내통령으로서 국가 보위를 생각하지 않을 수 없기 때문에, 결국 군 출신으로 하는 게 바람직하겠다. 노태우는 소프트한 성향이므로 과도기적인 인물로 적합하다'라고 했다." (윤상현)[95]

전통의 흉중이 그처럼 오락가락하는 상황에서 노태우의 마음고생은 이만저만이 아니었다.

위기와 기회는 동전의 양면이 아닌가.

박종철 사건으로 장세동 안기부를 표적 삼아 마구 쏘면 내각 총사퇴가 될 것이고, 노신영 총리도 못 빠져나갈 것이다.

5월 23일, 정호용은 안가의 관계기관 대책회의에서 탁자를 치며 흥분했다. 장세동에 대한 분노가 담겨 있었다.

"박종철 고문치사와 은폐·조작으로 공신력을 잃어버린 이 내각은 더 이상 나라를 끌고 갈 수 없어요. 책임정치 차원에서 나를 포함하여 내각 총사퇴가 필요합니다. 총리, 안기부장을 포함해서 모두가 함께 물러나야 합니다."

장세동 안기부장은 볼멘소리로 저항했다.

"그렇게 되면 오히려 일만 키우고, 대통령 각하의 부담만 늘어나게 됩니다."

정호용의 물귀신 작전은 집요했다.

이튿날인 5월 24일 일요일 저녁, '확인사살'에 나섰다.

효자동의 한 음식점에 이춘구 차관과 함께, 은밀히 김성기 법무부장관을 저녁 식사에 불러내 밀했다. 징호용, 김싱기는 처가 쪽으로 인척 관계다.

"박종철을 죽인 치안본부 대공수사단은 경찰 소속이지만, 실제는 안기부가 쥐고 움직입니다. 은폐·조작 사건도 안기부 책임인 것이, 거기서 예산도 업무 지시도 내려가기 때문입니다. 구속당한 경찰관들을 회유하기 위해 교도소에서 내밀었다고 하는 1억 원짜리 통장도, 안기부의 정보비에서 나온 게 아니겠습니까? 이처럼 국민 여론이 들끓는데, 장세동 부장이 책임지지 않는다는 건 어불성설입니다. 경찰만 책임진다는 것은, 국민이 납득하지 못할 겁니다."

김성기는 전날 노신영 총리 주재의 안가 대책회의에서, 정호용이 흥분하며 내각이 동반 퇴진하자고, 고함치던 것을 기억하고 있었다.

정호용은 다시 낮은 목소리로 부탁했다.

"법무부 장관이 내일(25일) 청와대로 수사 보고를 들어가서, 책임 소재를 분명히 해주시기 바랍니다."

장세동 안기부장의 목을 쳐달라는 것이다.

박철언도 나서서 쌍끌이로 장세동을 옭아매다

바로 같은 시각, 일요일(24일) 저녁, 노신영 총리는 식사를 마친 참에, 이웃 청와대로부터 들어오라는 통보를 받았다.

전통은 전작(前酌)이 있었던 듯, 불그레한 얼굴이었고, 노태우 대표, 안현태 경호실장이 와 있었다.

"총리를 그래, 그만하겠다니, 혼자만 편하자고 하는 거요?" (전)

"그건 아니고요. 일이 더 확대될 염려가 있어서입니다." (노 총리)

"내 대통령 임기가 겨우 9개월밖에 안 남았는데, 지금 총리로 올 사

노태우(왼쪽)의 처 고종사촌인 박철언(오른쪽) 검사는 1980년 청와대 비서관이 된 이래 전두환·노태우 시대를 관통하는 10여 년 동안 실력자로 통했다. 그는 1987년 5월 장세동 안기부장이 박종철 고문치사 후유증으로 코너에 몰리자, 그를 축출하는 대열에 섰다. 그렇게 노신영 총리, 장세동 안기부장이 쫓겨남으로써 노태우 시대가 활짝 열렸다. 사진 가운데는 박철언의 부인 현경자.

람이 어디 있겠습니까? 얘기는 잘 들었으니, 내 걱정은 말고, 같이 하다가, (내 임기 끝나면) 같이 그만둡시다."

노태우, 안현태도 고개를 조아리며, "그것이 좋겠습니다"라고 합창했다.

노태우는 정호용의 '논개 작전'을 알고 있지만, 전통 앞에서는 눈만 껌벅이며 몸을 사렸다. 능한 매는 발톱부터 감춘다고 하지 않던가?

날이 새고 월요일인 25일 오전, 김성기 법무, 서동권 검찰총장이 청와대로 들어가 '방울'을 달았다. 서동권 총장도 '장세동 척살' 때, 노태우의 총대를 메고 거들었다.

장세동은 십자포화에 당하고 말았다.

노태우는 안기부에 있던 박철언 특보를 통해, 검찰총장 서동권을 동원했다. 서 총장이 청와대에 고문 조작 사태의 진상, 그리고 후유증을 대통령에게 직보케 했다. "서동권은 이러한 공로 등을 인정받은 듯, 6공 노태우 정부의 안기부장이 된다." (이종찬)[96]

박철언 기록에도 서동권의 활약이 확인된다.

"서 총장을 만나서 말했다. 철저히 진상을 파악해 엄정히 처벌하고 정치적, 도의적 책임까지 규명해야 합니다, 내일 대통령께 있는 그대로 진상을 보고해주셔야 합니다. 이번 기회를 검찰권 재정립의 계기로 삼아야 합니다,라고 했다." (박철언)[97]

서 총장은 처음에는 소극적이었으나, 나중에는 "소신껏 각하께 진상을 보고하겠소"라고 하며 헤어졌다. 김성기, 서동권은 대통령에게 '임무'대로 보고했다. 징호용의 직진대로, 전통도 이쩔 수 없는 '상황'으로 몰려갔다.

이튿날 오후, 청와대에서 전두환은 노신영 총리를 다시 불렀다.

전통은 무거운 표정으로 말했다.

"총리의 생각대로 그만두도록 하세요."

잠시 뜸을 들이더니, 덧붙였다.

"총리 후임으로 이한기 전 감사원장이니, 가끔 들러서 도와드리십시오."

노신영이 그간의 신임에 감사한다며, 허리를 깊이 숙여 작별 인사를 올리고 궐문을 나섰다.

5월 25일 자정이 다가오는 시각, 청와대에 장세동 안기부장과 법무부 장관 김성기가 불려갔다. 전통이 침통하게 경질을 통보했다.

"그동안 수고들 많았어요. 그래 좀 쉬지."

그렇게 해서 장세동은 끝났다.

경호실장 3년 7개월, 안기부장 2년 3개월의 시퍼런 칼날이 꺾였다. 정권 보위의 중추가 무너진 것이다.

5월 26일 노신영 총리, 장세동 안기부장 경질이 발표되었다. 더불어 내각 총 물갈이가 이루어졌다.

서동권 검찰총장—박철언 라인의 직보, 그리고 정호용의 사주를 받은 김성기 법무부 장관의 진언, 두 가닥의 쌍끌이 어망에 천하의 장세동도 옴짝달싹 못 하고 당했다. 켜켜이 쌓아 올린 악업(惡業)의 파탄이요, 자업자득이기도 했다.

노태우, 노신영·장세동 걸림돌 치우고 마침내 대권 가도에

노태우 후계 체제는 노신영, 장세동이라는 거추장스러운 걸림돌을 치우고, 한 걸음 성큼 나아갔다.

6월 2일, 마침내 전두환은 민정당 중앙집행위원 전원을 불러, '노태우 후보'를 공식으로 선언했다. 유학성 의원(전 안기부장)은 감개무량해서 이종찬에게 말했다.

"이런 결과가 실현되기까지 7년 가까이, 정확히는 6년 11개월이 걸렸습니다. 오래된 약속이 드디어 실현된 것이지요. 80년 6월 27일 오전 11시 10분, 내가 중앙정보부장으로 가기로 합의가 이루어진 그날, 그 시간에 다음번 주자는 노태우라고 (신군부 회의에서) 이미 모두 약속이 되었어요. 돌고 돌아서 우여곡절 끝에 오늘에야 실현되었으니, 나로서는 감회가 깊지 않겠습니까?"[98]

전두환 다음은 노태우라는 시나리오가 7년 전, 쿠데타 성공 뒤에 확정되었다는 말을 처음으로 이종찬은 들었다. 다~ 계획이 있었구나, 이종찬은 그렇게 생각했다.

장세동에 이은 후임 안기부장은 국세청장 안무혁이었다. 안은 자타가 공인하는 노태우 사람. 안무혁은 안기부장 기용 통보도 노태우로부터 받았다.

"5월 26일 이른 새벽, 노태우 대표한테 전화를 받았다. 각하와 노 대표가 수십 명의 명단을 놓고 한 사람 한 사람 검토해나가다가, 안무혁 같으면 틀림없이 잘해낼 것이라고, 두 분이 의기투합했다고 한다." (안무혁)

비서실장에 또 다른 '노태우 친구'인 김윤환(경북고 동기동창)이 등장하는 것도 우연이 아니다. 전통은 장세동을 비서실장으로라도 부르고싶어 했으나, 민정수석 김용갑이 만류했다고 전해진다.

6월 10일 민정당의 전당대회에서 차기 대통령 후보로 노태우가 지명된다.

그날 후보 지명 자축연이 벌어지는 서울 힐튼호텔 부근은 성난 민심을 향한 최루가스 발사로 온통 눈물바다였다. 이춘구 사무총장에게 기자들이 질문했다. "눈물을 흘려가며 여는 이 축하연을 어떻게 생각하십니까?"

"모두들 감격해서 눈물을 흘리는데, 얼마나 기쁜 일입니까?"

이춘구도, 7년여 정치판에 능구렁이가 되어 있었다.

그러나 감격에 취하기엔 사태가 어그러져만 갔다.

야당인 민주당과 재야의 민주헌법쟁취국민운동본부는 같은 10일 박종철 고문 은폐 규탄 및 호헌 철폐대회를 열어 맞불을 놓았다. 서울을 비롯한 전국의 80개 대학에서 2만3000여 대학생들이 길거리에 나와 격렬한 데모를 벌였고, 그중 350명 정도가 명동성당으로 들어가 농성을 시작했다. 시위대에는 와이셔츠 차림에 넥타이를 맨 월급쟁이들도 가세했다.

전두환은 갈림길에 섰다. 다시 한 번 쓸어버릴까, 참아야 하나?

고건 "명동성당 경찰 투입만은 피해야 한다"

6월 12일 저녁 7시에 공안 장관들이, 분노한 전통의 지시로 모였다.

명동성당 안의 시위대와 바깥의 경찰이 3일째 대치 중이었다. 궁정동 안가 회의에는 안무혁 안기부장, 외무, 법무, 그리고 내무장관(고건)에다, 박영수 비서실장, 안현태 경호실장, 이춘구 민정당 사무총장, 청와대 관련 수석들이 참석했다.

안현태 경호실장이 운을 뗐다. 전통의 지시였다.

"24시간 안에 명동성당에서 시위대를 전부 내보내지 못하면, 전투경찰을 진입시켜서 해산시킬 수밖에 없습니다. 김수환 추기경에게 이렇게 통보하려고 합니다."

안무혁 안기부장이 사회자가 되어 "돌아가면서 의견을 말해보라"라고 했다. 고건 내무장관 차례가 오자, 그가 말했다.

"저는 경찰 투입에 반대입니다. 우선 전경 투입 계획을 논의하기에 앞서, 전경 투입을 할 것인가를 먼저 논의하는 게 좋겠습니다."

그는 빈대 이유를 설명해나갔다.

1987년 2월 7일 명동성당에서 박종철 추도회가 열리는 것을 막기 위해 전투경찰 대원들이 성당 입구를 겹겹이 에워싸고 있다. 명동성당은 3개월여 뒤 5·18 광주 추모 미사에서 '경찰의 고문 사망 축소·은폐'가 폭로되어 6월 항쟁의 발원지가 된다.

"첫째, 전경을 성당에 투입하면 종국에는 계엄령으로 확대될 것입니다. 신부와 수녀들이 탱크 앞에서 연좌시위를 한다면 어떻게 할 것입니까? 둘째, 국제올림픽위원회에서 벌써 내년 서울 올림픽을 못 열겠다는 얘기가 나오고 있습니다. 경찰을 투입하면 올림픽은 불가능해질 것입니다. 셋째, 성당에 물리력이 진입하면 바티칸이 가만히 있지 않을 것입니다. 가톨릭에서 불매운동이라도 한다면 한국 경제는 망합니다."

토론이 벌어지는 동안, 고건 앞으로 쪽지 한 장이 내밀어졌다. 전통이 통화를 원한다는 것이다. 벌써, 회의장에서 실시간으로 보고되고 있었나?

고건 내무장관이 대기실에 나가 대통령에게 전화를 걸었다.

"고 장관! 해방구가 뭔지 아세요?"

전통은 격앙된 목소리로 물었다. 성당 안에서 시위자가 '해방구 선언' 운운하는 것을 말하는 것이리라.

"예, 러시아 공산혁명 시기에 나온 말로 알고…."

"아니, 맨날 회의나 하면서 물이나 마시고 말이야."

토 달지 말고 빨리 해산시키는 결론을 내라는 말씀.

"예, 사태를 잘 수습하기 위해서 토론하고 있습니다. 잘되도록 하겠습니다."

고건이 회의실로 돌아오자, 다행히 동조자들이 생겨 있었다.

안무혁 안기부장, 이춘구 사무총장, 강우혁 정무 2수석이 신중론을 폈다. 그러나 4시간 넘게 토론을 거듭했지만, 결론은 나오지 않았다.

심야가 되어 일단 회의를 해산한 후에, 안무혁 안기부장, 이춘구 총장, 고건 내무 3인이 따로 남았다. 이상연 안기부 차장도 합석했다. 4인은 날이 새면 '경찰 투입은 안 된다'라고 대통령에게 건의하기로 의견을 모았다.[99]

그런데 아찔한 일이 생겼다.

전통이 그날 밤 잠을 못 이루다 그만, 욱하는 충동이 일었다. 일요일인 14일 새벽 1시 30분쯤, 단신으로 명동성당으로 쳐들어가려 했다. 특전용사, 낙하산 점프로 청춘을 단련해온 전통은 분을 참지 못해 벌떡 일어났다.

전통이 꼭두새벽에 명동성당에 가려고 옷을 갈아입고 침실을 나섰다. 경호원들을 부를 참이다. 마침 차남(재용)이 TV를 보며 잠을 자지 않고 있다가 놀라서 물었다.

"어디를 가시려고요?"

"명동성당에 갈란다."

"앉아서 말씀해보세요. 누구하고 상의나 하신 겁니까."

"이유는 두 가지다. 첫째, 성당에 있는 신부, 성직자들을 야단을 쳐서 그들이 종교인으로서 정당한 활동을 하라고 하고자 한다. 둘째, 학생들이 내 말을 들을지 안 들을지 모르지만, 훈시도 하고 꾸지람도 해서 집으로 돌려보내려고 한다. 위험도 있겠지. 그런데 그런 위험이 벌어져야 나를 구출하려 전투경찰을 투입할 명분이라도 생겨, 사태가 마무리되지 않겠냐? 내가 지금 그래서 가려고 한다."

"다른 분들과 상의를 하셨나요?"

"안 했다."

"아버지, 그러면 거기서 잘못되는 일이라도 생기면 나라는 어떻게 됩니까. 외국인이 볼 때 나라 체면은 뭐가 됩니까."

아들은 냉장고에서 사이다를 꺼내, 잔에 부어 올리면서 말렸다.

이어지는 전통의 말이 기록에 남아 있다.

"나라의 체면이라? 전 세계 매스컴에 뉴스로 나올 텐데, 국가원수로서 그러시면 안 됩니다, 그러는 거야. 그래서 위기도 아닌데 국가원수로서 경솔한 짓이 될 거 같아. 그래서 안 간 거야. 둘째가 그 시간에 자고 있었더라면, 내가 경호실장 오라고 해서 당장 성당에 쳐들어갔을 거야. 경호실장이 말려도 안 들었을 거야. 그러면 일이 벌어졌겠지."(전두환 육성 증언)[100]

6월 13일 오전 9시, 전통 주재로 대책회의가 소집되었다.

그에 앞서 안무혁 안기부장은 전통을 미리 만났다. 참석자들이 도

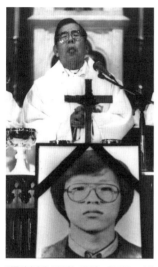
명동성당에서 박종철 사망을 추도하는 미사
(1987. 1. 26.)를 올리는 김수환 추기경.

열한 가운데, 전통과 안무혁이 걸어오고, 고건은 안기부장과 눈을 맞추었다.

어떻게 되었느냐고 눈짓으로 묻자, 안기부장은 싱긋 웃어 보였다. 그러고는 오른손 검지와 엄지로, 조심스럽게 동그란 ○자를 그려 보였다. OK! 됐어, 고건은 안도했다. 대통령이 대응지침을 말했다.

"명동성당 사태에, 정부로서 인내를 보여주도록 합시다."

"우리가 지금까지 잘 대처해왔는데 다 들어주어도 별거 아닙니다. 이왕 참은 거 내일까지 참고, 전국 천주교 교구장들한테도 우리가 성당에 들어가는 선례를 남기고 싶지 않다고 분명히 전하세요."

180도로 바뀐 것이다. 전통이 이어서 말했다.

"우리가 한번 싹 쓸어서, 국기를 확립하는 방법이 있긴 하지. 그러나 손쉬운 방법을 택하는 건, 좋지 않을 것 같습니다. 임기 만료 8개월을 앞두고 비상조치나 계엄 선포 없이, 우리가 좀 괴로워도 평화적 정부 이양의 선례를 남기고 넘어가면 되지 않겠느냐 하는 겁니다."

6월 15일 해산하기로, 성당 안의 시위대는 투표를 통해 결론을 냈다. 이상연 안기부 차장과 조종석 서울시경국장이 막후에서 뛰었다. 함세웅 신부로부터 "이들의 무사 귀환을 보장해달라"는 요청도 있었고, 경찰은 약속을 지켰다.

6월 15일 명동성당 시위대는 자진 해산했다. 그래도 시위는 거세져 갔다. 전두환에게 김윤환 정무수석이 조심스럽게 '직선제 수용+김대중 사면·복권'을 건의했다. 전통은 가타부타 없이 듣기만 했다.

6월 16일 안무혁 안기부장은 간부 회의에서 "비상조치로 시위의 뿌리를 제거해야 하는 것 아닌가. 뿌리를 제거하지 않고 대통령 선거(선거인단 간접 선출)가 되겠는가?"라고 걱정했다. 한편, 박영수 비서실장이 전통에게 다시 '직선제 수용+김대중 사면·복권'을 진언했다. 박은 조심스럽게 "김용갑 민정수석이 변복 위장하고 명동성당 농성장에 들어가 민심을 살펴보고 내린 결론"이라고 말했다. 박은 어제 김윤환이 직선제를 건의했는데, 전통이 화내지 않고 듣기만 하더라는 말을 들었다.

노태우 노래, "외로이 저어가니 이 밤 처량해"

6월 17일 아침 10시 전두환은 노태우를 불러 간밤에 결심한 '직선제 수용+김대중 사면·복권'을 받자고 설득. 노태우는 당황하며 반발했다. "내각제를 갑작스럽게 철회하기 어렵다. 직선제라면 내가 도저히 이길 수 없다"라는 논리.

이날 저녁 궁정동 안가, 전·노, 안무혁 안기부장, 이춘구 사무총장, 박영수 비서실장, 김윤환 정무수석, 현경대·이치호 의원 등이 2시간 10분 동안 주연을 가졌다.

전두환은 직선제를 결심하고 노태우에게 통보한 터라 홀가분하고 신났다.

한잔 들이켜고 애창곡 두 곡을 잇따라 불렀다.

"죽장에 삿갓 쓰고~ 방랑 삼천리~ (중략)

떠나가는 전(全) 삿갓, 전 삿갓~

전 삿갓 떠나가고 노(盧) 삿갓이 오는 거다!"

전두환이 노태우를 치켜세웠다.

"노 후보가 퉁소를 잘 불고 휘파람 잘 불고 다재다능한 분이야. 운동을 못하나, 음악을 못하나, 내가 운 좋아서 이분보다 대통령만 먼저 했지, 나보다 몇십 배 앞선 분이야. 다들 무조건 존경하고 잘 모셔야 해. 목숨 걸고 나한테보다 백 배 더 잘 모시라는 거야."

그러고는 애창곡 '사나이 결심'을 또 불렀다.

"사나이 가는 길에 웃음만이 있을쏘냐

결심하고 가는 길 가로막는 폭풍이 어찌 없으랴~ (후략)"

그러면서 노태우를 향해 한 곡 권했다. "노 후보 휘파람 한번 불어주시오!~."

휘파람을 청하는 데는 사연이 있다. 거의 30년이 다 돼가는 1959년 1월 24일, 전두환·이순자의 결혼식 피로연에서 우인(友人) 대표 노태우가 휘파람을 멋들어지게 불어 좌중의 박수갈채를 받은 적이 있다. 아마도 그 순간이 전두환의 무의식 깊은 데에 스며 있던 모양이다.

그러나 노태우의 흉중은 착잡했다.

전두환이야 차기 선거가 남의 일이겠지만, 직선제 승부라면 이긴다고 상담 못 한다. 간선제라면 간단한 것을. 아짐에 직선제를 권고

받은 충격이 노래에 묻어났다. 사단장을 할 때 군가(사단가)를 작사·작곡하는 타고난 음악성, 엉겁결에 튀어나온 곡은 처량하고 구슬픈 가락의 옛 노래(채규엽)였다.

> 순풍에 돛을 달고 뱃머리를 돌려서
> 외로이 저어가니 외로이 저어가니 이 밤 처량해~
> 지난해, 원망하며 속을 태운 옛사랑
> 흐르는 강물 위에 흐르는, 흐르는 물결 위에, 떠나갑니다~

6월 18일, 김용갑 민정수석이 전두환에게 직선제를 건의. 김윤환, 박영수에 이어 3번째다. 전통은 "안무혁 안기부장, 이춘구 사무총장, 안현태 경호실장과 상의하고, 노 후보에게 설명해서 이해시켜보라"라고 김용갑에게 지시. 부산에서 5만여 시위대가 밤새 격렬히 데모했고, 대구를 비롯해 전국에서 19군데의 파출소가 불탔다.

이 무렵 특전사령관 민병돈 중장(육사 15기, 하나회)과 보안사령관 고명승 중장(육사 15기, 하나회)은 군 출동을 반대했다. 고명승이 대통령에게 "지금은 폭동 상황이 아니므로, 명령대로 움직이는 군을 출동할 시 불상사가 날 우려가 있습니다. 저 말고도 그런 의견이 있습니다"라고 했다. 그러자 누가 그러냐고 물어서 "민병돈 특전사령관입니다"라고 답변하니 전통이 "알았어!"라고 응대했다고 한다. 민병돈도 인터뷰에서 "그런 진언을 하는 게 감히 어려운 상황이었다"라고 말했다. (황호택 인터뷰)[101]

'대통령을 내 손으로!'라는 구호가 먹혀들었다. 대통령 전두환과 안기부장 장세동은 1987년 4월 13일 더 이상 개헌 논의를 하지 않겠다고 선을 그었지만, 직선제 개헌 투쟁 열기는 식기는커녕 오히려 더 달아올랐다. 6월 항쟁이 무섭게 타오르자 전두환은 군 출동을 고려하지만, 미국과 군부의 반대로 접고 만다. 대신 직선제 대통령 선거를 수용하는 발상의 대전환으로 돌아섰다.

6월 19일, 전두환의 연기(演技)가 빛났던 하루다.

그는 아침 10시에 안기부장 안무혁을 비롯해 국방부 장관, 3군 참모총장, 보안사령관, 수방사령관을 불러 비상조치를 위한 군 병력 배치계획을 지시했다. 그러나 오후 2시 전두환은 미국대사 제임스 릴리를 예정대로 면담했다. 릴리 대사는 레이건 대통령의 '군 출동 반대' 친서를 건네주었고, 조지 슐츠 국무장관도 계엄령 선포에 반대한다고 천명했다.

노태우, 全에게 "6 · 29 할 테니 화내며 호통쳐주세요"

4시 30분에는 군 출동을 않겠다고 릴리 대사에게 통보했다.

릴리는 미국대사관에 근무하는 한국계 미국인 직원이 "군 투입을 않는다"라는 통보에 대사를 얼싸안고 고맙다며 삼석했다고 기록을 남겼다.

오후 5시, 전·노 회동에서 노태우가 답변했다.

"직선제를 받겠습니다. 다만, 직선제를 포함해서 민주화 조치를 제가 건의하면 각하께서 크게 노해서 호통치는 모습을 보여주신다면 더욱 효과가 있겠습니다. 그렇게 해주십시오."[102] 그러나 전두환은 노태우의 수정안(호통을 쳐달라!)대로 하면, 자신이 끝까지 민주화를 반대한 사람으로 영원히 낙인찍히는 것이 싫었다.

6월 20일 토요일, 전두환은 다시 한 번 쇼를 벌인다.

안무혁, 이춘구, 박영수, 안현태, 김윤환을 불러서, "김용갑이가 직선제 수용을 건의했으나, 그걸 수용할 수 없으니 더 이상 같은 소리는 하지 말라"라고 엄숙하게 말했다. 직선제 수용이 새나갈까 염려해서 측근에게까지 연막작전을 편 것이다.

6월 21일 일요일, 노태우 집에서 안무혁 안기부장과 이춘구, 김윤환, 최병렬 등이 모여서 민심 수습 방안을 논의. '김대중 연금 해제, 4·13 호헌 조치 철회, 언론기본법 폐지(보도지침 폭로의 여파), 6·10 시위 관련자 석방, 대학 자치 보장' 등을 논의했다.

6월 22일, '작은 민심 수습' 방안을 노태우가 발표하느냐, 마느냐로 논란.

6월 23일, 노태우가 박철언을 급히 부르더니 어둡고 심각한 표정으로 "각하가 직선제를 받자고 한다. 난국 타개에 자신감을 잃은 듯 그 길밖에 없다고 한다. 반대를 해봤으나 결심이 강해서 받기로 했다. 그럴 경우, 김대중 사면·복권도 넣어야 한다고 내가 건의했다"라고 말했다.[103]

노태우(왼쪽)는 직선제를 받아들이자는 전두환의 아이디어에 반발했으나, 결국은 6·29 선언을 발표하여 대박을 터뜨렸다. 노는 당초에 전에게 "내가 직선제를 발표하면 각하(전통)께서 호통을 쳐 반대해주십시오"라고 건의했으나 일언지하에 거절당했다(전두환 회고록).

6월 24일, 전통, 청와대에서 김영삼, 이민우, 이만섭 등 야당 대표들과 겉치레 연쇄 회동. 전통은 "모든 걸 노태우와 상의하라"라고 노를 띄웠다.

6월 25~26일, 전통, 청와대에서 김수환 추기경, 한경직 목사, 서의현 조계종 총무원장, 동아일보 김성열 회장, 조선일보 방우영 회장을 연속으로 접견하며 여론을 수렴하는 시늉.

6월 27일, 노태우, 자필로 써온 6·29 선언 초안을 전두환과 장남 전재국(유학 중 방학으로 귀국) 앞에서 낭독. 노태우는 비밀 노출을 우려해서 경복궁 서문에서 전두환이 보낸 차로 바꾸어 타고 청와대에 몰래 들어가 본관이 아닌 별관에서 3인 대좌.[104] 한편 전두환, 공보수석 이종률과 비서 김성익에게 "직선제 수용에 대비해 입장문 작성하라" 지시.

6월 29일, '노태우 선언' 발표.

직선제 개헌, 김대중 사면·복권 및 시국사범 석방, 언론법 개정 및 자율성 보장, 지방자치 및 대학 자율화 등이 그 핵심.

궁즉통(窮卽通).

미국이 반대하고 군부가 반대하고, 민심이 들끓는 꽉 막힌 터널에서 궁하면 통했던 단 하나의 활로가 6·29 선언이었다.

노태우의 6·29 연기는 수준급이었다.

김대중은 "노 대표의 발표를 듣는 순간 인간에 대한 신뢰심이 번쩍 떠올랐다. 그토록 억압하던 사람도 이렇게 달라질 수 있다는 것에 신선한 생각마저 들었다"라고 했다. 김영삼도 "만시지탄의 감은 있으나 이 시점에 가장 희망찬 발표로서 전적으로 환영한다"라고 논평했다.

노태우의 낭독은 1분에 불과했지만, 그날의 파장은 길었다.

한순간에 세상이 뒤바뀌는 임팩트를 주었다.

6월 30일, 전두환이 느긋해져 김윤환 정무, 이종률 공보수석에게 말했다.

"노 대표가 선언한 뒤에 여론이 아주 좋군." (전두환)

"두 김이 기대했던 것보다 더 전진적이라는 여론입니다." (김윤환)

"여론이라는 건 반짝하는 거요. 앞으로 어떻게 관리하느냐가 관건이지. 쇼도 잠깐은 되지만 오래는 못 가요." (전두환)[105]

안무혁 안기부장은 노 대통령 만들기 선봉에 나섰다.

7월 6일 안기부 간부 회의에서 거들었다. 요 며칠 사이 6·29를 전·노의 합작품이라며 국민을 속인 '속이구'라는 비아냥이 퍼진 데 대해 일갈했다.

"양 김 쪽에서 노태우 6·29 특별선언을 격하하고 깎아내리기 위해 온갖 공작을 벌이고 있다. 각하(전두환)께서도 하루 동안 고심하다가 추인했을 정도로 노 대표의 독자적인 구상인 점을 명확히 주지시켜나가야 한다. 특별선언을 하나하나 달성하는 데 총력을 기울여야 하고 이를 실천할 분야별 '위원회'를 만들어야 한다. 부내의 국장들을 집어넣어서 특위를 구성하도록 검토하라."

안무혁은 이북 출신에다 주특기가 공병인데도 별을 단 장군. 전두환·노태우 양인이 똑같이 신임하여 5공, 6공 가교역의 안기부장을 맡았다.

7월 27일 안무혁 부장은 박철언 특보에게 말했다.

권정달, 이종찬이 노태우 당선에 앞장서라고, 안기부장으로서 기합 넣었다고 자랑삼아 전했다. "권정달, 이종찬을 어제 불러서 3시간 동안이나 삐거덕거리지 말라고 충고해주었다. 권정달에게는 뒤에서 냉소적으로 코웃음 치지 말라고 했고, 이종찬에게는 기회주의적으로 '문민정치' 운운하고 다니지 말라고 경고했다."[106]

안무혁 부장은 박철언에게 특별히 "내가 그들에게 한 얘기를 노 대표한테 보고해달라"고, 군기반장 역할을 알리라고 했다. 노태우와 박철언의 특별한 관계를 알기에 하는 말이었다.

그러나 사실 안무혁은 그런 특별한 관계인 박철언 때문에 '가슴앓이'를 하는 중이있다.

5월 말에 안기부장으로 온 이래, 조직은 두 조각처럼 갈려 있었다.

박철언의 특보팀은 청와대 법제연구실 이래 6년여 세월, 전·노의 신임을 배경으로 대북정책, 남북대화에서 국내 정보에 이르기까지 거의 무한대로 업무 폭이 넓어졌다. 부원들도 박철언의 존재를 아는 정도를 넘어서, 심지어 눈치를 살피고 있었다. 안무혁 부장을 오히려 지나갈 나그네(過客)로 여기는 분위기마저 있었다.

제18장

노태우 총선서 지고, 안무혁 떠나다

이북 출신 공병 장교, 안무혁은 하나회 외톨이

안무혁이 약간 외톨이 '낙하산'이라는 건, 산전수전 겪어온 남산 직원들도 환히 들여다보고 있었다. 그에 비하면 노태우 **빽**을 가진 박철언은 초우량주㈜에다 더 오래갈 것 아닌가.

1987년 5월 27일 부임한 안무혁 안기부장(육사 14기)은 전·노가 합의한 5, 6공의 징검다리였다. 국세청장에서 갑자기 안기부장이 되리라고는 꿈에도 생각지 못했고, 어느 날 갑자기 발탁되었다.

그는 사회정화위원장으로 있다가, 1982년 국세청장에 난데없이 기용되어 5년을 역임하였다. 전통이 부하의 돈에 관한 구설을 끔찍이 싫어하는 성격에 맞추어 허리 굽혀 일했다. 재벌들과 어울리지도 않았고, 명성그룹 김철호 사건 때는 불법 자금 땅굴(김동겸 대리의 수기통장을 이용한 사채놀이)을 파헤치는 공도 세웠다. 전통에게 밉보인 양정모의 국제그룹 해체에도 소리 나지 않게 칼을 휘둘렀다.

전두환도 그가 얼떨결에 안기부장이 되어 모르는 게 많을 거라고 말했다.

"안무혁 부장이 정신이 없을 거로 봐요. 들어가자마자 6·10 데모 사태를 맞아서 업무를 파악할 틈도 없이 그날그날 상황을 처리해야 하니까. 그러므로 비서실(청와대)에서, 안기부장이 업무를 파악해 각 부서를 컨트롤할 수 있도록 비서실장 중심으로 뒷받침해주어야 합니다. 당분간, 비서실장이 주도해야 해요." (1987년 8월 10일 전두환 육성 증언)

안무혁은 육사.에서 드물게 황해도 안악 출신이다.

그래서 주석에서 노래할 때면, 망향의 그리움에 사모곡(思母曲)을 불렀다.

대통령 전두환이 어느 날, 한 곡조 불러보라고 하자 안무혁은 "어머니를 생각하며 한 곡 부르겠습니다"라며 '불효자는 웁니다'를 택했다.

효자 안무혁의 실향 슬픔을 달래주듯 대통령이 물었다.

"어머니는 돌아가셨는가?" (전두환)

"모르겠습니다. 이북에서 어떻게 되셨는지. 어머님 묘소가 없습니다."

불러봐도 울어봐도 못 오실 어머님을
원통해 불러보고 땅을 치며 통곡해요
다시 못 올 어머니여, 불초한 이 자식은

노태우 총선서 지고, 안무혁 떠나다

생전에 지은 죄를 엎드려 비옵니다

안무혁은 특이하게도 공병 주특기다.

그런데도 전두환은 하나회의 포용성을 보여주려 끼워준 것일까. 육사 14기에서 안무혁을 이종구, 배명국, 이춘구 등과 함께 회원으로 발탁했다. 그러나 하나회이긴 해도 안무혁은 고향, 주특기 때문에 늘 외톨이였다.

그러다가 1981년 육군 준장으로 예편하고, 단짝 동기생 이춘구 사회정화위원장을 이어 그 자리에 뽑혀가게 되었다.

박철언 특보의 존재는 '안기부 내의 안기부'라는 소리도 나왔다.

안무혁 부장이 불쾌한 나머지 친구인 이춘구 사무총장에게 이원화(二元化) 구조를 토로한 적도 있었다. 안무혁은 실·국장 회의에서 "박 특보에게 가는 모든 정보는 모두 나에게 가져와라. 내가 노 대표에게 직접 보고하겠다"라고 호통을 쳤으나 그때뿐이었다. 그만큼 박철언의 뿌리가 깊었다.

노태우 후보에게도 고충을 털어놓았으나 그 답은 이랬다.

"박철언은 단순한 나의 처 고종사촌, 친인척이 아닙니다. 명문 서울법대를 수석으로 졸업하고 사법시험 합격해서 검사가 되고, 외국 유학으로 견문도 넓힌 인재로 전두환 대통령도 능력을 인정해 평양까지 보내서 남북대화에 활용했습니다. 나를 돕는 마음으로 이해해 주기 바랍니다."

안무혁은 안기부, 박철언은 사조직 동원해 대선 올인

안무혁·박철언 갈등은 대통령 선거라는 대회전을 앞두고, 일시 물 밑으로 잦아들었다. 대통령 선거일 12월 16일을 앞두고, 안무혁은 안 기부를 채찍질해 당선에 이바지해야 했다.

안무혁도 박철언도 "선거에 직접 관여하다가 만일 패배하면 공무 원 생활도 끝나고 형벌도 감수해야 할 처지"였다.[107] 안기부법이나 공 무원법에 명백히 선거 개입은 범법 행위지만, 법은 법이고 중앙정보 부 이래 대통령 선거에서 부장이 앞장서온 것은 남산의 전통이었다.

안무혁은 공조직 안기부를 대선에 '올인'시켰다.

그 증빙이 기록으로 남아 있다.

〈상록사업 일일보고 1987. 10. 15.〉, 〈상록사업 주간 동향 1987. 10. 19.〉 등의 문건에는, '특정 종교단체 자금 지원 및 특정 협회 경비 지 원 내역, 특정 단체에서의 시국 강연과 노태우 후보 지원 요구, 안기 부 직원 및 가족들의 대민 접촉을 통한 선거운동 성과, 사업장 근로 자 득표율을 높이기 위한 대책 등'이 들어 있다. 예를 들면, 충북 분 실이 충북지역 역술인 등 300명이 참석하는 안보 정세 보고회를 열 고 노태우 지지 결의를 하도록 한 뒤 소요경비 111만 원을 전액 지원 한 것으로 나타났다.[108]

대통령 선거에서 '압승'한 이후 안기부에 안무혁이 직원 격려금(특 수활동비, 국민의 세금이었을 것이다)을 뿌렸고, 전 부원이 피로를 잊고 자 축한다는 등의 기록도 있다.

"12월 16일 실시한 대선 압승과 (안무혁) 부장님의 격려금 등으로 전 직원이 피로를 잊고 자축 분위기. (중략) 산하 부서는 대선 이후에도

KAL기 폭파 사건 마유미 수사, 대선 후유증 조기 수습, 총선 업무 대비 및 대간첩 대책 중앙회의 준비 등 각종 현안으로 휴식도 없이 연일 소관 업무 수행에 진력하고 있으며, 특히 ○○실 XX 직원들은 금번 대선을 압승으로 이끄는 데 많은 기여를 했다고 자부하면서도, 향후 당부의 기능 재조정 시 국내 보안 정보 분야의 변화가 가장 많을 것으로 추측하며 다소 불안한 근무 동정을 보임(중략)."

안무혁 안기부가 감찰실을 중심으로 일시적으로 대선을 위한 특별 부서를 만들어 선거에 개입했다는 증빙이다. 그 안에 '보통사람'을 자처한 노태우 대통령이 안기부를 탈권위주의로 개편할 경우 '국내 정보' 분야가 축소될 것을 걱정하는 내용도 있다.

이 밖에도 감찰실이 작성한 〈직원 및 가족 상록사업 전위활동 추진 결과 보고〉에는 이 사업은 1단계(9. 23.~10. 11.)와 2단계(10. 11.~11. 14.)로 추진되었는데 그 성과로는 직원과 가족이 1만1088명을 접촉해서 4만6600명의 지지를 확보한 것으로 보고하고 있다.

또 13대 대선 관련 〈택시기사 활용 특수사업 실적 보고〉에는 택시 운전사를 활용한 특수 득표공작, 즉 구전(口傳) 홍보요원들을 운용한 것도 나온다.[109]

박철언 안기부 특보는 사조직 동원에 올인했다.

8월부터 특보팀을 주축으로 월계수회(대선 승리의 월계관을 상징)라는, 전국 204개 지역에 200명에 달하는 이사진을 둔 사조직을 만들었다. '노태우 스쿨'이라는 이름으로 새마을교육원에서 1박 2일 코스의 교육을 시켰다. 박철언은 그 스쿨의 교장이 되고, 강사에는 강재섭(나중에 한나라당 대표), 나창주(당시 건국대 교수), 염돈재 (당시 안기부 연구관, 후에 국정원 1차장)가 나섰다. 1회에 250명씩 모두 6차례 수료생을 배출했다.

노태우 후보도 매주 주말이면 사조직에 공을 들였다.

스쿨에 가서 참석자들에게 월계수 메달('꿈도 아픔도 노태우와 함께'라는 글을 새김)을 걸어주고 동지애를 북돋워주었다. 그렇게 뭉치고 훈련받은 월계수회 회원들이 표밭을 누볐다. 그들은 12월 12일 서울 여의도, 세(勢) 과시 유세장에 30만 명을 동원해 일대 기염을 토했다.

"정권 내주면 경제수석도 모가지요, 선거 후에 인플레 잡으셔"

전두환은 6·29 선언 무렵에 "우리 여당은 돈 있고 조직 있으니 이길 걸 믿고 직선제를 받았다"라고 말했다.[110] 전두환의 견적대로, 월계수회가 돈 걱정을 했다는 얘기는 그때도, 지금도 들리지 않는다.

"선거에 지면 우리는 끝장"이라는 올인 승부에 경제는 뿌리째 흔들렸다.

당초 5·26 개각 때, 정인용 재무부 장관을 부총리, 사공일 경제수석을 재무부 장관, 박영철 KDI 원장을 경제수석에, 그리고 안무혁 국세청장을 안기부장으로 기용할 때는 5공의 정책 기조를 이어갈 것으로 기대되었다. 그러나 목숨을 건 대통령 선거전에서 이기기 위해서는 정반대의 정책들도 마다하지 않게 되었다. 5공의 경제정책은 6공으로 넘어오기 전, 전두환 임기 말에 벌써 정상 궤도를 이탈하기 시작했다.[111]

"5공 내내 잠잠했던 부동산이 꿈틀거리기 시작했는데도 아랑곳하지 않았다. 가뜩이나 흑자경제로 돌아서면서 시중에 돈이 흘러넘치는데 성치판에서 (부동산) 개발 공약으로 불을 실러대니 전국의 땅값이 요동치고 물가가 오르기 시작한 것은 당연한 경제 현상이었다." (이장규 이코노미스트)[112]

박영철 경제수석은 이렇게 시달렸다.

"인플레, 인플레 소리 하지 마시오. 선거에 지면 무슨 수로 책임질 거요. 이기고 나서 다시 3%로 잡으시오. 선거에 지면 당신도 모가지란 말이오."

안기부가 앞장서고, 월계수회가 뒤를 받치고, 경제정책의 기조를 흔들면서 돌진했지만, 여론상 노태우 후보는 3김 후보를 압도하지 못했다.

그래서 나온 궁여지책이 노태우의 '중간평가' 공약이다. 최병렬은 그 공약의 산파다.

노태우가 김영삼에게 급격히 추격당한 건, 전·노 군사반란(1979)의 피해자인 정승화 전 육군참모총장을 영입해 '군정 종식'을 소리 높이 외칠 때였다. 김영삼은 정승화를 앞세워 불법 비도(非道)한 신군부의 집권을 맹렬히 공격했다. 12·12 쿠데타가 쟁점화되고 5공의 정당성이 도마 위에 오르면서 노태우가 타격을 입고 휘청거렸다.

"갤럽 조사에서도, 정승화 영입과 '군정 종식!' 구호로 중산층이 민주당 김영삼에게 기울면서 한순간 노태우가 어려워지는 분위기였다. 김대중도 치고 올라와 노태우와 근접한 지지율을 보이기도 했다. 그런데 11월 29일, KAL기 폭파 사건이 나고 북한의 테러와 안보에 대한 위기감이 고조되면서 노태우 후보 시시가 나시 억전해, 근소한 우위를 유지해갔다."

당시 여론조사를 실행한 최시중 갤럽 회장(나중에 방송통신위원장)이 최근 필자에게 한 말이다.

KAL기 폭파는 누구도 예기치 못한 사건이었다.

11월 27일 오후, 안기부장 안무혁이 황급히 전통에게 올라갔다.

이라크의 바그다드에서 승객 95명을 태우고 서울로 오던 대한항공 858기가 돌연 미얀마 상공에서 실종되었다고 대통령에게 보고했다.

전통과 안 부장은 북의 소행일 것 같다는 의견을 나누고, 안기부에 비상을 걸었다.

1987년 12월 1노 3김이 맞붙은 대통령 선거를 하루 앞두고 대한항공 858기를 폭파한 범인 김현희가 서울로 압송되는 장면. 승객 96명이 몰사한 이 테러로 대북 경계심이 높아지고 한참 거세지던 '군정 종식(終熄)' 바람이 잦아들었다.

1차 보고로는 고도 1만2000m 상공에서 교신하다 갑자기 증발해버린 건 공중 폭파일 가능성이 농후하다, 엔진 고장이나 설사 공중 피격이라 해도 조종사는 최소한의 보고 시간을 갖는다는 것이다.

탑승자 조사 결과, 중간 기착지인 아랍에미리트 아부다비 공항에서 내려 사라진 승객은 일본인 3명뿐이었다. 그중 일본인 커플 2명의 경유지를 항공사가 알아본 결과, 관광 코스도 아니고 그렇다고 중동에 사업차 부부가 여행하는 게 어쩐지 어색하다. 그 수상한 둘을 추적해야 한다.

일본 여권 탑승객 하치야 신이치(남), 하치야 마유미(여)의 여권을 일본에 조회했더니 놀라운 결과가 나왔다. 진짜 주인은 일본에 있었고, 위조여권인 것이다. 서둘러 여권 발급 과정을 추적해보니, 조총련계 한국인(미야모토 아키라)이 하치야에게 "같이 사업을 하자"고 해서 여권 발급에 필요한 서류와 인감을 내준 사실이 드러났다.

두 남녀의 행방을 쫓아라.

안기부와 대한항공이 다른 항공사의 정보를 얻어 추적한 결과 두 사람은 바레인으로 간 게 확인되었다. 원래의 계획대로라면 이 2인조 테러리스트는 로마행 티켓을 갖고 유럽으로 도망쳤어야 했다.

그런데 아부다비 공항의 특별한 관행(갈아타는 비행기 수속을 반드시 공항 직원이 대행해주는 것)을 몰라서, 뜻밖에 바레인으로 가서 묵게 되었다. 북한 공작 당국의 치명적인 실수였다.

테러리스트들은 858기에 시한폭탄을 실어놓고, 중간 기착지인 아부다비에 내렸다. 로마행 비행기로 갈아타려고 공항 구내를 가다가 공항 안내원으로부터 항공권 제시를 요구받는다. 2인조는 잠시 망설였다. 그들은 티켓 두 가지를 갖고 있었다.

그런데 로마행 티켓을 내보이면, 아부다비에 온 경로가 없어서 의심받을 것이고, 또 공항 밖으로 나갔다가 다시 탑승해야 했다. 그래서 또 다른 티켓(바그다드-아부다비-바레인)을 내밀었고, 그 바람에 엉뚱하게도 바레인행을 타게 된 것이다.

12월 1일, 테러리스트 2인조는 바레인 공항에서 로마로 출국 수속을 마쳤다.

그런데 출국 검사대에 기다리고 있던 일본대사관 직원으로부터 여권 제시를 요구받는다. 위조여권임이 확인되고, 바레인 경찰관 5명이 감시조로 붙었다. 그러자 하치야 신이치(김승일)는 들통난 것을 알고, 독약이 든 앰플을 깨물어 먹고 자살했다. 앰플을 깨물다 실신한 마유미(김현희)는 경찰관이 손가락으로 입에서 남은 앰플을 파내서 목숨을 건지게 되었다.

안기부 특명, "폭파범 김현희를 투표 전에 데려오라"

안무혁 안기부의 활약이 계속되었다. '대선 홍보용'으로도 김현희를 데려오는 일이 급했다. 북의 위협은 노태우 후보에게 큰 보약이 될 터이다.

안기부의 대공 수사 전문요원 한모 과장이 현지로 급파되었다. 그는 30여 년을 북한 간첩들을 조사해왔는데 특히 자살용 독약 전문가였다. 그는 북한의 독약 사용 변천사를 정리한 자료와 마유미가 음독했다는 앰플과 똑같은 것을 챙겨서 12월 3일 현지에 도착했다. 수사 차원에서는 충분히 바레인을 설득했다. 그러나 바레인 외교부는 느긋했다.

박수길 외무부 차관보까지 바레인으로 가서 항의했다.

"마유미가 북한 공작원이라는 것이 입증되었다. 그런데도 왜 한국에 보내지 않는가. 그 여자는 거대한 다이너마이트 같은 존재다. 며칠 안으로 북한 공작원들이 그녀를 납치하거나 죽이려 들 것이다. 우리 첩보로는 며칠 내로 마유미 숙소를 폭파한다고도 한다. 아랍 테러리스트를 고용해 당신네 대사를 납치해서 마유미와 교환 협상을 벌일수도 있다." 약간의 공갈이 섞인 경고였다.

그러자 대답이 왔다.

"범인을 당신네 코리아로 데려가시오."

대한항공 특별기에 김현희를 침대에 누인 채 옮겨 태웠다. 그렇게 해서 김포공항에 내린 시각이 15일 오후 2시였다. 차기 대통령 선거 하루 전이었다. 대통령 전두환조차도 대선 기여도를 이렇게 술회했다.

"김현희의 도착일은 대선을 하루 앞둔 날이었다. 이것이 선거 민심에 어느 정도 영향을 주었을 터였고, 그만큼 선거 판도에 파장을 미쳤을 것이다. 국민의 안보 의식을 일깨웠고 그러니 당연히 여당 후보(노태우)에게 도움이 되었으리라는 관측에 일리가 없지 않다."[113]

그러나 12월 초순, 폭파범(마유미)이 언제 올지 모르는 상황이다. 중동이라는 지역, 의사 결정의 불가측성을 잘 아는 노태우 진영은 초조했다. 노 캠프는 12월 12일 세력 과시를 위한 여의도 100만 군중 유세를 앞두고, 표차를 더 크게 벌릴 거리를 찾아야 했다. '제2의 6·29' 같은 쇼가 없을까?

이영호(당시 캠프 참모, 나중에 체육부 장관)와 전병민(홍보팀 '한가람기획단' 책임자)은 쌈박한 공약 한 방을 찾는 데 머리를 쥐어짰다.

어느 날 술판에서 재치 번득이는 시인 백성남(2001년 작고, 경인일보 전 이사)과 어울리다가 중간평가 아이디어를 얻었다. 전병민, 백성남 두 사람은 충남 홍성에서 태어나고 자란 죽마고우다.

득표 다급하던 판에 시인이 낸 꾀 '중간평가'

"중간에 (업적을) 국민에게 물어, 그만둘 거라고 해보지."

'제2의 6·29 선언=중간평가'는 이렇게 탄생했다.

백성남의 아이디어는 최병렬을 통해 노 후보에게 갔다.

대통령의 임기를 거는 도박이기에, 아무래도 당사자가 결단을 내려야 했다. 노태우는 승리가 간절했기에 '우선 먹기는 곶감'이었다. 흔쾌히 받았다. 노를 만나고 나온 최병렬은 "노 후보가 '지금은 당선이 최우선'이라며 두말없이 받아들이더라"라고 했다.

1987년 12월 12일 노 후보는 여의도 100만 군중 앞에서 외쳤다.

"1988년 가을 올림픽을 치른 이후 6·29 선언과 모든 선거 공약의 이행 여부에 대해 국민 여러분으로부터 중간평가를 받도록 하겠습니다. 그리고 국민이 부정적으로 평가할 경우 대통령직을 사퇴하겠습니다."

중간평가 공약은 유권자들에게 크게 어필했다. (나중에 후유증은 컸다.)

백성남 시인의 친구인 전병민은 나중에 김영삼 대선 캠프의 김현철팀에 합류해, YS 정부의 첫 정책기획수석으로 발탁된다. 백과 절친했던 박종렬 교수(전 동아일보 기자, 가천대 명예교수)는 필자에게 "노태우의 홍보 캐치프레이즈 '보통사람'도, '5공 단절론'도 본인의 아이디어라고 백성남이 말하곤 했다"라고 전했다. 동향 친구인 류근찬(2선 의원, KBS 앵커 출신)도 백성남 상가에 조문 와서 "홍성의 진짜 천재"라고 회고했다고 한다.

노태우는 1987년 대통령 선거에서 828만여 표(36.6% 득표)를 얻어 3김을 누르고 당선되었다. 전두환, 노태우가 계산한 대로 김영삼, 김대중은 분열했고, 김종필은 미미했다. 그러나 대선 승리에 도취해 우쭐한 나머지 이듬해 4·26 총선에서 크게 패해 여소야대 국면을 맞고 말았다.

12월 16일, 대통령 선거는 노태우의 압승이었다.

828만여 표(36.6%)로 2위 김영삼(28%), 3위 김대중(27%)을 압도했다.

전·노가 노린 대로, 두 김은 분열했고, 막판에 김현희(마유미)도 도왔다.

그렇게 직선제는 관철했으나, 다시 군인 대통령 시대가 오고 말았다.

1987년 12·16 대선 3일 후인 19일. 권익현 고문이 노태우 당선자 연희동 사저에서 열린 최측근 몇 사람만의 자축 만찬에 갔다가 들은 얘기를 이종찬에게 해주었다.

"김옥숙 여사가 어제 한 말이 마음에 걸립니다. 이번 대선에서 민정당이 한 일이 뭐가 있냐는 겁니다. 월계수회(박철언 주도), 태림회(노태우 동생 노재우가 주도)가 사실 다 한 거 아니냐고 해요. 충격을 받았어요. 그 집안의 풍속은 내가 압니다. 김 여사의 얘기가 곧 노태우 당선자 말이라고 보면 됩니다. 앞으로 순탄치 않을 겁니다."[114] 이미 그 전에 김옥숙이 영부인 이순자에게 "민정당 인기가 없어서 선거에서 엄청! 고생했다"라고 한 말이 번지고 있던 터다.

전두환 5공이 X친 막대기가 되어가는 시발점이다.

원래 노태우 측근들은 대선 전략 문건에서도 '민정당과 노태우 분리를 통한 김빼기 작전', '5공화국 과오 시인, 노 후보의 플래카드에서 민정당 이름 삭제'라고 명시했다. 선거법상 정당 표기를 해야 하므로 쓰긴 쓰되, 가능한 한 축소하는 전략이었다. 전두환은 이때만 해도 "필요하면 나를 밟고라도 넘어가라"라고 대범하게 넘겼다.

취임 준비 단계에서부터 '5공 차단론'을 앞장서서 편 사람은 최병렬, 박철언으로 꼽힌다. "좌 병렬, 우 철언으로 불린 두 사람은 정치공학적 시각에 능란해 보이는 참모들"이라고 이종찬은 기록했다. 그러나 박철언은 '5공과의 차별화'를 주장했을 뿐이고, 기본적으로는 단절이 아닌 승계·발전시키자는 것이 본인의 입장이었다고 한다.[115]

한편, 취임준비위가 가동되자 박철언은 더 큰 꿈을 펼치고자 안기부를 벗어나 청와대로 진입하고 싶었다. 노태우를 움직였다.

어느 날 노태우가 취임준비위 회의에서 비서실, 경호실과 맞먹는 정책실을 검토해보라고 했다.

이춘구 취임준비위원장은 곧 눈치챘다.

박철언을 정책실장으로 심겠다는 말이렸다. 이춘구는 안무혁 부장으로부터 "박철언 특보가 안기부에서 옥상옥(屋上屋)으로 설치는 통에, 영(令)이 서지 않는다"라는 불평을 들어오던 참이다.

이춘구는 짐짓 노 당선자를 향해 "사안이 중요하니 위원들 간에 충분한 의견을 모아서 내일 답변 올리겠습니다"라고 했다.

6공의 프린스 '박철언' 겨냥한 벌떼 같은 견제구

다음 날 회의에서 위원들은 벌떼같이 들고일어나 '친인척' 박철언을 성토했다. 5공을 망친 친인척을 6공은 반면교사로 삼아야 한다는 논리였다.

이춘구 위원장도 "안기부 조직이 지금 이원화되어 두 동강 난 판에, 박철언이 정책실장으로 들어오면 청와대가 그 판이 될 것이다. 사조직이 들어와서 공조직의 시스템을 무력화하는 건 막아야 한다"라고 본인이 나서서 당선자를 만류하겠다고 별렀다.

박철언의 정책실장 진출은 그렇게 무산되고 말았다.

박철언은 다시 정무수석을 노렸으나 최병렬에게 밀렸다. 김윤환 의원이 노 당선자에게 "친인척인 박철언이는 정식 수석보다는 보좌관 같은 명함으로 곁에 두고 쓰십시오. 최병렬이 더 낫겠습니다"라고 반대했다.

박철언은 다시 당선자를 움직여 민정수석(5공 시절의 민정, 사정, 법률 수석을 합친 규모)을 하고 싶었으나 역시 좌절되었다. 이춘구, 안무혁, 김윤환, 최병렬, 현홍주 등의 반대 때문이었다. 그래서 결국 '정책보좌관'이라는 소박한 명함으로 낙착되었다.

안무혁 안기부장은 이춘구(5공 최후의 민정당 사무총장)와 친했다.

거기에 심명보(6공의 첫 민정당 사무총장)를 합쳐서 '삼바가라스(三羽烏)'라고 불렀다. 절친 세 사람이라는 일본식 표현이다.

3인이 만나서 어울리게 된 사연이 흥미롭다.

심명보는 강원도 영월군 주천(酒泉)면 출생의 타고난 술꾼이었다. 기자들과 거의 하루도 거르지 않고 말술을 퍼마시다가 1994년 59세 나이에 위암으로 작고했다.

진해의 육사 응시생은 1차 시험을 각지의 도청 소재지에서 치렀다.

강원도 영월의 심명보와 충북 제천의 이춘구는 인접한 강원도 원주에 설치된 육사 1차 시험장소에서 신체검사와 면접을 함께 응시했다. (충북 응시생이 적어서 원주로 통합.) 거기서 합격해 2차 필기시험(국어, 영어, 수학, 과학, 사회)을 치는 경남 진해 육사로 같이 가서 둘 다 합격했다.

심명보는 나중에 서울대 법대 행정학과를 졸업해 신문기자가 되었다. 이런 청년 시절의 인연으로 두 사람은 1950년대부터 알고 지냈다.

물론 한국일보 기자인 심명보가 1980년 신군부와 가까워지고 정치에 뛰어든 건 이상재(언론 검열 책임자, 속칭 강기덕 보좌관)를 통해서였다. 심명보는 고향 영월에서 국회의원 선거에 당선되어 내리 4선을 지냈다.

그런데 이춘구는 노태우의 내무장관 시절, 그 밑 차관으로서 장관을 깍듯하게 모셨다. 그래서 노태우는 이춘구와 곁눈질 안 하는 안무혁을 신뢰했다.

두 사람은 세상이 알아주는 14기 동기요, 의형제나 다름없는 절친.

노태우 총선서 지고, 안무혁 떠나다

이춘구는 안무혁을 통해서 하나회에 가입했다. 두 사람은 육사 내무반 생활도 함께했고, 안은 이의 결혼식장에서 만난 신부 친구와 결혼하는 인연도 맺는다.

거기에 심명보가 합쳐져 3인은 5공 말, 6공 초기 총선을 앞두고 훨훨 날았다.

노태우 당선자 진영은 1988년 4·26 총선을 앞두고 자만과 과신에 빠져 있었다.

노태우 진영 "총선 늦춰야 전두환 공천 못 적다"

1988년 국회의원 선거를 전통의 퇴임(2월 25일) 전에 하느냐, 그 후에 하느냐가 논란거리였는데, 한사코 4월 선거를 고집했다. 법률상의 시한은 4월 28일까지였다.

4월 선거로 우기는 데는 속셈이 있었다.

전통 임기(2월 25일) 내에 하는 선거라면 공천에서 노태우 몫이 적어진다. 현직 전두환의 입김을 살리게 되면, '뜨는 해' 노 당선자의 공천 몫은 적어질 것이다. 전두환 퇴임 후라면 노태우 대통령이 전권을 휘둘러 자기 사람만 꽂을 수 있다는 계산이었다. 노 당선자와 측근들은, 이 핑계 저 핑계로 선거 날을 미루려 시간을 끌었다.

안무혁 안기부장이 답답해서 중재에 나섰다. 전·노 중간에서 접점을 찾아야 했다.

"총선 시기를 늦추는 이유가 단지 공천 몫의 크기 때문이라면, 내가 전두환 대통령에게 말씀드려서 공천권의 90%를 노태우 당선자에게 준다는 각서를 받아오겠습니다."[116]

그러나 자투리 10%도 아까웠는지 거절했다.

그 따위 절충안이 노태우의 독식 욕망과 4월 선거로 대박을 꿈꾸는 최병렬 수석, 심명보 사무총장에게 통할 리 없었다. "천하의 3김과 '맞장' 떠서 대권을 따냈다. 그것도 직선제로 이겼다"라는 자부심이 하늘을 찌르는 판이었다.

결국, 4·26 총선으로 정해졌다. '지는 해' 전두환의 완패였다. 전·노 중간에서 애썼던 안기부장 안무혁은 너무 심하다 싶어, 분노가 치밀었지만 참았다.

노태우가 대통령에 당선된 직후인 1988년 1월 4일 자 주간지 뉴스위크의 표지. '과연 그가 통치할 수 있을까?'라는 제목처럼 6공 대통령 노태우는 노사 분규, 부동산값 폭등, 여소야대 등 험난한 파도를 타고 넘어야 했다.

선거구도 노 당선자 진영은 1구 1인의 소선거구를 선호했다.

종전대로 1구 2인제라면 90여 명을 공천하는 데 반해, 1인 1구라면 갑절 이상 200여 명을 공천할 수 있게 된다. 갑절로 많이 공천할 수 있으니 생색내기 좋을 것이다. 낙선이 많으면 과반 의석이 무너질 위험은 있지만, 그건 나중 일이고 일단 공천 단계는 푸짐하다.

당론은 1~4명 뽑는 중선거구였고, 대도시 의원들도 소선거구는 극구 반대였다. 지난번 1985년의 2·12 총선에서 서울에서 대부분 2등 당선했다. 소선거구였다면 이종찬, 이세기를 빼고는 전원 몰사했을 터였다. 그런 뜨거운 맛을 본 도시 선거구 의원들은 위기를 느끼고 거세게 저항했다. "사무총장 심명보에게 노태우 당선자 측은 은밀하게 소선거구를 지시했던 모양이다. 거기에는 시골 지역구이거나 민정당 우세 지역(TK)을 기반으로 한 몇 사람이 동조할 뿐, 대도시 출신들은 대부분 반대했다.”(이종찬)[117]

원내총무 이대순도 노태우에게 직접 가서 반대했다. “1인 1구로 가면 민정당이 완승하거나 완패합니다. 하지만 완승해도 완패해도 정치적으로 위기가 옵니다. 완승하면 야당이 부정선거라고 드러누워버릴 것이고, 완패해서 여소야대가 되면 국회에 발목 잡혀 국정에 위기가 옵니다. 균형을 맞추려면 현행대로 가야 합니다.” 간절히 호소했다.

시뮬레이션으로도 지역구 겨우 87명 당선 가능으로 나왔다. (실제 결과가 신기하게도 87석이었다.)

그런데도 최병렬을 비롯한 노태우 측근들은, 가중치라는 덧칠을 해서 132명이 당선 가능하다는 황당한 판단을 내놓았고, 소선거구가 유리한 ‘특정 지역(대구)’의 한 의원은 ‘소선거구 타당성 조사’의 데이터를 조작하는 데 거들기도 했다.[118]

돌연한 YS의 소선거구 수용, 4당 구도 바꾸다

그런 와중에 여야가 협상한 결과, 어렵게 1~3인제에 합의했다.

농촌에서는 1인, 도시에서는 2~3인으로 하는 타협안이 나왔다. 원래 김대중은 1인 소선거구제, 김영삼은 소선거구 반대, 김종필은 대선거구였다. 각양각색의 4당 안을 다듬고 다듬어 가까스로 잠정 합의에 이른 것이다.

그런데 갑자기 뜬금없는 일이 벌어졌다.

김영삼이 설악산에 칩거하다 “민주주의에 적합한 것은 1구 1인 소선거구"라고, 입장을 번복하고 나왔다. 한완상 교수가 찾아가서 충고하는 바람에 그렇게 되었다고 김동영은 이종찬에게 말했다. 설악산에 칩거하던 김영삼이 장고(長考) 끝에 느닷없는 악수(惡手)를 둔 것이다. YS로서는 결과적으로 치욕스러운 제2야당으로 전락하는 자충수(自充手)였다.

그러나 노태우는 속셈을 관철할 찬스가 왔다.

노 진영도 그 간절한 '염원'이 제 발등 찍는 자충수인 것을 깨달은 것은 개표 직후였다. 그러는 사이에 전두환은 대통령직에서 물러났다. (2월 25일)

퇴임식 날도 전두환은 서글펐다.

5공 단절론을 주창하는 최병렬 등 노 측근들은 전·노가 합석하는 이·취임식을 꺼렸다. 인기 없는 상왕(전두환)과 사진 찍히는 건 백해무익이라는 판단이었다. 너무한다 싶어서 안기부장 안무혁이 나서 전통을 달랬다.

"어차피 이·취임식은 취임하는 쪽에 스포트라이트가 집중되니, 이임하는 분은 어쩔 수 없이 서운하고 언짢은 자리가 됩니다. 아예 따로 하시지요"라고 전통을 위로했다. 그리하여 남산 힐튼호텔에서 조촐하게 퇴임식을 했다. 그것조차 다음 날 취임식이 있다는 핑계로 매스컴에는 거의 보도되지 않도록 조정했다.

그러나 전두환의 서글픔은 이제 시작에 불과했다.

3월 8일, 1인 1구 소선거구제 선거법을 통과시켰다.

공천이 시작되자 대통령 선거에 공을 세웠다고 자부하는 월계수회가 신났다.

그들의 자리를 만들려면 기존 의자를 비워야 했다.

권익현 전 대표, 권정달 전 사무총장이 모델 케이스로 잘려 세상이 깜짝 놀랐다. 당 대표 채문식조차도 신문 보도를 보고 알았다. 뒤늦게 청와대로 올라가는 법석을 떨었지만 다 끝난 일이었다.

권익현은 지난번 총선에서 전통의 명령(노태우의 지역구 출마)만 듣고 노태우의 마음고생을 시킨 죄라고 했다. 권정달은 안동에 내려간 노태우 대표를 바깥에서 1시간이나 기다리게 하고, 티타임 중 상석에 앉아 '시건방' 떤 죄(노태우가 김윤환에게 한 말)라고 했다.

윤길중, 봉두완, 정석모, 이상익, 박경석, 김상구, 홍성우, 권영우 등 이름깨나 있는 중진들도 쫓겨났고, 89명의 의원 가운데 27명이 공천에서 학살되었다. 그 빈자리에 월계수회의 박철언, 나창주, 강재섭, 이재황, 박승재를 비롯한 정치 신인이 대거 공천되었다.

안무혁 안기부장에게 서울 강서의 남재희 의원이 찾아가 호소했다. 동대문의 버스업자 권영우, 서울 도봉의 홍성우(배우)가 공천에서 탈락한다는 소리를 듣고 간 것이다.

대선 승리 도취감에 총선 그르쳐 여소야대로

"이렇게 공천하면 총선에서 민정당이 과반을 자신할 수 없습니다. 권영우는 돈이 많으니 공천만 주면 될 것이고, 홍성우도 돈은 없지만 배우라 인기가 있으니 당선은 무난합니다. 지금처럼 쳐내면, 우리 민정당이 참패할 겁니다. 지금 새롭게 거론되는 사람들은 1 대 1로 야당과 붙으면 위험하고, 나중에 여소야대가 됩니다."

그러나 권영우, 홍성우 다 살아나지 못했다.

오판하고 있었다.

특히 영남·부산지역에서도 민정당 간판만 들면 된다고, 1구 1인이
니 야당 표가 분산되므로 여당에 절대 유리하다고 주장했다. (결과를
보면 부산에서 여당 김진재 딱 1명 당선되고, 전원 낙선했다.) 청와대와 민정당
지도부는 224개 지역구 가운데 150석은 무난하다고 헛물 켰고, 막판
에도 148석을 점쳤다.

대선 승리의 벅찬 감격이 현실감을 완전히 마비시켜놓았다.

충북 보은·옥천의 박준병 의원도 걱정으로 한숨을 쉬었다.

"청와대와 민정당은 4·26 총선 승리를 낙관하고 있었다. 하지만
현장에서 선거운동을 하는 내 느낌은 달랐다. 선거 일주일 전 새벽,
나는 안무혁 안기부장에게 전화를 걸어 어려운 상황을 설명하고, 노
태우 대통령에게 보고해 특단의 대책을 강구하도록 건의하라고 했다.
그러나 청와대와 민정당은 자만에 빠져 있었다."(박준병 인터뷰)

안무혁 안기부는 막판에야 어지간히 위기를 감지한 듯하다.

"정보기관(안기부)에서는 당선 가능자 수를 85석에서 92석이라고 보
고했다. 또 후보자 가운데 당선 가능성이 희박한데도 확신하는가 하
면, (낙관이 지나쳐서) 지역구를 벗어나 서울의 사우나나 골프장에서 시
간을 보내는 사람의 명단도 통보했다고 한다. 그런데도 청와대와 당
지도부는 경찰과 정보기관의 이런 자료에 대해 오히려 무슨 근거로
이런 엉터리 보고를 해서, 당의 사기를 꺾으려 하느냐고 화를 냈다고
한다. 그리고 노 대통령에게는 심기를 상하게 하니 보고도 말라고 하
고, 오히려 150석이 넘게 너무 많이 당선될까 걱정하고 있다는 말까
지 언론에 털어놓고 있었다."(전두환 회고록)[119]

노태우 총선서 지고, 안무혁 떠나다

막바지엔 박철언과 월계수회도 판세가 불리하다고 느꼈다.

4월 23일 노 대통령의 첫 기자회견 날, 박철언은 급히 노에게 보고했다.

"안기부나 민정당에서 낙관하는 보고와는 현장 분위기가 상당히 다릅니다. 전국의 조직에서 들려오는 소리를 전하니, 대통령은 '그러면 박철언 보좌관이 이제라도 월계수를 한번 독려해봐!'라고 했다. 그러나 3~4일 앞두고 이미 기울어진 판세를 뒤집을 수는 없었다. 그런데도 여전히 청와대와 민정당 참모들은 느긋했다."(박철언 기록)[120]

결과는 대참패, 여소야대가 되고 말았다.

민정당 125석 대 야당 총 172석.

총 의석 299석의 41%로 민정당은 과반이 무너졌다. 지역구에서 겨우 87석 건지고 나머지는 전국구 38석.

반면 평민당(김대중) 70석, 민주당(김영삼) 60석, 공화당(김종필) 35석 등으로 총 의석에서 야당이 172석을 가져갔다.

안무혁, 박철언 탓하며 짐싸고 숲에겐 피눈물 세월이

"엉터리 보고들을 했어, 모두가 엉터리들이야."

4월 27일 새벽, 밤잠을 설치고 분노한 노태우는 박철언에게 신음하듯 말했다.

총선을 지휘한 최병렬 수석, 심명보 사무총장 심지어 안무혁 안기부장에 이르기까지 불만을 털어놓았다.

9시 30분 수석비서관 회의에서 대통령이 침통한 표정으로 말했다.

안무혁 안기부장은 박철언 특보와의 불화로 스스로 자리를 박차고 나갔다. 노태우 대통령 시대가 오자, 안기부 직원들은 미래가 보장된 노의 친인척 박철언에게 쏠렸고, 안 부장은 "인사권도 제대로 행사하지 못한다"라고 불만을 표하곤 했다. 사진은 국세청장 시절 국회 재무위에서 답변하는 안무혁 청장(1983. 4. 27.).

"정계를 개편하는 구상을 비서실장(홍성철) 중심으로 해보라. 채문식, 박준규, 김재순, 김창근 같은 분들의 경륜을 들어보는 것도 좋겠다. 이번에 이만섭, 이철승, 유치송 의원이 낙선한 게 무척 부담된다. (중략) 당에서 전멸해버린 호남, 부산이 지구당 위원장을 어떻게 할지 대책을 세우라."

5월 2일 민정당 당직 개편이 있었다.

대표에 윤길중, 사무총장 박준병, 원내총무 김윤환, 정책위 의장 이한동, 정무장관 이종찬. 이어 5월 7일에는 안무혁 안기부장 후임에 배명인 전 법무부 장관이, 내무부 장관에 이춘구 의원이 임명되었다.

사무총장 심명보는 총선 참패의 책임을 홀로 지고 나갔다. 노태우의 실망감은 심명보가 작고(1994년)할 때까지 6년 동안 풀리지 않았다고 한다.

안기부장 안무혁이 자리를 박차고 떠난 것은 사실 그보다 며칠 앞이었다. 며칠 간의 공석 끝에 배명인 부장이 온 것이다. 정보부 이래 안기부에 이르기까지 16년 역사에서 부장 공석은 이례적인 일이다.

3월에 평양~안기부 핫라인을 청와대 별실로 박철언이 끌고 간 것이 결정적이었다. 남북 비밀 접촉을 위한 직통전화는 1986년 초 비밀 접촉 창구인 박철언·한시해의 합의로 개설되어 24시간 통화 가능한 채널이었다. 안기부 특보 박철언의 전유물이었다.

그런데 박철언이 노태우 당선의 일등공신으로 청와대 정책보좌관으로 입성하게 되었다. 박의 입장에선 남북 합의서에 명시된 대로, 직통전화는 수석대표(그는 남북 대화 채널을 계속 담당하기로 되었다)의 사무실에 두는 게 맞았다.

3월 11일 비서실장 홍성철이 "박철언 정책보좌관실과 핫라인을 설치할 기밀실을 신속히 공사해서 준비하라"라고 수석비서관 회의에서 말했다. 노·박의 의견대로였다.

그러나 안무혁 안기부장으로서는 고유 영역을 빼앗기는 셈이다.

대북 문제는 안기부의 권위와 존재가치를 상징한다. 평양과의 핫라인을 청와대로 이어준다는 것은, 남산으로서 자존심 상하는 일이었다.

"안기부장 특보 박철언이 대북 문제를 맡아왔다고 하지만 이제 그가 청와대로 가면 대북 문제의 특수성과 효율성을 고려해 그 업무에서 손을 떼고 넘겨주는 것이 맞습니다." 안무혁의 주장이었다.

그러나 대통령과 그의 신임을 독차지한 박철언은 물러서지 않았다.

결국, 안기부의 핫라인은 그대로 두고, 청와대 정책보좌관실에 특별 방음장치가 된 기밀실을 만들어 남산과 연결장치를 한 뒤에, 북에서 전화가 오면 박철언의 청와대 사무실로 연결해서 통화하도록 했다.

박철언은 그런대로 양보한 셈이지만, 안무혁 부장은 영 체면이 서지 않았다. 가뜩이나 "세상이 박철언이 것인 것처럼 인사권을 행사"(안무혁, 이춘구의 불평이었다)하고, '안기부 내의 안기부'라는 소리에 속이 뒤집혀온 판이다.

안무혁은 노태우 대통령을 찾아가 말했다.

"박철언의 인사 전횡을 더는 참을 수 없습니다. 결단을 내려주십시오."

노 대통령은 예전처럼 달래면서 "안기부 보고보다 나은 것도 있다"라고 했다. 안무혁이 폭발했다.

"그러면 박철언이랑 하세요."

안무혁은 써 들고 간 사표를 내던지고 그 길로 나와버렸다.

대통령이 불러도 가지 않았고, 그 후로 다시는 노태우를 만나지 않았다. 정보부, 안기부 역사에서 부장 스스로 그만둔 최초의 일이다. 후임으로는 하나회 배명국(육사 14기)의 형 배명인 전 법무부 장관이 앉았다.

연희동으로 돌아간 전두환에게 피눈물의 세월이 다가오고 있었다.

1980년 5월 전두환 정보부장 시절에 그가 허삼수에게 충고했던 말이 있다. 모질게 살지 마라는 한마디. 그의 나이 아직 40대였으나, 퍽 어른스러운 한마디였다.

"이봐! 남에게 눈물 나게 하면, 훗날 제 눈에서는 피눈물 나는 법이야!"

전두환의 여생은 비루하고 힘겨웠다.

운명할 때까지 '29만 원'으로 살아간다는 비아냥을 들어야 했고, 이 글을 매듭짓는 이 순간까지, 영면(永眠)의 터도 못 잡고 구천을 떠돌고 있다. 말이 씨가 되었을까? [끝]

정치학 책 몇 권 읽는 것보다 더 도움 될 것

: 《남산의 부장들》 개정·증보판에 부쳐

남 재 희
언론인, 4선 국회의원, 전 노동부 장관

소설 《1984년》과 《정오의 암흑》의 단면들

김충식 씨의 《남산의 부장들》(폴리티쿠스출판사, 교보문고 eBook 동시 간행)을 뒤늦게 이번에 처음 읽었다. 20여 년 전 동아일보에 연재되고 책으로 나왔으나, KCIA(중앙정보부, 나중에 국가안전기획부를 거쳐 지금은 국가정보원) 이야기는 지긋지긋하기도 하고 대충 알고 있는 것이기에 읽지 않았던 것이다.

이번에 새삼 개정·증보판을 읽으니 대충 알고 있던 이야기이지만 그 세부 묘사가 흥미가 있어 빠져들어가듯 전부 읽었다. 정치학 책 몇 권을 읽는 것보다, 이 한 권이 정치를 이해하는 데 더 도움이 될 것 같다.

김충식 씨의 훌륭한 취재력이 돋보인다. 그리고 당시 동아일보의 배경이 아니고는 그만한 연재물이 나오기 어려웠을 것이라는 생각도 든다. 동아일보의 명성과 편집진의 뒷받침이 있었기에 가능했을 것 같다. "죄악과 위험의 세계는 (살만이 아니고) 뼈까지도 깎는 위험"이 있다고 말하여지는 스파이 조직을 다루는 일이 아닌가.

우선 머리에 떠오르는 것은 동아일보 사장을 지낸 김학준 박사와 중앙 정보부를 창설한 김종필 씨가 일종의 '충돌'을 한 해프닝이다. 몇 년 전 주 일대사를 지낸 고려대 최상용 교수의 정년 및 출판기념회가 프레스센터에 서 있었다. 축사에 나선 사람이 정동영 의원, 최장집 교수, 김학준 박사, 김종필 씨 등 호화 멤버였다.

김학준 박사는 축사에서 자기가 옛날에 중앙정보부에 끌려가 고생한 이 야기를 꺼냈다. 그리고 축사에는 걸맞지 않게, 중앙정보부의 횡포를 규탄 하는 연설을 또박또박 논리적으로 장황하게 하였다. 바로 그 연단 앞자리 에 그 중앙정보부의 창시자 김종필 씨가 앉아서 듣고 있는데 말이다. 아마 작심하고 했던 스피치인 것 같다. 판은 제대로 벌어진 셈이다.

몇 명의 순서 다음에 단상에 올라간 김종필 씨를 모두 주목하였다. 그 는 역시 노련한 정객답게 흥분하지 않고 김 박사의 공격에 응대했다. 긴 이야기였지만, 요는 중앙정보부가 박정희 대통령이 조국 근대화를 하도 록 뒷받침했고, 오늘날의 번영을 이룩한 그 공은 인정해야 할 것이 아니 냐는 요지였다.

둘의 축사 공방이 혹시 기록이 되어 있다면 그것을 비교·검토해보는 것 이 KCIA의 공과(功過) 논란에 참고가 될 터이다. KCIA는 그 무지막지한 횡 포로 상처투성이의 역사를 갖고 있다. JP가 조국 근대화의 뒷받침을 말하 나 그대로 수긍할 사람은 아주 소수일 것이다.

아주 오래선에 크리스전 아카데미에서 박정희 정권의 정책에 관한 토

론회가 있었다. 거기서 서울대 임종철 교수(경제학)가 박정희 정권의 경제
시책을 난도질했다. 이에 대해 당시 대통령 정치특보인 장위돈 박사가 등
단하여 잘한 것도 있는데, 왜 잘한 것은 묵살하고 잘못한 것만 공격하느
냐고 반격을 했다.

그랬더니 임 교수 말이 재미있다. 의사가 간암 환자를 진단함에 있어서
"눈도 좋고, 코도 좋고, 폐도 좋고, 위도 좋고…" 하며 모두 이야기하고 "그
런데 당신은 간암이오"라고 해야 하겠느냐는 것이다. 논법으로는 참 재미
있다. 중앙정보부가 잘한 일을 열거하고, 그러고 나서 마지막에 고문이다,
살인이다, 조작이다 등등의 잘못을 따질 것인가.

한 가지 더. 공화당 소속 국회의원을 지낸 오유방 씨는 변호사답게 새
치 있는 표현을 했다. 박 정권과 같은 "군사정권의 법률 적용은 법치(法治)
가 아니라 군대에서의 기합(氣合)"과 같은 것이라는 것이다. 군대 경험이
있는 사람은 잘 알 것이다. 오 의원은 군법무관 경험이 있기에 그런 차이
를 실감한 것 같다.

법치와 군대의 기합은 아주 다르다. 법치는 문명사회의 죄형법정주의
(罪刑法定主義)에 따르지만, 기합은 오로지 질서 유지를 위해 그때그때의
상황과 기분에 따라 달라진다. 그래서 우선 처벌이 가혹하게 내려진다.
그러나 그것이 기합이기에 시간이 지나면 언제 그런 처벌을 했더냐 싶게
벌이 아주 가볍게 경감되거나 취소된다. 사형을 선고받아도 얼마 지나면
석방되기도 한다. 그러나 그 과정에서 사람이 다치고 죽기도 한다. 떼죽
음도 생긴다.

그런 사정으로 군사독재 시대에는 우선 예봉을 피하라는 말이 유행했
다. 36계 줄행랑이 제일이란 이야기다. 처음 단속할 때는 무조건 피해야

한다는 것이다. 그때 걸리면 중한 기합이다. 그러나 그 예봉을 피해서 얼마 지나고 나면 대개 유야무야가 된다.

거의 모든 나라에 우리의 KCIA 같은 정보기관이 있다. 그러나 문명국가에서는 우리나라처럼 수사권까지 갖고 잔학 행위를 하지 않는다. 미국의 CIA나 이스라엘의 모사드처럼 자국민에게 잔인하게 굴지는 않는다. 외국에 대해서는 잔혹하기도 했으나 그래도 자국민에게는 문명화된 행태를 보였다. 물론 그들도 예컨대 흑인이나 진보인사 등에게 가혹했던 예는 있다.

그러나 독재국가의 정보기관은 영 다르다. 대표적인 게 지난날 소련의 게페우(GPU) 같은 것이었다. 비슷한 게 나치 독일에도 있었고, 북한에는 아직도 있다.

소설이라지만 조지 오웰의 《1984》는 빅 브라더(Big brother)의 감시사회를 놀라울 정도로 잘 예언도 하고 묘사도 하고 있다. 아더 케슬러의 《정오의 암흑》도 역시 정보기관의 고문 · 공작정치의 묘사로 세계 명작의 반열에 올라 있다. 우리나라 군부독재 시대의 정보정치는 《1984년》, 《정오의 암흑》의 단면들을 보여주었다 할 것이다.

《남산의 부장들》은 생생하게 그러한 암흑시대를 묘사하고 있다

나도 KCIA에 가볍게나마 여러 번 당했다. 당하지 않았으면 모를 일이고, 이해가 안 되는 대목일 것이다. 조선일보 정치부에 있을 때 기사의 출처를 대라고 남산에 끌려갔고, 선거 기사를 여당에 불리하게 기획했다는 트집으로 기자 여러 명이 굴비 꾸러미처럼 엮여 잡혀갔으며, 논설위원 때는 대학신문의 자율 문제에 관해 자주 썼다고 남산 지하실에 끌려가 무조건 몽둥이찜질을 당했다.

그때도 예봉을 피하면 된다는 원칙이 적용되었다.

1964년 6·3사태(박정희 정권의 한일 국교 정상화에 반대하는 학생 시위 등으로 계엄령이 내려짐) 때 조선일보의 선우휘 편집국장과 정치부 차장인 나, 두 사람을 구속하러 남산에서 왔었는데, 둘이 용케 피신하여 한 달쯤 후에는 아무런 일이 없었던 것처럼 나타날 수 있었다. 외국 언론들은 둘이 구속되었다고 크게 보도하였으며, 일본의 지식인들은 연명으로 석방 호소의 어필(Appeal)을 내기도 했다. 그런 일들조차 신문에 기사화하는 것이 남산에 의해 금지되어 있었다.

그렇게 다섯 번씩 KCIA에 당한 내가 개인적인 물가피한 사정으로 조선일보 논설위원을 떠나 서울신문 편집국장으로 간 것을, 김학준 교수는 "야당 운동에 참여할 때 권력 당국이 자신에게 씌울 매카시즘의 족쇄를 걷어내기 위한 것이라고 이해했다"고 글로 쓰기도 했다.

김충식 씨는 책에서 '프리토리언(Praetorian, Praetor)'이란 개념을 요긴하게 쓰고 있다. 로마시대 집정관에서 온 개념으로 요즘 표현으로는 '친위대장' 정도를 표현하는 것이 되겠는데 새뮤얼 헌팅턴 교수가 자주 쓰고 보급시킨 용어이다. 개발도상국가들이 그런 단계를 거친다는 이야기다. (그러나 헌팅턴 교수는 도덕적 감각이 약했던 것 같다. 그는 월남전 때 농촌을 광범하게 폭격함으로써 농촌 주민들이 도시로 이주토록 유도하여 그 '강요된 도시화'로 베트콩의 근거지를 없앨 수 있다는 전략을 제공한, 도덕성과는 담을 쌓은 학자라는 평을 받기도 했다.)

《남산의 부장들》에 나오는 KCIA의 무자비한 행태는 그 시대를 산 모두가 다 아는 이야기다. 그리고 많은 사람들이 그 피해를 고통스럽게 몸으로 겪었다. 그런데 서두에 인용한 JP의 조국 근대화의 뒷받침 운운은 어떻게 해석할 것인가. 물론 급속한 근대화를 위해서는 이느 정도의 강압은 필요했을 것이다. 그 '어느 정도'가 말썽이 될 수도 있다. 그러나 여하간 '어느 정도'를 인정한다고 하자. 그래도 특히 제3대 중앙정보부장 김형욱이 취임한 이후의 그 횡포와 잔학상은 도를 넘었다. 무고한 사람들을 죽였다. 무고한 사람들을 북의 간첩으로 몰아 심한 고문을 하고 옥살이를 시켰다.

경제 이권에도 안하무인으로 간여하였다. 정치를 좌지우지했다. 국회의원마저 개 패듯 패고 고문하였다. 그것이 모두 조국 근대화를 위한 것은 물론 아니다. 다만 한 가지. 일제의 헌병정치와 특고(特高)경찰(사상범 통제)의 악습을 그대로 물려받아 그러한 잔학상이 저질러졌다는 점이 있었다.

일제가 청산되지 못하고 그 친일 세력이 수사기관에도 온존되었기에, 독립운동가들을 탄압하던 그 지독한 악습이 그대로 계승되었다는 해석이다. 그 못된 악습이 상당히 오래 지속되었다. 민주화가 되면서 점차 줄어들기 시작한 것이다.

책에서 재미있게 느낀 것은 초기 중앙정보부가 마치 '양산박' 같았다는 비유이다. 나도 비슷한 느낌을 그때 가졌다. 5·16 쿠데타 후의 집권 그룹들이 《수호지》의 양산박 패거리들 같았다. 중국에서는 강호(江湖)니, 의협(義俠)이니 하는 표현을 쓰는, 그러니까 쉽게 말해 협객, 건달, 왈패들이다. 그 가운데 물론 송강 같은 큰 인물도 있었다. 건달이라고 무시할 것만은 아니다. 한(漢)나라를 일으킨 유방도, 명(明)나라를 세운 주원장도 건달이었던 셈이다.

그들이 시일이 지나며 발전하여 《삼국지》 시대의 인물쯤 되어갔다. 그러나 쿠데타가 또다시 일어나 《수호지》 시대가 되풀이되고, 기기서 점치

《삼국지》시대로 다시 바뀐다. 정치 행태로 말하자면 《수호지》 시대는 고대(古代)이며, 《삼국지》 시대는 중세(中世)이다. 문명화된 근대(近代)에 못 미치고, 현대(現代)라고 하기에는 어림도 없다.

《남산의 부장들》은 우리의 통한(痛恨)의 역사다. 그것을 값비싼 교훈으로 삼아 우리는 지난날의 정보정치, 고문정치, 공포정치, 공작정치 등을 청산하고 개명된 민주법치국가를 이룩해야 할 것이다. 그런데 요즘 그때의 그 세력들이 다시 활개 치는 것을 보면서 가끔 섬뜩해지기도 한다.

근대화의 명분에 얼마간 눈이 팔려 정보정치의 폭주에 단호히 "노!"라고 못 하고, 모기 소리만 한 항의밖에 제기하지 못한 용기 없음을 자책하면서, 그러면서도 지난날의 역사를 되도록 객관화해보려는 노력에서, 이 글을 쓰는 것이다.

(이 글은 2012년 20년 만에 재출간된 《남산의 부장들》 추천의 글로 쓰여 프레시안에 게재됐다. 《5공 남산의 부장들》 출간에 즈음하여, 제3·4공 박정희 시대 정보부 소개가 필요하여, 필자의 허락을 얻어 게재한다.)

참고문헌 주석

....

제10장

1. 신경식, 《7부 능선엔 적이 없다》 269쪽, 동아일보사

2. 박철언, 《바른 역사를 위한 증언》(1권) 100쪽, 랜덤하우스중앙, 2002

3. 한겨레, 2009년 9월 28일 엄상익 변호사 인터뷰

4. 한홍구, 《사법부》 160쪽, 돌베개, 2016

5. 조갑제, 《한국의 대통령》 286쪽, 조선일보사, 1993

6. 한겨레, 2009년 9월 28일 자 엄상익 변호사 인터뷰

7. 한겨레, 2009년 9월 28일 자 엄상익 변호사 인터뷰

8. 중앙일보, 1987년 7월 7일 자

9. 한홍구, 《사법부》 222쪽, 돌베개, 2016

10. 한홍구, 《사법부》 222쪽, 돌베개, 2016

11. 조선일보, 1985년 10월 5일 자

12. 박관용, 《나는 영원한 의회인으로 기억되고 싶다》 71쪽, 조선뉴스프레스, 2014

13. 박관용, 《나는 영원한 의회인으로 기억되고 싶다》 72쪽, 조선뉴스프레스, 2014

제11장

14. 월간조선, 2021년 11월호, 엄상익 변호사 인터뷰

15. 이장규, 《경제는 당신이 대통령이야》 147쪽, 중앙일보사, 1991

16. 이장규, 《경제는 당신이 대통령이야》 151쪽, 중앙일보사, 1991

17. 이장규, 《경제는 당신이 대통령이야》 151쪽, 중앙일보사, 1991

18. 이장규, 《경제는 당신이 대통령이야》 333쪽, 중앙일보사, 1991

19. 이장규, 《경제는 당신이 대통령이야》 335쪽, 중앙일보사, 1991

20. 오인환, 《김영삼 재평가》 182쪽, 조갑제닷컴, 2021

21. 김영삼, 《김영삼 회고록》(2권) 265쪽, 백산서당, 2015

22. 김영삼, 《김영삼 회고록》(2권) 287쪽, 백산서당, 2015

23. 김대중, 《김대중 자서전》, 475쪽, 삼인, 2010

24. 채널A, 2013년 10월 11일, '박종진의 쾌도난마' 고영환 인터뷰

제12장

25. 노신영, 《노신영 회고록》 331쪽, 고려서적, 2000

26. 나종일, 《아웅산 테러리스트 강민철》, 109쪽, 창비, 2013

27. 정세현, 《판문점의 협상가》 141쪽, 창비, 2020

28. 월간조선, 2021년 6월호 '엄상익 변호사가 경험한 정보기관'

29. 강창성, 《일본 한국 군벌정치》 380쪽, 해동문화사, 1991

30. 노신영, 《노신영 회고록》 329쪽, 고려서적, 2000

31. 공로명 장관 구순 기념 문집편찬위원회, 《공로명과 나》 59쪽 김석우의 글, 월인, 2021

제13장

32. 전두환, 《전두환 회고록》(3권) 138쪽, 자작나무숲, 2017

33. 이종찬, 《숲은 고요하지 않다》 (1권) 470쪽, 도서출판 한울, 2015

34. 이종찬, 《숲은 고요하지 않다》 (1권) 463쪽, 도서출판 한울, 2015

35. 이종찬, 《숲은 고요하지 않다》 (1권) 463쪽, 도서출판 한울, 2015

36. 이종찬, 《숲은 고요하지 않다》 (1권) 457쪽, 도서출판 한울, 2015

37. 한홍구, 《사법부》 209쪽, 돌베개, 2016

38. 노태우, 《노태우 회고록》(상) 295쪽, 조선뉴스프레스, 2011

39. 국정원 과거사건 진실 규명을 통한 발전위원회, 《과거와 대화 미래의 성찰》 145쪽, 국가정보원, 2007

40. 한용원, 《한용원 회고록》 98쪽, 선인, 2012

41. 한겨레 2009년 10월 26일 자, 한홍구 인터뷰

42. 한겨레 2009년 10월 26일 자, 한홍구 인터뷰

43. 한겨레 2009년 10월 26일 자, 한홍구 인터뷰

44. 정세현, 《판문점의 협상가》 143쪽, 창비, 2020

제14장

45. 노신영, 《노신영 회고록》 337쪽, 고려서적, 2000

46. 정세현, 《판문점의 협상가》 161쪽, 창비, 2020

47. 박철언, 《바른 역사를 위한 증언》(1권) 151쪽, 랜덤하우스중앙, 2002

48. 공로명 장관 구순 기념 문집편찬위원회, 《공로명과 나》 41쪽, 월인, 2021

49. 노신영, 《노신영 회고록》 387쪽, 고려서적, 2000

50. 김성익, 《전두환 육성 증언》 147쪽, 조선일보사, 1992

51. 박철언, 《바른 역사를 위한 증언》(1권) 145쪽, 랜덤하우스중앙, 2002

52. 기자협회보 2009년 1월 21일 자, 김지영 기록

53. 기자협회보 2009년 1월 21일 자, 김지영 기록

54. 이종찬, 《숲은 고요하지 않다》(2권) 35쪽, 도서출판 한울, 2015

55. 노신영, 《노신영 회고록》 358쪽, 고려서적, 2000

제15장

56. 기자협회보 2008년 9월 24일 자, 김성후 기자의 김충식 인터뷰

57. 기자협회보 2008년 9월 24일 자, 김성후 기자의 김충식 인터뷰

58. 한홍구, 《사법부》 356쪽, 돌베개, 2016

59. 황호택, 《박종철 탐사보도와 6월 항쟁》 54쪽, 동아일보사, 2018

60. 황호택, 《박종철 탐사보도와 6월 항쟁》 68쪽, 동아일보사, 2018

61. 김경회, 《나 이제 자유인 되어》, 중앙M&B, 2002

62. 황호택, 《박종철 탐사보도와 6월 항쟁》 30쪽, 동아일보사, 2018

63. 한승헌, 《불행한 조국의 임상노트》 157쪽, 일요신문사, 1997

64. 한홍구, 《사법부》 356쪽, 돌베개, 2016

65. 박철언, 《바른 역사를 위한 증언》(1권) 236쪽, 랜덤하우스중앙, 2002

66. 박철언, 《바른 역사를 위한 증언》(1권) 237쪽, 랜덤하우스중앙, 2002

67. 서중석, 《6월 항쟁》 47쪽, 돌베개, 2018

68. 박철언, 《바른 역사를 위한 증언》(1권) 240쪽, 랜덤하우스중앙, 2002

69. 김충식, 《남산의 부장들》 537쪽, 폴리티쿠스, 2012

70. 김종필, 《김종필 증언록》(2권) 131쪽, 미래엔, 2016

71. 박철언, 《바른 역사를 위한 증언》(1권) 239쪽, 랜덤하우스중앙, 2002

72. 서중석, 《6월 항쟁》 47쪽, 돌베개, 2018

73. 박철언, 《바른 역사를 위한 증언》(1권) 221쪽, 랜덤하우스중앙, 2002

제16장

74. 표창원, 시사저널 2013년 3월 6일

75. 노신영, 《노신영 회고록》 449쪽, 고려서적, 2000

76. 신성호, 《특종 1987》, 중앙북스, 2017

77. 신성호, 《특종 1987》, 중앙북스, 2017

78. 함주명, 월간 참여사회 1999년 12월호

79. 김근태, 《남영동》 67쪽, 중원문화, 2012

80. 김근태, 《남영동》 68쪽, 중원문화, 2012

81. 황호택, 《박종철 탐사보도와 6월 항쟁》 129쪽, 동아일보사, 2018

82. 황호택, 《박종철 탐사보도와 6월 항쟁》 124쪽, 동아일보사, 2018

83. 황호택, 《박종철 탐사보도와 6월 항쟁》 93쪽, 동아일보사, 2018

84. 황호택, 《박종철 탐사보도와 6월 항쟁》 231쪽, 동아일보사, 2018

85. 황호택, 《박종철 탐사보도와 6월 항쟁》 215쪽, 동아일보사, 2018

제17장

86. 이종찬, 《숲은 고요하지 않다》(2권) 43쪽, 도서출판 한울, 2015

87. 이종찬, 《숲은 고요하지 않다》(2권) 44쪽, 도서출판 한울, 2015

88. 이종찬, 《숲은 고요하지 않다》(2권) 45쪽, 도서출판 한울, 2015

89. 김영삼, 《김영삼 회고록》(2권) 335쪽, 백산서당, 2015

90. 이종찬, 《숲은 고요하지 않다》(2권) 45쪽, 도서출판 한울, 2015

91. 김지영, 《피동형 기자들》 25쪽, 효형출판, 2011

92. 김지영, 《피동형 기자들》 25쪽, 효형출판, 2011

93. 한승헌, 《불행한 조국의 임상노트》 163쪽, 일요신문사, 1997

94. 노신영, 《노신영 회고록》 477쪽, 고려서적, 2000

95. 경향신문 1994년 5월 26일 자, 윤상현 인터뷰

96. 이종찬, 《숲은 고요하지 않다》(2권) 46쪽, 도서출판 한울, 2015

97. 박철언, 《바른 역사를 위한 증언》(1권) 254쪽, 랜덤하우스중앙, 2002

98. 이종찬, 《숲은 고요하지 않다》(2권) 49쪽, 도서출판 한울, 2015

99. 고건, 《고건 회고록》 306쪽, 나남, 2017

100. 김성익, 《전두환 육성 증언》 412쪽, 조선일보사, 1992

101. 황호택, 《박종철 탐사보도와 6월 항쟁》 259쪽, 동아일보사, 2018

102. 전두환, 《전두환 회고록》 (2권) 636쪽, 자작나무숲, 2017

103. 박철언, 《바른 역사를 위한 증언》(1권) 261쪽, 랜덤하우스중앙, 2002

104. 전두환, 《전두환 회고록》 (2권) 641쪽, 자작나무숲, 2017

105. 김성익, 《전두환 육성 증언》 458쪽, 조선일보사, 1992

106. 박철언, 《바른 역사를 위한 증언》(1권) 277쪽, 랜덤하우스중앙, 2002

제18장

107. 박철언, 《바른 역사를 위한 증언》(1권) 274쪽, 랜덤하우스중앙, 2002

108. 김당, 《시크릿 파일-반역의 국정원》 795쪽, 메디치, 2017

109. 김당, 《시크릿 파일-반역의 국정원》 796쪽, 메디치, 2017

110. 김성익, 《전두환 육성 증언》 450쪽, 조선일보사, 1992

111. 이장규, 《경제는 당신이 대통령이야》 245쪽, 중앙일보사, 1991

112. 이장규, 《경제는 당신이 대통령이야》 246쪽, 중앙일보사, 1991

113. 진두환, 《전두환 회고록》(2권) 545쪽, 자작나무숲, 2017

114. 이종찬, 《숲은 고요하지 않다》(2권) 71쪽, 도서출판 한울, 2015

115. 박철언, 《바른 역사를 위한 증언》(1권) 303쪽, 랜덤하우스중앙, 2002

116. 전두환, 《전두환 회고록》(3권) 150쪽, 자작나무숲, 2017

117. 이종찬, 《숲은 고요하지 않다》(2권) 79쪽, 도서출판 한울, 2015

118. 이종찬, 《숲은 고요하지 않다》(2권) 80쪽, 도서출판 한울, 2015

119. 전두환, 《전두환 회고록》(3권) 155쪽, 자작나무숲, 2017

120. 박철언, 《바른 역사를 위한 증언》(1권) 311쪽, 랜덤하우스중앙, 2002

강영훈(姜英勳, 1922~2016)

군인 출신 정치인, 외교관, 국무총리. 평안북도 창성 출생. 영변농업고등학교, 만주 건국대학을 졸업했다. 1946년 군사영어학교 제1기생으로서 군 복무를 시작해 6·25전쟁에 참전하였다. 1961년 5·16 쿠데타 후 육군 중장으로 예편해 미국으로 건너가 1970년 정치학 박사 학위를 받았다. 1978년 외교안보연구원장으로 외교관 생활을 시작했다. 1981년 주영국대사 겸 주아일랜드대사를 역임했다. 1988년 13대 국회의원으로 정계에 입문해 그해 국무총리를 지내는 등 말년 들어 노태우 정부와 깊은 인연을 맺었다. 1990년 퇴임 후 대한적십자사 총재와 도산기념사업회 회장을 역임했다. 아들 강성룡과 강효영은 변호사로 활동. 김웅수 장군의 매부.

강창성(姜昌成, 1927~2006)

군인 출신 정치인. 육사 8기. 경기도 포천 출생. 1950년 임관하자마자 6·25전쟁에 참전해 화랑무공훈장 2개, 충무무공훈장 1개를 받았다. 동기생 중 선두로 장군이 되었으나 5·16 쿠데타에는 참여하지 않았다. 이후 제5사단장, 보안사령관, 제3관구사령관 등을 거쳤다. 1973년 윤필용 사건 수사를 담당해 군내 불법 사조직인 하나회를 적발했다.

그러나 하나회 수사로 군내 영남 인맥이 반발하면서 1976년 항만청장으로 기용되었다. 12·12 쿠데타로 하나회 출신의 신군부가 집권하자 강창성은 삼청교육대에 끌려가는 등 2년여 모진 고생을 했다. 제14대 민주당 국회의원으로 정치에 입문해 나중에는 민주당 총재 권한대행을 지냈다. 1997년 민주당이 신한국당과 합당할 때 한나라당에 참여해 2000년 제16대 의원이 된 뒤 총재 권한대행을 지냈다. 해양수산부 장관을 지낸 강무현과 명지대 교수 강규형이 아들이다.

권익현(權翊鉉, 1934~2017)

군인 출신 정치인. 육사 11기이며 4선 국회의원. 경남 산청 출생. 1955년 육군 소위로 임관해 1963년 소령 진급 후 1967년 보안사 정보처장을 거쳐 1969년 맹호부대 혜산진부대 제1대대장으로 베트남전에 참전했다. 1973년 윤필용 사건에 연루되었으나 대법원에서 무죄 판결을 받아 1974년 육군 대령으로 선역했다. 선역 후 삼성징밀주식회사 진무이사를 지냈으며 전두환 신군부의 집권으로 빛을 보기 시작. 1981년 산청·함양·거창 지역구에서 제11, 12, 14, 15대 국회의원과 민주정의당 사무총장 및 대표위원을 역임했다. 대통령실장을 지낸 임태희 전 의원이 사위다.

권정달(權正達, 1936~)

군인 출신 정치인. 육사 15기. 경북 안동 출생. 1959년 육사를 졸업했다. 1978년 보안부대장을 거쳐 보안사 정보처장으로 있을 때 12·12 군사반란에 협력했다. 1980년 국보위 입법회의 의원과 내무분과위원장으로 언론 통폐합을 주도했고, 1980년 5·17 비상계엄 확대 조치에 깊숙이 관여했다. 그해 육군 준장으로 예편해 1981년 민주정의당 창당 작업을 주도, 초대 사무총장을 지냈다. 제11대, 12대 국회의원을 지내며 5공의 핵심으로 부상했으나 노태우 정권 출범 후에는 13대 총선 공천에서 탈락했다. 이후 미국 유학길에 올랐다. 1993년 김영삼의 '역사 바로 세우기'에 협조하였고, 1996년 15대 총선에 무소속으로 당선된 뒤 신한국당에 입당했다. 이때 언론 통폐합 주도 혐의로 고소당했으나 5공 핵심 인물들 중 드물게 무혐의 처분되었다. 2000년 김대중의 새천년민주당 공천으로 16대 총선에 출마했다가 낙선한 뒤 2001년부터 2009년까지 한국자유총연맹 총재를 지냈다.

김계원(金桂元, 1923~2016)

군인 출신 행정관료. 경북 풍기 출생. 1942년 연희전문학교 상학과에 입학했으나 학병으로 징집되어 입대해 일본 육군 소위가 되었다. 전란 중인 1951년 육군 포병학교 교장이 되었다. 1953년 육군본부 기술참모가 되었고 1954년 사단장, 1960년 육군대학 총장을 거쳐 1966년 육군참모총장에 올랐다. 1969년 대장으로 예편한 후 김형욱의 후임으로 중앙정보부장에 임명됐으나 단명했다. 1971~1978년에 주대만대사를 지냈다. 1978년부터 대통령 비서실장으로 롤백하여 재직하던 중 1979년 10·26 박정희 암살 사건이 일어났다. 궁정동 회식에 김재규와 동참했다는 이유로 사건 후 군사재판에 회부되어 내란 목적 살인 및 내란 중요 임무 종사 미수죄로 사형을 선고받았으나 무기징역으로 감형되었다. 1982년 5월 형 집행정지로 석방된 후 1988년 사면·복권되었다. 이후 정치에서 손을 떼고 기독교에 몰두하다 2016년 작고했다.

김기춘(金淇春, 1939~)

검사 출신 정치인. 경남 거제 출생. 1958년 서울대학교 법과대학에 입학해 1960년 사법고시에 합격했다. 이후 광주, 부산, 서울지검 검사로 근무하다 박정희의 심복 신직수에게 발탁되어 1970년대 말 중앙정보부 국장을 지내는 등 출세 가도를 달렸다. 1980년대 초반 전두환을 비롯한 보안사 대령 출신들과의 악연으로 그늘에서 지냈다. 1988년 노태우 정부의 검찰총장, 1992년에는 법무부 장관으로 입각. 그해 말 부산 지역 기관장들을 모아 지역 감정을 조장해 김영삼 후보를 지원토록 모의한 부산 초원복집 사건을 주도한 혐의로 기소되었으나 무죄로 빠져나와 나중에 '법꾸라지'라는 별칭을 얻었다. 시민단체에 의해 낙선 대상자로 지목되기도 했으나 1996년 제15대 국회의원으로 선출되어 2008년 17대 임기 말까지 3선. 노무현 대통령 탄핵 때는 국회 법제사법위원장으로서 탄핵을 주도했다. 박근혜 정부의 대통령 비서실장으로 있으면서 2017년 블랙리스트에 관여한 혐의로 조윤선과 함께 수감되었다.

김덕룡(金德龍, 1941~)

정치인. 전북 익산 출생. 1960년 경복고등학교를 졸업하고 서울대학교 사회학과에 진학한 후 중퇴했다. 1965년 한일협정에 반대한 6·3 데모에 참여해 투옥당한 것을 시작으로 박정희 집권 기간 중 4번 구금되었다. 1970년 김영삼의 비서로 정계에 입문해 측근으로 활약했다. 1984년 민추협 기획조정실장을 거쳐 1988년 제13대부터 17대까지 5선 국회의원. 1993년과 1996년에 정무제1장관을 두 차례 역임했고, 1998년 한나라당 부총재, 2004년 한나라당 원내대표를 맡았다. 평통 17대 수석부의장을 역임.

김복동(金復東, 1933~2000)

군인 출신 정치인. 육사 11기이며 경북 청송 출생. 노태우의 부인인 김옥숙의 오빠. 또 다른 여동생 김정숙은 제5공화국 때 상공부 장관을 지낸 금진호의 부인이다. 김복동의 고모 김한당은 박철언의 어머니다. 김복동은 하나회 초창기 멤버이지만 전두환, 노태우와는 다른 컬러라는 평이다. 1979년 12·12 군사반란 이후 3군사령부 부사령관, 육군사관학교 교장을 지내다가 1982년 중장으로 예편했다. 광업진흥공사 사장을 지내다가 1992년부터 대구에서 재선. 1996년 총선에서는 자민련 소속으로 당선됐다.

김부겸(金富謙, 1958~)

민주화운동가 출신 정치인. 경북 상주 출생. 경북고를 거쳐 서울대 정치학과 졸업. 대학 시절인 1978년 긴급조치 위반, 1980년 계엄법 위반으로 구속되면서 제적과 복학을 거듭했다. 제정구(작고) 의원과 함께 정치에 입문, 김대중이 재야 세력과 연합하여 창당한 민주당에 1995년 입당해 1996년에 국민통합추진위원회(통추) 조직위 부위원장을 지냈다. 2000년 제16대 국회의원 선거 때는 경기 군포에서 한나라당 후보로 당선됐다. 그러나 통추를 함께했던 노무현 후보가 제16대 대통령에 당선되자 한나라당을 탈당해 열린우리당 창당에 참여했다. 이후 연속 국회의원에 당선되어 제17, 18대까지 3선. 2012년 19대 총선에서 대구 수성구 갑에 출마했으나 낙선했고, 이어 대구광역시장에 후보로 나섰다가 40.33%의 득표율로 또 실패. 2016년 제20대 총선에서 다시 도전한 수성구 갑에서 국회의원에 당선. 대구에서 민주당계 후보가 당선된 것은 신도환 의원 이후 31년 만이었다. 2017년 문재인 정부의 첫 행정안전부 장관으로 임명되고, 2021년 4월부터 문재인 정부의 3번째 국무총리.

김상구(金相球, 1936~)

군인 출신 정치인. 육사 15기. 전두환의 동서. 경북 상주 출생. 1955년 상주농잠고등학교를 졸업하고 1959년 육사 15기로 임관했다. 1970년 육군본부 의전장교와 수경사 포병대 대대장을 하다 윤필용 사건에 휘말려 1973년 중령으로 예편했다. 미국으로 건너가 미국 LA시 교통문제연구원, 한국일보 하와이지사장을 맡다가 1980년 전두환 집권 후 석유개발공사 이사로 롤백했다. 1982년 민주평화통일자문회의 사무차장, 남북고위회담 차석대표를 맡았다. 1985년 제12대 국회의원 선거에 당선. 13대 국회의원 선거에서는 공천을 받지 못해 불출마했고, 1992년 14대 국회의원 선거에서 무소속으로 당선. 1996년 전두환 구속 이후 무소속으로 출마했으나 5공 청산 바람에 밀려 낙선했다.

김상현(金相賢, 1935~2018)

정치인. 전남 장성 출생. 제6~8대, 14~16대 국회의원. 한영고등학교 야간부를 졸업하고 김대중이 운영하던 웅변학원에서 정치와 연을 맺었다. 1965년 서대문구 보궐선거에 출마해 30세의 나이로 당선. 8대 총선까지 순조롭게 활동하다 1973년 10월유신으로 야인 생활을 하고, 1980년 김대중 내란 음모 사건으로 구금되고 공민권을 박탈당했다. 1983년 미국에 망명해 있던 김대중을 대리하여 김영삼과 민주화추진협의회(민추협)를 결성하고, 신민당을 창당하여 1985년 2·12 총선에서 돌풍을 일으켰다. 1987년 제13대 대통령 선거를 앞두고 양 김이 분열했을 때 김영삼을 지원했으나, 1990년 3당 합당 당시에는 이에 반대해 민주당에 남았다. 1992년 14대 총선에서 민주당 공천으로 국회의원에 당선. 김대중은 그에 대해 "그림 속의 사과도 따 먹을 사람이 김상현"이라고 평하기도 했다. 2004년 17대 총선에서 낙선하고, 2007년 불법 정치자금을 받은 혐의로 징역 2년, 집행유예 3년, 추징금 13억8000만 원을 선고받은 뒤 아들 김영호(서대문을)에게 지역구를 물려주었다.

김성익(金聲翊, 1945~)

경북 예천 출신. 경복고를 거쳐 서울대학교 정치학과를 졸업했다. 동아일보 기자, 서울신문 논설위원 등을 역임했다. 1981년부터 전두환 대통령의 통치사료 비서관으로 많은 기록을 남겼다. 1992년 《전두환 육성 증언》을 펴냈고, 언론중재위원회 중재위원을 거쳐 KT 스카이라이프 감사로 재직했다. 시조시인 김상옥의 사위. 박근혜 정부 때 청와대 홍보수석을 지낸 김성우의 친형.

김수환(金壽煥, 1922~2009)

성직자, 사회운동가. 경북 대구 출생. 1944년 일본 조치대학교 철학과를 수학하고, 1951년 가톨릭대학교 철학과를 졸업했다. 모태 신앙인으로 1951년 사제 서품을 받고 안동 성당 주임신부를 시작으로 성직에 몸담았다. 1966년 주교 서품을 받고 마산교구장에, 1968년 서울대교구장(대주교)에 서임됐으며 1969년 만 47세에 세계 최연소, 한국인 최초로 추기경에 올랐다. 한국 가톨릭계를 대표하는 인물로, 1970년대와 1980년대 군부 독재에 저항하며 민주주의와 인권을 위해 헌신했다. 1984년 한국 천주교 200주년 기념행사를 주관하면서 교황 요한 바오로 2세가 집전하는 가운데 여의도 광장에서 103인 성인 시성미사를 봉헌했다. 1998년 서울 대교구장을 은퇴.

김정렬(金貞烈, 1917~1992)

군인 출신 정치인, 외교관. 국방부 장관과 국무총리 역임. 서울의 무유한 가정에서 태어나 자랐다. 1936년 경성제일고보, 1941년 일본 육군 항공사관학교를 졸업했다. 광복 후 최용덕, 이근석 등과 함께 공군 창설에 앞장섰으며, 초대와 제3대 공군참모총장을 지냈다. 1957년 국방부 장관이 되었으나 4·19 혁명으로 물러났다. 5·16 쿠데타 이후 박정희가 그의 소장 진급에 힘써준 보은으로 주미대사, 반공연맹 이사장, 공화당 전국구 국회의원으로 모셨다. 1971년부터는 삼성물산 사장, 경제동우회 회장, 대한상공회의소 부회장, 정우개발 회장 등으로 활동했다. 전두환 정권 출범과 함께 평화통일정책자문회의 수석부의장이 되었고, 1987년 6·29 선언 직후 국무총리 물망에 오르던 최경록(전 주일대사)을 제치고 국무총리로 지명돼 5공의 마지막 총리를 지냈다.

김택수(金澤壽, 1926~1983)

정치인, IOC 위원. 경남 김해 출생. 1952년 서울대학교 법과대학을 졸업한 뒤 줄곧 체육인과 정치가의 길을 걸었다. 제3공화국 출범 때 공화당에 입당하여 제6, 7대 국회의원으로 활약했다. 3선 개헌 강행을 저지하던 JP계의 중진이었으나, 1969년에 공화당 원내총무에 내정되자 개헌에 앞장섰다. 이후 제10대 국회에 다시 진출했으나 힘을 쓰지 못했다. 1971년에는 대한체육회 회장 겸 한국올림픽위원회 위원장을 맡았고 1977년에는 국제올림픽위원회(IOC) 위원이 되었다. 체육인으로서 태릉선수촌 급식과 시설 현대화에 노력했다. 한일합섬그룹 김한수 창업자의 동생.

노무현(盧武鉉, 1946~2009)

제16대 대통령, 정치인, 변호사. 아버지 노판석과 어머니 이순례의 3남 2녀 중 막내아들로 경남 김해군 진영읍에서 태어났다. 대창초등학교에서는 전교 학생회장을 했고, 진영중학교를 거쳐 부산상고를 졸업하고 1975년 사법시험에 합격했다. 동기 중 유일한 고졸 합격자였다. 1971년 육군 상병으로 제대한 후 1973년 초등학교 동창인 권양숙과 결혼했다. 1973년에 아들 노건호, 1975년에 딸 노정연을 낳았다. 1977년 판사로 임용되어 대전지방법원 판사로 일하다 7개월 만에 사퇴. 1978년부터 부산에서 변호사로 개업하여 세무·회계 전문 변호사로 명성을 쌓았다. 김광일 변호사의 권유로 1981년 부림 사건의 변호에 참여하면서 시국과 인권에 눈을 뜨게 되었다. 1987년에는 6월 민주항쟁에 앞장섰고, 거제도 대우조선 노동자 이석규 사망 사건 당시에는 공권력에 저항하다가 변호사 업무정지 처분을 받았다. 1988년 총선에 김영삼의 통일민주당 공천으로 당선돼 5공 비리 청문회 등에서 조리 있고 날카로운 질의로 스타 반열에 올랐다. 1990년 김영삼의 3당 합당에 반대해 꼬마 민주당에 남아 있다가 1997년 대선에서는 막판에 원혜영 등과 함께 김대중 지지에 나섰다. 그 공으로 해양수산부 장관을 역임했다. 이후 국민경선제에서 '노풍'을 일으키며 일약 대통령 후보에 올라 2002년 선거에서 이회창을 물리쳤다. 2004년 대통령의 선거 중립 의무를 지키지 않았다는 이유로, 헌정 사상 최초로 재임 중 탄핵 소추를 당해 대통령직 권한이 정지되었다가 헌법재판소에서 소추안이 기각되면서 복귀했다. 2008년 2월 임기를 마치고 귀향. 2009년 검찰의 박연차 정·관계 로비 사건 수사가 확대되면서 본인, 가족, 주변 인사 상당수가 검찰의 수사를 받던 중, 자택 뒷산 '부엉이바위'에서 투신해 파란만장의 생을 마쳤다.

노신영(盧信永, 1930~2019)

외교관 출신 관료. 평안남도 강서 출생. 1950년 서울대 법학과에 입학하고 6·25전쟁이 발발하자 학도의용군으로 복무했다. 1953년 외무고시에 합격해 1955년부터 27년간 외무부에서 근무했다. 1982년 안기부장을 거쳐 1985년 전두환에 의해 국무총리에 임명되었다. 제5공화국의 내각을 대표하는 인물로 전두환의 신임을 얻어 한때 전두환의 후계자 반열에 올랐다. 1987년 박종철 고문치사 사건이 발생하여 안기부장 장세동과 함께 경질되었다. 퇴임 후 국정자문위원과 고려대 석좌교수 등을 지낸 후 롯데복지장학재단 이사장과 안중근의사숭모회 이사장으로 활동. 나중에 유엔 사무총장이 된 반기문을 전후 8년가량 비서와 부하로 거느렸다.

노재현(盧載鉉, 1926~2019)

경남 마산 출생. 1947년 육사 3기로 임관. 육군 포병학교장, 30사단장, 육군 군수사령관, 1969년에는 육참차장. 이때 참모총장(서종철) 수석부관인 전두환 대령과 알게 되고, 이 인연으로 10년 뒤인 1979년 12·12 군사반란에서 전두환 신군부의 편에 서게 된다. 1972년에 참모총장, 1975년 합참의장으로 전역해 1977년에 국방장관이 됐다. 12·12 군사반란 당시 장관 공관에 있다가 총소리에 놀라서 미 8군 사령부로 도피했는데 이 본분을 팽개친 행적이 두고두고 비판받았다. 전두환 집권기인 1980년대 한국종합화학공업 사장, 한국화학연구원 이사장, 한국비료공업협회장 등을 지냈다. 2019년 국립대전현충원에 묻혔다.

노태우(盧泰愚, 1932~2021)

대한민국 13대 대통령. 경북 달성 출생. 육사 11기로 김복동, 전두환과 함께 하나회 핵심 멤버였다. 1961년 군사 쿠데타 후 육군 방첩대에 근무했고, 1967년 맹호부대 대대장으로 베트남전에 참전. 1978년 대통령 경호실 작전차장보가 되었고, 1979년 9사단장 시절 전두환과 함께 12·12 군사반란을 주도했다. 이후 수경사령관, 보안사령관 등 신군부의 2인자로서 광주항쟁을 불러온 5·17 비상계엄 확대조치에 관여했다. 1981년 육군 대장으로 예편한 후 체육부 장관, 내무부 장관, 민주정의당 대표최고위원을 지냈다. 1987년 6월 29일 집권 여당 대통령 후보로서 직선제 개헌을 받아들이겠다는 이른바 6·29 선언을 발표했으나 당시 대통령인 전두환과의 조율을 거친 것이었다. 이후 치러진 대통령 선거에서는 분열된 김영삼, 김대중을 근소한 표차로 물리치고 제13대 대통령에 당선됐다. 대통령이 되어 중국, 소련 등 공산권 국가들과의 수교 등 북방정책을 추진했다. 1991년 보수 세력의 반발에도 불구하고 남북한 유엔 동시 가입을 이뤄냈다. 퇴임 후 5·18 광주민주화운동 강제 진압과 12·12 군사반란에 가담한 혐의로 실형을 선고받았다. 5000억 원대 비자금 사건도 드러나 재판에서 유죄를 선고받고 추징금을 거의 납부했다. 딸 노소영은 노태우의 대통령 재임 중 제2 이동통신 허가를 받은 선경그룹 최종현의 아들 최태원과 결혼했으나 이혼 절차를 밟고 있다.

도널드 그레그(Donald Gregg, 1927~)

전 주한미국대사. 1951년 윌리엄스대학 대학원 석사. 1951~1982년 미 중앙정보국(CIA)에서 근무해 한국 정세에 정통한 미국 관료. 1973~1975년 CIA 한국지부 총책임자로 있었다. 1973년 김대중 납치 사건과 1980년 김대중 내란 음모 사건 당시 죽기 직전의 위기에 처한 김대중을 구하는 데 중요한 역할을 했다. 1979년 미국 국가안보회의 위원을 거쳐 1982년 레이건 대통령 안보 담당 보좌관으로 활동했다. 1989년 주한 미국대사로 부임해 1993년까지 근무했다. 뉴욕코리아소사이어티 회장으로 활동.

문재인(文在寅, 1953~)

변호사, 정치인, 제20대 대통령. 부모가 함경남도 흥남 출신으로 6·26 때 월남해 거제도 포로수용소에서 태어났다. 부산 남항초등학교, 경남중, 경남고를 거쳐 재수 끝에 장학생으로 경희대학교 법과대학에 입학했다. 1975년 경희대 재학 시절 집시법 위반으로 징역 8개월, 집행유예 1년을 선고받고 강제 징집되어 제1공수여단에서 복무했다. 1980년 사법시험에 합격해 1982년 사법연수원을 차석으로 수료했으나 시위 전력 때문에 판사 임용이 좌절되었고, 동기인 박정규(노무현 정부 시절 민정수석)의 소개로 노무현을 만나 법무법인 부산에 합류했다. 문재인은 부산 미국문화원 방화 사건, 동의대학교 사건 등 시국 사건을 맡아, 재야 변호사로 이름을 알렸다. 친구인 노무현이 대통령에 당선되자 2003년부터 2006년 5월까지 청와대 민정수석, 시민사회수석, 비서실장을 역임했다. 노무현 사후에는 노무현재단의 이사장을 맡았다. 2012년 제19대 총선에서 부산 사상구에 출마해 국회의원에 당선. 2012년 민주통합당 대선 후보로 박근혜와 겨루다 졌고, 최순실 국정 농단과 촛불혁명으로 박근혜 대통령이 물러나자 2017년 대통령에 당선되었다.

문홍구(文洪球, 1924~2019)

경남 합천 출신. 일제강점기에 징병으로 요코스카에서 일본군으로 복무하던 중에 광복을 맞았다. 귀국 후 상경하여 신문 배달, 막노동을 하고 무료 급식을 얻어먹으며 공부해 1949년 서울대 법대를 졸업. 1950년 6·25전쟁 때 육사 9기로 입대해 소위를 달고 숱한 전투를 치르다 중공군의 포로로 잡히기도 했으나 탈출. 국방부 장관을 지낸 윤성민과 9기 선두주자로 준장, 소장을 똑같이 1차로 진급했는데, 차지철 밑에서 경호실 차장을 지냈던 문홍구가 1년 먼저 중장으로 진급해 군단장으로 나갔다. 12·12 군사반란 당시 합참 작전본부장으로서 정승화 육참총장 편에 섰다가 강제 전역. 1983년 에너지 관리공단 이사장 역임. 1980년 보안사 서빙고에서 겪은 고초 등을 담은 《나의 군 나의 삶》이라는 회고록을 1993년 펴냈다.

박근혜(朴槿惠, 1952~)

정치인. 제19대 대통령. 박정희 전 대통령과 육영수 여사 사이에서 태어났으며, 1974년 어머니가 사망한 이후부터 1979년 아버지 박정희가 살해당할 때까지 퍼스트레이디의 직무를 대행. 서울 장충초등학교, 성심여중·고를 거쳐 1974년 서강대학교 전자공학과를 졸업. 어머니 사후인 1975년부터 새마을운동, 구국봉사단 등을 앞장서서 운영했는데 이 과정에서 목사를 자처하는 최태민을 중용하고 갖가지 논란을 빚었다. 1979년 10·26 사건 때 박성희를 살해한 김재규는 군법회의에 제출한 '항소이유서'에서 시해에 이르는 감정적 앙금의 근거로 '박근혜의 최태민 비호'와 그 진상 규명 과정에서의 체면 손상을 주장했다. 1982년 육영재단, 1994년 정수장학회 등을 기반으로 생활. 1998년 대구 달성군 보궐선거에 출마해 새정치국민회의의 엄삼탁 후보를 물리치면서 정치를 시작. 2001년 대통령 선거를 앞두고 한나라당 이회창에 맞서 한국미래연합을 창당하여 독자적인 세력화를 시도하다 대선 전에 복귀했다. 4선 국회의원으로 2007년의 한나라당 대통령 후보 경선에서 이명박에게 석패. 이후 문재인을 누르고 제19대 대통령에 당선되었으나, 최순실 국정 농단으로 불붙은 촛불혁명으로 헌법재판소에서 파면되었다. 동생으로 박근령(훗날 박서영으로 개명)과 박지만이 있다.

박정희(朴正熙, 1917~1979)

군인 출신 정치인. 제5~9대 대통령. 경북 선산 출생이다. 가난한 농가의 5남 2녀 중 막내로 태어났다. 대구사범학교를 1937년 졸업하고 1940년까지 3년간 문경에서 교사로 근무하다 만주로 건너가 1942년 일본군의 괴뢰정권인 만주국의 신경(新京)군관학교를 우등생으로 졸업. 그 성적을 인정받아 도쿄의 일본 육군사관학교 3학년으로 편입해 1944년 57기로 마치고, 만주 보병 제8사단에서 일본이 패망할 때까지 관동군에 배속되어 일본군 중위로 복무했다.

일본이 패망하자 1946년 9월 조선경비사관학교(육군사관학교의 전신)에 2기로 입학하여 3개월간 교육을 마치고 육군 소위로 임관했다. 1946년 10월 1일 대구 좌익 시위의 주동자인 박상희가 박정희의 큰형. 그의 영향으로 군부 내에 비밀리에 조직된 남로당에 가입하여 활동했다. 1948년 10월 좌익 계열의 군인들이 제주 4·3 사건 진압을 거부하고 일으킨 여수·순천 사건이 일어나자 군 당국은 군내 좌익 색출에 대대적으로 나섰으며 박정희도 발각·체포되어 군법회의에서 사형을 선고받았다. 하지만 그가 군부 내 남로당원 인맥을 실토하고, 만주군 선배 백선엽 등의 구명운동이 더해져 무기징역으로 낮춰졌다. 이후 15년으로 감형되어 군에서 파면되었다.

한동안 육군본부에서 비공식 무급 문관으로 근무하다가 1950년 6·25전쟁이 발발하자 소령으로 복귀했다. 1953년 11월 준장이 되었고, 미국으로 건너가 육군 포병학교에서 고등군사교육을 받았다. 1954년 제2군단 포병사령관, 1955년 제5사단장, 1957년 제6군단 부군단장과 제7사단장을 거쳐 1958년 3월 소장으로 진급한 뒤 군 참모장으로 임명되었으며, 1959년 6관구사령관이 되었다. 1960년에 부산 군수기지사령관, 제1관구사령관, 육군본부 작전참모부장을 거쳐 제2군 부사령관으로 전보되었다.

1961년 5월 16일 제2군 부사령관으로 재임 중에 5·16 군사 쿠데타를 주도하여 국가재건최고회의 의장이 되었고, 1963년 육군 대장으로 예편했다. 이어 공화당 총재에 추대되었고, 그해 12월 제5대 대통령에 취임했다. 1967년 대선에서 윤보선과 재대결하여 근소한 표차로 이겼다. 이후 장기 집권을 위하여 1969년 3선 개헌안을 통과시켰다. 1971년 대통령 선거에서는 김대중보다 92만여 표를 더 얻어 당선되었고, 1972년 국회 및 정당 해산을 발표하고 전국에 계엄령을 선포한 후 '통일주체국민회의'에서 대통령으로 간접 선출되었다. 이로써 일본의 메이지유신을 본뜬 10월유신 정권, 제4공화국이 출범한 것이다.

유신 초기에는 새마을운동과 제5차 경제개발계획 등의 성과가 있었으나 빈부 격차의 심화, 장기 집권에 대한 염증, 반유신 민주화운동의 확산으로 민심 이반이 계속되었다. 그러자 긴급조치와 같은 폭압적 수단을 동원해 정권을 유지하려 했다.

1974년 8월 부인 육영수가 북한의 지령을 받은 조총련계 문세광에게 저격당했다. 이후 내정이 헝클어지기 시작했으며, 야당 및 재야 세력 탄압, 핵무기의 독자적 개발 등을 둘러싸고 미국과도 갈등이 심해졌다. 1979년 김영삼의 국회의원직 제명, YH 근로자 농성 강제 해산, 부마 민주항쟁이 잇따라 발생했고 10월 26일 서울 궁정동 안가에서 측근과 주연을 벌이던 중 중앙정보부장 김재규의 총격으로 사망했다.

박종규(朴鐘圭, 1930~1985)

군 출신 정치인. 경남 창원 출생. 1947년 입대해 하사관으로 복무하다 종합 제5기로 소위가 된다. 중사 시절 박정희, 김종필 등과 육군본부 정보국에서 함께 근무한 인연으로 5·16 쿠데타에 참가해 장면 총리 체포 등의 임무를 담당했다. 1964년 대령으로 예편해 1974년 8·15 육영수 피격 때까지 10년 3개월간 대통령 경호실장으로 권세를 휘둘러 '피스톨 박'으로 불렸다. 1970년 교육법인 삼양학원 이사장에 취임했으며, 이듬해 마산대학교를 인수해 경남대학교를 설립했다. 1970년 대한사격연맹 총재와 아시아사격연맹 총재, 1979년 국제사격연맹 부회장을 역임했다. 제10대 민주공화당 국회의원을 지낸 뒤 1980년 5·17 비상계엄 확대조치 이후 김종필, 이후락과 함께 권력형 부정축재자로 발표되었으나 전두환과의 각별한 인연으로 5공 기간에도 대한체육회장, 국제올림픽위원회(IOC) 위원을 지내는 등 건재했다.

박준병(朴俊炳, 1933~2016)

군인 출신 정치인. 육사 12기. 충북 옥천 출생. 대전고 재학 중 6·25전쟁이 터지자 사병으로 입대해 병장으로 육사에 입학, 1956년 임관했다. 육사 12기 동기 중 선두그룹으로 1975년 장군 진급과 동시에 제3하사관학교 교장으로 임명되었다. 1979년 제20사단장으로 12·12 군사반란 때, 경복궁 30단에 진을 친 장성 중의 한 명. 1984년 보안사령관을 끝으로 대장으로 예편했다. 이듬해 제12대 국회의원으로 선출돼 정계에 발을 들여놓았다. 당시 득표율은 전국 2위였다. 이후 제14대까지 3선에 성공했고, 민정당 국책조정실장, 사무총장, 자민련 부총재 겸 사무총장 등을 맡았다. 1996년 김영삼 정권의 '역사 바로 세우기'로 12·12 군사반란의 피고로 기소되었으나, 자기가 지휘하는 20사단 병력 동원을 하지 않아 무죄 판결을 받았다.

박지원(朴智元, 1942~)

사업가 출신 정치인. 전남 진도 출생. 4선 국회의원. 타고난 언변과 정치 감각으로 별명은 '정치 9단'. 목포 문태고와 단국대 상학과를 졸업. LG상사 등에서 근무하다 미국에서 피혁, 가발 판매에 성공해 뉴욕 한인회장과 미주지역한인회 총회장을 지냈다. 1982년 12월 미국에 가서 770일 동안 망명했던 김대중을 만나 측근이 되었다. 1992년 총선에서 민주당 전국구로 당선. 1996년에는 낙선했으나 DJ의 대언론 소통 창구 역할을 계속했다. 김대중 집권 후에는 공보수석, 문화관광부 장관, 대통령 비서실장으로 중용되었다. 2009년 김대중 장례식 때는 북한 측이 조의 화환과 함께 공개적으로 보내온 편지의 수신자였을 만큼 DJ맨. 노무현 정권 때 대북 송금 관련 150억 원 수뢰 혐의로 기소되었으나 무죄를 선고받았다. 이후 불사조처럼 일어나 원내대표를 2010년 민주당, 2012년 민주통합당, 2016년 국민의당에서 3번이나 맡는 진기록을 세웠다. 2020년 7월 파격적으로 문재인 정부의 국정원장에 지명되었다. 청와대에서는 그의 발탁을 두고 "제18~20대 국회 정보위원회 활동 시 보여준 뛰어난 정보력과 국정원에 대한 깊은 이해, 남북관계 조정 능력을 인정한 것"이라고 설명했다.

박철언(朴哲彦, 1942~)

검사 출신 정치인. 경북 성주 출생. 노태우의 부인 김옥숙의 고종사촌 동생이기도 하다. 경북고, 서울대 법과대학을 졸업하고 1967년 제8회 사법시험에 합격해 검사로 활동하다가, 1980년 신군부 등장 이후 국보위 법사위원으로 파견되어 5공 헌법의 기초작업에 참여했다. 그 후 대통령 비서관, 안기부장 특별보좌관 등을 지내며 비밀리에 북한을 여러 차례 방문했으며, 1988년 노태우가 대통령에 취임하자 '6공의 황태자'로 불리면서 제13대 국회의원과 정무제1장관, 체육청소년부 장관 등을 지냈다. 1992년 3당 합당 이후 제14대 국회의원에 재선되었으나 김영삼과 충돌하면서 민자당을 탈당하고 제14대 대통령 선거에서 정주영을 지원했다. 1993년 이른바 '슬롯머신 사건'으로 의원직을 잃고 1년 6개월간 복역했다. 1995년 민자당을 탈당한 김종필이 자민련을 창당하자 합류한 후 1996년 15대 총선에 출마해 당선되었고, 1997년 제15대 대통령 선거에서는 'DJP연합'에 따라 김대중을 지원했다. 2000년 제16대 총선에서도 자민련 후보로 대구 수성구 갑에 출마했으나 낙선하고 정계를 은퇴했다.

박희도(朴熙道, 1934~)

육사 12기. 경남 창녕 출생. 육사 생도 시절부터 박준병, 박세직과 함께 일명 '쓰리 박'으로 불리며 육사 12기의 선두주자로 꼽혔다. 1956년 소위로 임관한 후 1960년대 중반에 하나회에 가입해 전두환의 직계가 되었다. 1975년 장군으로 진급했고 1공수여단장으로 있던 중 12·12 군사반란에 가담. 1공수 병력을 이끌고 국방부와 육군본부를 점령했다. 1981년 특수전사령관과 군단장을 거쳐 1985년 육군참모총장에 취임. 노태우 대통령이 취임 4개월에 접어들어 '전두환 군맥'을 정리하며 전격 경질되었고 이후 보수 성향의 시민사회단체에서 활동했다. 1994년 김영삼의 5공 청산과 12·12 반란 수사 과 정에서 구속되어 징역형을 살았다.

배명인(裵命仁, 1932~)

법조인 출신 행정관료. 경남 창원 출생으로 진해고등학교와 서울대 법학과를 졸업했 다. 1956년 제8회 사법고시에 합격해 1957년부터 서울, 부산 등지에서 검사 생활을 했 다. 1971년 서울지검 부장검사를 거쳐 1981년 대검찰청 차장검사를 지냈고, 1982년 제 33대 법무부 장관에 임명되었으며, 노태우 정권 때인 1988년 제15대 국가안전기획부 부장에 취임했다. 1989년부터 법무법인 태평양의 명예대표변호사로 있으며 1997년 불 교방송 이사와 동명문화학원 이사장을 겸했다. 배명국 전 의원의 형.

서동권(徐東權, 1932~)

법조계 출신 관료. 경북 영천 출생. 노태우 전 대통령의 경북고 1년 후배로 고려대 법 대를 졸업했다. 1956년 제8회 사법고시에 합격해 1960년 서울지검 검사를 시작으로 대구지검 검사와 부장검사를 지냈다. 1982년 대검 차장, 1985년 검찰총장에 임명되었 다. 1989년 노태우 정부의 안기부장에 임명돼 1992년까지 재직했다. 서동권법률사무 소 대표 변호사.

손영길(孫永吉, 1932~)

군인 출신 기업인. 울산 출생. 육사 11기 선두주자로 박정희와는 1957년 7사단장 부관 으로 만나 5·16 후 최고회의 의장 전속부관을 3년간 지냈다. 월남전에 참전했으며 수 도경비사령부 참모장에 이어 부사령관으로 있던 1973년에 윤필용 불충(不忠) 사건에 연루돼 강제 예편되고 징역 12년형을 선고받았다. 1980년 신군부 집권 후 사면받았고, 2011년 서울고등법원에서 무죄 확정을 받아 명예를 회복했다. 청와대 외곽을 지키는 제 30대대장을 역임하는 등 영관장교 시절까지 박정희의 신임이 두터웠다. 윤필용 사건의 본질에 대해 "박종규(청와대 경호실장)가 이후락(중앙정보부장)을 밀어내고 중정 부장 을 하고 싶었고, 강창성(보안사령관)은 라이벌인 윤필용을 제치고 싶어 생긴 권력 내부 의 암투"라고 2011년 판결 후 인터뷰에서 말했다.

송영길(宋永吉, 1963~)

변호사 출신 정치인. 전남 고흥 출생. 광주 대동고, 연세대 경영학과 졸업. 5선 국회의원, 인천광역시장 역임. 1984년 말 연세대 총학생회장으로 반(反)군사독재 데모를 하다 구속되었으나 풀려나서, 배관용접공으로, 또 장갑·가구 공장 노동자로 현장에 파고들었다. 1987년 6월 항쟁 이후 사면 복권됐고 학사 학위도 받았다. 사법시험에 도전해 1994년 합격, 노동·인권 변호사로 활동했다. 본인 포함 6남매(4남 2녀) 중 4명이 고시 합격자 가족으로 유명한데, 큰형 하성은 행시, 둘째 형 영천은 사시, 여동생 경희도 행시에 합격하여 과기정통부 첫 여성 1급 실장(2021년)에 올랐다. 아들(송승환) 역시 판사다(사법연수원 40기). 1997년부터 인천에서 인권변호사로서 지역 운동에 투신하고 그 기반으로 계양 을 지역구에서 5선. 방송통신대학 중어중문학과, 일본학과를 졸업해 평생학습을 실천하고 영어 외에도 중국어와 일본어, 러시아어를 구사한다. 2021년 전당대회에서 제5대 더불어민주당 대표에 올라 대통령 후보 경선에서 이재명 후보를 지지했다.

신직수(申稙秀, 1927~2001)

법조인, 공무원. 충남 서천 출생. 전주사범을 나와 육군 법무관으로 임관한 후 육군 소령으로 예편했다. 건국 이래 첫 군법무관 임용시험에 합격해 사법고시가 아닌 법무관 출신으로서 이례적으로 검찰총장, 법무부 장관을 역임했다. 박정희의 사단장 시절에 법무관으로 근무한 인연으로 1961년 5·16 쿠데타에는 가담하지 않았으나 국가재건최고회의 법률고문에 임명돼 이후 3공, 4공에서 박정희의 법률 참모 역할을 했다. 1963년 중앙정보부 차장, 1963년부터 1971년까지 8년간 검찰총장, 이후 법무부 장관, 중앙정보부장을 역임했다. 장녀인 신연균은 홍석현 중앙일보 회장의 부인이며 손자 신현성은 티켓몬스터 대표.

신현확(申鉉碻, 1920~2007)

제13대 국무총리. 1979년 10·26 때는 부총리였으나 최규하 국무총리가 대통령을 승계해 총리에 올랐다. 12·12 쿠데타에 반대해 전두환 등 주모자들 앞에서 '반란'이라고 따지고, 반란군 출동을 전화로 고함치며 막았다. 신군부는 최규하 대통령을 밀어내고 신현확을 업고자 시도했으나 뿌리쳤고, 전두환 보안사령관이 정보부장을 겸하고자 할 때도 반대했다. 이후 삼성물산 회장, 박정희 전 대통령 기념사업회 설립위원회 회장을 지냈다. 경북고, 경성제대 법문학부를 졸업하고 일본 고등문관시험 행정과에 합격했다. 1950년대 상공부 국장, 부흥부 장관, 박정희 정부에서 보건사회부 장관, 경제기획원 장관 겸 부총리를 지냈다. 제9대, 10대 공화당 국회의원(경북 군위·성주·칠곡·선산).

안무혁(安武赫, 1935~2019)

군인 출신 관료, 정치인. 황해도 안악 출생. 육사 14기로 12·12 쿠데타에는 당시 건설공병단 단장이어서 연루되지 않았다. 1980년 국보위 건설분과 위원으로 발탁됐고, 1981년 사회정화위원회 위원장을 지냈다. 1982년부터 1987년까지 국세청장을 지내면서 재벌과 교유하지 않고 구설에 오르지 않는 처신으로 전두환의 신임이 두터웠다. 5공 말년에 노태우가 후계자로 확정되면서 전·노의 합의로 부총리급인 안기부장을 맡았다. 안기부장 임명 통보도 노태우로부터 받았다. 6공 출범 뒤에도 안기부상을 계속했으나, 박철언 정무장관이 주도한 대북정책에 맞서다가 사퇴했다. 1992년 14대 국회의원이 돼 활동하다가 1995년 5·18 민주화운동 특별법이 국회에 상정되자 '주군에 대한 의리' 차원에서 의원직을 사퇴했고, 전두환·노태우 뇌물 수수 방조죄로 옥고를 치르다가 1998년 특사로 석방됐다.

우상호(禹相虎, 1962~)

운동권 출신 정치인. 강원 철원 출생. 1981년 연세대학교 국문과에 입학해 1987년 연세대학교 총학생회장으로 6월 항쟁에 주도적으로 참여했다. 졸업 후 1994년 도서출판 두리 대표와 월간지 '말'의 기획위원으로 활동했다. 2003년 열린우리당 중앙위원으로 정치에 입문해 2004년 제17대 국회의원으로 당선되었다. 그해 문화관광위원회 위원을 거쳐 2006년 열린우리당 대변인을 맡았다. 2008년 제18대 국회의원을 거쳐 2012년 제19대 국회의원에 당선되어 민주통합당 최고위원으로 활동했다. 제21대 더불어민주당 의원(서울 서대문구 갑).

유병현(柳炳賢, 1924~)

군인 출신 외교관, 관료. 충북 청원 출생. 육사 7기로 임관했으며 나중에 연세대 대학원 경제학과를 졸업했다. 1953년 육군본부 작전국 교육과장 등을 거쳐 월남전에 맹호사단장으로 복무했다. 초대 한미연합사 부사령관으로 있던 중 12·12 군사 쿠데타가 나고 공수부대원들이 국방부에 진입하자 일시 저항했으나 나중에는 합류했다. 신군부에 의해 합참의장으로 영전했다가 육군 대장으로 예편하고 1981년부터 1985년까지 주미대사를 역임했다. 한미관계에 기여한 공로로 미국 측으로부터 6차례에 걸쳐 훈장을 받았다. 주미대사 시절 한미 수교 100주년을 기념해 재미장학재단을 설립했다.

유치송(柳致松, 1924~2006)

정치인. 경기도 평택 출생. 1952년 서울대 상대를 졸업했다. 1948년 국회의장 신익희의 비서로 정치에 입문했다. 1952년 학교 졸업 직후 신민당 경기도지부 부위원장을 맡았으나 1961년 5·16이 나자 정치 활동 규제를 당했다. 1963년 제6대 국회의원 선거에 출마해 당선되었다. 1967년 새로 창당한 신민당에 참여해 조직국장과 사무차장을 맡았다. 1973년 제9대 국회의원에 당선돼 제12대까지 연임하면서 신민당 사무총장과 최고위원, 민한당 총재 등을 지냈다. 1981년 치러진 제12대 대통령 선거에 '들러리' 후보로 출마해 전두환에 이어 2위. 1985년 제12대 총선에서 신한민주당 돌풍 이후 민한당이 관제 야당으로 지목되면서 사실상 와해 국면에 이르자 1988년 정치 일선을 떠났다. 통일원 고문, 동북학원 이사장을 지냈다. 유일호 전 의원의 아버지.

유학성(俞學聖, 1927~1997)

군인 출신 정치인. 경북 예천 출생. 1949년 정훈 제1기로 들어가 임관했다. 6·25전쟁이 끝난 뒤 육군 방첩부대장, 주월남 군수사령관, 제26사단장, 교육사령관을 거쳐 육군본부 교육참모부장을 역임했다. 국방부 군수차관보로 재직 중이던 1979년 12·12 군사반란에 가담했고, 이듬해 5·18 광주민주화운동 무력 진압에도 관여했다. 국보위 입법회의 의원, 육군 제3군사령관을 거친 뒤 대장으로 예편하고 제11대 중앙정보부장을 지냈다. 1985년 반공연맹 이사장으로 재직하던 중 제12대 전국구 국회의원이 되었고, 1988년에는 예천에서 제13대 국회의원에 선출돼 국방위원장을 맡았다. 1992년 민자당 소속으로 제14대 국회의원이 됐으나 이듬해 3월 재산 공개 파문으로 의원직을 사퇴했다. 1996년 12·12 사태 및 5·18 사건 피고인으로 제1심과 제2심에서 유죄 선고를 받았으나 대법원 상고심 재판 중인 1997년 사망함으로써 공소가 기각되었다.

윌리엄 글라이스틴(William H. Gleysteen, Jr, 1926~2002)

미국의 외교관. 1926년 중국 베이징에서 태어나고 자라 중국어에 능통했다. 예일대학교에서 유럽사 등을 공부하고 1951년부터 외교관 생활을 했다. 외교관 생활 30여 년의 대부분을 동아시아 관련 일을 해온 베테랑. 국무부 동아태 부차관보를 2차례 지냈고, 주한대사를 마지막으로 은퇴. 박정희 집권기인 1978년부터 전두환 집권 초기인 1981년까지 주한대사로 근무하면서 1979년 10·26 박정희 사망, 12·12 군사반란, 5·17 계엄 확대 등 한국 격동의 시기를 지켜보았다. 1988년 한국 국회 광주특위에서 "대사 재직 시 미국이 신군부의 등장과 집권을 용인했다"는 이유로 증인 출석 요청을 받았으나 거부하였다. 2002년 급성 백혈병으로 사망했다. 1999년 회고록 《Massive Entanglement, Marginal Influence: Carter and Korea in Crisis(거대한 연루, 제한적인 영향력)》를 펴냈다.

이건개(李健介, 1941~)

검사 출신 정치인. 평안남도 평양 출생. 박정희가 존경하는 이용문 장군의 아들. 경기고, 서울대학교 법학과를 졸업하고 1963년 제1회 사법시험에 합격했다. 1970년 대통령비서실 사정담당 비서관을 지냈고, 1971년 박정희에 의해 30세 최연소의 서울시 경찰국장에 발탁되었다. 이후 치안본부 제1부장, 1982년 서울지검 공안부장을 지냈다. 1993년 대전고검장 재직 때 슬롯머신업계 대부 정덕진의 검찰 내 비호 세력으로 연루·구속되어 1심에서 징역 1년 6개월을 선고받았다. 1996년 자민련 소속으로 제15대 전국구국회의원이 되었고, 통일외무위원회 위원과 자민련 원내부총무를 맡았다. 2001년 변호사 활동을 시작, 2005년 법무법인 케이씨엘 강남사무소 대표변호사로 근무했다. 2012년 대선을 맞아 무소속 출마를 선언하기도.

이규동(李圭東, 1911~2001)

전두환 전 대통령의 장인. 전 대한노인회 회장(1981~1982). 경북 고령 출생. 육사 2기로 박정희, 김재규와 동기이며 육군본부 경리감을 거쳐 예편했다. 육사 참모장 시절, 축구선수 전두환 생도가 눈에 들어 딸 이순자와 맺어주었다. 농협중앙회 이사장, 성강문화재단 이사장을 지냈다. 동생 이규광의 아내 장성희와 장영자가 자매여서 김대중과도 먼 인척 관계를 형성했다. 김대중의 첫째 부인 차용애(김홍일의 생모) 씨의 외사촌이 장영자.

이낙연(李洛淵, 1952~)

기자 출신 정치인. 전남 영광 출생. 광주일고를 나와 서울대 법대 졸업. 5선 국회의원, 전남도지사, 국무총리 역임. 1979년 동아일보 기자가 되어 정치부와 외신부에서 일했다. 1989년부터 3년여 일본 도쿄 특파원으로 근무. 귀국 후 논설위원, 국제부장을 맡다 2000년 제16대 총선 때 김대중 대통령의 발탁으로 고향인 전남 함평·영광 지역구에서 당선. 초선 시절에 2차례 대변인을 맡는 등 대변인만 5차례 맡았다. 2002년 제16대 대통령 선거에서는 노무현 후보의 대변인으로 나섰고 대통령 취임사 작성도 맡았다. 국회에서 도쿄 특파원 시절 쌓은 인맥을 발판으로 한일의원연맹 수석부회장을 지냈다. 의정활동에서 NGO 모니터단으로부터 국정감사 우수의원으로 10차례 선정됐으며, 2009년 국회 농식품위원장 시절에는 '최우수 위원장상'도 받았다. 2017년 5월 문재인 정부 초대 국무총리로 취임, "유능하고 소통하며 통합하는 내각"을 다짐했다. 총리 때는 대통령과 매주 만나는 '주례회동'이 정례화되고, 국회 답변에 노련하게 대처했다. 민주당 대표를 거쳐 대선 경선에 나섰으나 이재명 후보에게 밀렸다.

이만섭(李萬燮, 1932~2015)

기자 출신 정치인. 국회의장 역임. 9선인 박준규, 김영삼, 김종필에 이어 8선 국회의원의 기록을 가지고 있다. 1957년 연세대 정외과를 졸업한 뒤 동아일보 정치부 기자로 활약했다. 5·16 이후 동향의 박정희에게 직언과 조언을 서슴지 않았으며, 1963년 공화당 전국구의원으로 6대 국회에 진출. 5공화국 출범 이후인 1981년 옛 공화당과 유신정우회 출신의 인사들이 주축이 된 제2 야당 한국국민당 창당에 참여해 정책위 의장을 거쳐 부총재를 역임. 같은 해 실시된 제11대 총선과 1985년의 제12대 총선에서도 당선돼 김종철의 뒤를 이어 한국국민당 총재에 올랐다. 그러나 1987년 10월 소속 의원들이 대거 탈당해 김종필의 신민주공화당에 합류하면서 한국국민당은 와해되었다. 제13대 총선에서 낙선했지만 1992년 민자당 전국구의원으로 제14대 국회에 복귀했다. 1990년대 후반 김대중 정권 때 국회의장을 지냈다.

이명박(李明博, 1941~)

기업인 출신 정치인. 제17대 대통령. 일본 오사카에서 출생해 광복 직후 경북 포항으로 돌아왔다. 집안 형편이 어려워 포항 동지상고 야간부를 장학생으로 졸업하고 상경해 노동을 하다 독학으로 고려대학교 경영학과에 입학했다. 6·3 시위 당시 상대 학생회장을 지냈으며 한일협정에 반대하는 시위로 징역 3년을 선고받고 6개월간 복역했다. 졸업후 정상적 취직이 어려워 청와대에 탄원서를 내는 등 우여곡절 끝에 현대건설에 취직했다. 현대그룹 창업주 정주영에게 인정받아 30대 초반에 이사를 지냈고 현대건설 회장까지 올랐다. 1992년 제14대 민자당 비례대표 국회의원으로 시작해 1996년 15대 총선에서는 서울 종로구 국회의원에 당선됐다. 2002년 서울시장에 선출돼 청계천 복원 사업 등을 벌였고, 이후 2007년 대통령 선거에서 한나라당 후보로 당선되었다. 취임 초기 미국산 쇠고기 수입 문제로 촛불시위가 벌어지자 국민에게 사과했고, 검찰의 전 정권 비자금 수사 압박을 받던 직전 대통령 노무현이 고향에서 투신 사실하는 일이 벌어졌다. 퇴임 후에 대비해 내곡동 사저를 추진하는 과정에서 친형, 아들 등이 연루된 사건이 터져 관련자들이 특검 조사를 받았다. 본인도 '다스' 비리 등으로 유죄 판결을 받고 2022년 현재 복역 중. 김윤옥과의 사이에 딸 주연, 승연, 수연, 아들 시형이 있다.

이용택(李龍澤, 1930~)

중앙정보부 출신 정치인. 제11, 12대 국회의원. 경북 달성 출생. 중앙정보부 과장으로 박정희 대통령과도 통했다. 1981년 고향에서 제11대 국회의원에 당선한 이후 1985년 12대 국회의원이 되었고, 1997년에는 국민회의 김대중 총재 특보를 맡았다. 특히 "영호남 화합과 정당 간 정권 교체에 기여하고자 새정치국민회의에 입당키로 했다"라며 엄삼탁 등과 새정치국민회의 입당을 천명해 과거 '김대중 뒷조사 사찰'을 대표하던 중앙정보부, 안기부 출신 인사들의 이례적인 선회에 세간의 관심이 쏠리기도 했다. 정치 활동 외에도 그는 1987년 자유민주총연맹 부위원장, 1994년 자유민주민족회의 사무총장, 1998년 경북관광개발공사 사장 등을 맡았다.

이용희(李龍熙, 1931~)

정치인. 충북 옥천 출생. 대전사범학교와 건국대 정외과를 졸업했다. 박정희 정권 때 김대중의 측근으로 활동했다. 제9대 국회의원 선거에서 무소속으로 당선돼 신민당에 들어갔다. 제10대와 12대 국회의원으로 선출되어 원내부총무와 사무총장을 지냈으나 제13대 총선에서 지역구인 옥천을 떠나 서울 영등포구 을로 지역구를 옮긴 뒤 제16대 까지 계속 낙선했다. 그러나 제17대 총선에서는 보은·옥천·영동 지역구에 출마, 노 무현 대통령 탄핵 역풍을 타고 국회에 재입성해 행정자치위원장, 국회부의장 등을 지 냈다. 2008년 제18대 총선에서도 당선되어 농림수산식품위원회와 법제사법위원회에 서 활동했다.

이원조(李源祚, 1933~2007)

금융인 출신 정치인. 대구 출생. 1955년 경북대 사범대를 졸업하고 1956년 제일은행 에 입사해 1978년 영업부장이 되었다. 이원조는 1970년대부터 동향인 전두환, 노태우 의 용돈을 대는 역할을 했으며, '하나회'에도 자금 지원을 해온 것으로 알려진다. 윤필 용 사건 때 조사받은 드문 민간인. 1980년 전두환, 노태우의 신군부가 집권하자 제일 은행 상무이사가 되었고, 국가보위비상대책위원회에 자문위원으로 합류했다. 1980년 대통령 경제비서관으로 발탁되고 이어 한국석유개발공사 사장. 1986년 제10대 은행감 독원장을 역임했다. 1988년 민정당 전국구의원으로 제13대 국회에 들어가고 1992년 제14대에도 당선되었다. 노태우는 2011년 회고록에서 "1992년 대통령 선거 때 김영삼 후보에게 금진호 전 장관과 이원조 전 의원을 통해 3000억 원을 지원했다"라고 밝혔 다. 5공, 6공 때는 "이원조 추천 없이는 은행장이 될 수 없다"라는 이야기가 나돌 정도 로 금융계의 황제로 군림.

이재오(李在五, 1945~)

학생운동가, 인권운동가, 정치인. 강원 동해 출생. 1996년 15대 총선부터 국회의원에 당 선돼 제15, 16, 17대 3선에 성공한 뒤 총 5선. 어릴 적 가족이 이주해온 경북 영양에서 석보중, 영양고를 졸업하고 군청 행정서기보로 채용되었다. 농촌운동을 하기 위해 중 앙대학교 농촌사회개발학과에 입학했으나 한일회담 반대 투쟁, 6·3 시위를 주도하다 제적당했다. 이후 박정희, 전두환, 노태우 정권에서 5번 투옥되었다. 교사 시험에 합격 해 송곡여고 등에서 7년간 교직에 몸담았다. 이후 민주통일민중운동연합(민통련) 민족 통일위원장으로 활동했고, 1990년 김문수, 장기표 등과 민중당을 창당해 일선 정치에 뛰어들었으나 실패하고 1996년 김영삼 정권 때 보수 여당인 신한국당 후보로 출마해 정치에 입문했다. 한나라당 사무총장, 원내대표로 활동했으며 이명박이 대통령 선거에 나서자 주요 참모로서 활동하고 2010년 특임장관에 임명되었다.

이종찬(李鍾贊, 1936~)

중앙정보부 출신 정치인. 육사 16기. 중국 상하이 출생. 아버지는 독립운동가 이회영(신흥무관학교 설립)의 아들 이규학이다. 초대 부통령 이시영이 종조부이며 국회의원 이종걸과는 사촌 형제. 경기고를 거쳐 1960년 육사에 들어가 1971년 소령으로 예편. 1973년 주영국대사관 참사관을 지냈다. 1980년 중앙정보부 기획조정실장을 했으며 국가보위입법회의 의원. 민정당 창당에 참여해 제11대 국회의원부터 14대까지 연속으로 국회의원에 당선되었다. 민정당 원내총무와 사무총장을 지냈고, 1988년에는 정무제1장관을 맡기도 했다. 1992년 김영삼에 대항해 민자당 대통령 후보 경선에 나섰다가 불공정한 경선에 항의해 탈당했다. 1995년 김대중의 새정치국민회의 창당의 주역으로 복귀해 1996년 제15대 총선에 출마했으나 낙선했다. 1997년 김대중 대통령 당선자의 대통령직 인수위원장을 맡았고, 1998년 국가안전기획부장이 되어 이 조직을 국가정보원으로 개편했다. 2005년부터 2018년까지 '홍범도장군기념사업회' 초대 이사장으로 활동했으며 우당기념관 관장.

이철(李哲, 1948~)

정치인. 경남 진주 출생. 1967년 경기고등학교를 졸업하고 서울대학교 사회학과 재학 중 1974년 민청학련 사건으로 사형선고를 받았다. 1985년 신한민주당 공천을 받자 '돌아온 사형수 이철'이라는 슬로건으로 제12대 국회의원에 당선돼 정계에 진출했다. 1987년에는 김영삼, 김대중의 야권 후보 단일화 요구에 앞장섰고, 1988년에는 무소속으로 출마해 제13대 국회의원에 재선되었다. 1990년 3당 합당 후에는 이기택, 노무현, 김정길 등과 함께 잔류 민주당을 주도했으며, 1992년 제14대 국회의원에 당선되었다. 1996년 김대중의 새정치국민회의에 반대하다 제15대 국회의원 선거에서는 낙선했다. 이후 노무현 등과 함께 국민통합추진회의에서 활동하다가 1997년 제15대 대통령 선거를 앞두고 신한국당과 민주당의 합당에 참여해 한나라당 소속이 되었다. 2000년 총선을 앞두고 한나라당을 탈당해 정계를 떠났으나 2002년 제16대 대통령 선거 때 정몽준의 국민통합21에 참여하면서 정계에 복귀했다. 2005년부터 2008년 1월까지 한국철도 공사 사장을 역임했다.

이철희(李哲熙, 1923~)

군인 출신 정치인. 육사 2기. 충북 청원 출생. 1946년 육군 소위로 임관해 1961년 5·16 쿠데타 때 방첩부대인 HID 대장으로 복무했다. 육본 정보차장, 육군정보학교장, 육군 첩보부 의장 등 주로 정보 분야에서 근무했다. 1973년 육군 소장으로 예편한 후 1974년 중앙정보부 차장을 거쳐 1979년 유정회 소속 제10대 국회의원이 되었다. 1981년 대화산업 회장에 취임했고 이듬해 세상을 떠들썩하게 했던 처 장영자와의 6404억 원 어음 사기 사건에 연루되어 구속되었다. 건국 후 최대 금융 사기 사건으로 불린 이 사건으로 공영토건, 일신제강 등이 도산하고 조흥은행장, 상업은행장 등 30여 명이 구속됐으며, 내각 개편이 이루어졌다. 재판 결과 15년형을 선고받고 처 장영자와 함께 형을 살다가 1992년 가석방되었다.

이학봉(李鶴捧, 1938~2014)

군인 출신 정치인. 부산 강서구(명지동, 이전엔 경남 김해) 출생. 육사 18기로 하나회 회원. 보안사에서 대공 수사관으로 자랐고 1979년 전두환 보안사령관 취임 후 대공처장. 10·26을 수사하면서 김재규를 담당하고, 12·12 군사반란 이후 정승화 육군참모총장을 고문하여 김재규와 공모했다는 혐의를 뒤집어씌워 "불행의 과거사를 행운의 현재사로 해석하는 낙천적이고 대담한 사나이"(한용원)라는 평을 들었다. 1980년 5·17 내란 이후 김대중을 중앙정보부로, 김종필을 보안사 분실로 연행해 조사하는 중추적 임무를 수행했다. 전두환의 명을 받아 경남고 선배인 김영삼을 협박하기도 하는 등 전령 역할도 했다. 1986년 안기부 2차장으로 장세동 안기부장을 보좌. 1988년 제13대 국회의원 선거에서 민정당 후보로 김해 지역구에서 당선. 그러나 5공 비리 청산 정국에서 구속되었다. 제14대 선거에서 출마 자격이 상실되었고 부인(이설혜)이 무소속으로 출마했으나 민주자유당 김영일 후보에게 밀려 낙선. 1996년 김영삼 정부 시절 '역사 바로 세우기'에 의해 12·12 군사반란과 5·17 쿠데타 연루로 구속되었고 징역 8년을 선고받았으나 이듬해인 1997년 특사로 풀려났다.

이해찬(李海瓚, 1952~)

정치인. 국무총리와 제1 야당의 대표 역임. 충남 청양 출생. 청양초등학교, 덕수중을 졸업한 뒤 서울로 올라와 용산고를 거쳐 1972년 서울대학교 사회학과에 입학. 1973년 10월유신 독재에 저항하는 서울대 문리대 시위를 주도했고, 1974년 민청학련 사건으로 투옥되었다가 1975년에 석방되었다. 1978년 광장서적, 1979년 출판사 돌베개를 설립했다. 1980년 5월 김대중 내란 음모 사건에 엮여 들어가 육군교도소에 투옥되었다가 1982년 석방되었다. 1983년 민주화운동청년연합(민청련) 상임위원회 부위원장, 1985년 민주통일민중운동연합(민통련) 총무국장. 1985년 8월, 13년 만에 서울대학교 사회학과를 졸업했다. 1987년 김대중에 대한 '비판적 지지'를 내세워 평화민주당에 입당해 1988년 13대 국회의원 총선거에서 당선되었다. 1988년 당시 5공 청문회(광주민주화운동 진상 규명)를 빛낸 청문회 스타의 1인. 제13대 총선 이후 내리 5선을 지냈다. 국민의 정부 시절 서울특별시 부시장과 교육부 장관을 거쳐 노무현 정부에서는 2004년부터 2006년까지 실세 국무총리를 역임했다. 교육부 장관 재직 시절 촌지 단속, 교사 성과제 도입, 학급 정원 단축, 교원 정년 단축 등을 주도했다. 2007년 대통합민주신당의 대통령 후보 경선에 출마해 낙선했으며 이후 정계를 떠나 있다가 2012년 19대 총선 때 세종시에서 당선되었다. 민주통합당 내 대표 선출에서 호남 출신 박지원 전 원내대표(김대중 정부의 대통령 비서실장, 문화관광부 장관 역임)와 손잡고 이해찬 당대표−박지원 원내대표 연합구도를 제시해 당선되었다.

이후락(李厚洛, 1924~2009)

군인 출신 정치인. 울산 출생. 1943년 울산농업학교를 졸업하고 1946년 군사영어학교 1기로 육군 소위로 임관했다. 1951년 육군본부 정보국 차장, 1960년 장면 정부에서는 군사정보를 담당하는 등 주로 정보와 관계된 일을 했다. 5 · 16 쿠데타 때 초기에는 쿠데타군에 일시 구금되었으나 바로 주체세력으로 파고 들어갔다. 그의 인생에서 여러 차례 도움을 준 것은 주한미군과 대사관 쪽 인사들이라는 증언이 많다. 소장으로 예편한 후 1963년부터 1969년까지 대통령 비서실장을 지냈으며, 1970년 중앙정보부장이 되었다. 1972년 북한을 방문해 7 · 4 남북 공동성명의 기초를 닦았으며, 유신정권의 2인자로서 막강한 권력을 휘둘렀다. 1973년 박정희 후계 문제를 거론한 '윤필용 사건'과 김대중 납치 사건의 후폭풍으로 중앙정보부장에서 물러났다. 1979년 무소속으로 제10대 국회의원에 당선됐으나 1980년 득세한 신군부에 의해 권력형 부정축재자로 몰려 재산을 환수당하고 정계에서 밀려났다. 이즈음 "떡을 만지다 보면 떡고물이 묻는다"라는 발언으로 빈축을 샀다. 5공 때부터는 일절 침묵하고 도자기를 빚으며 말년을 보냈다. 장남 이동익은 박정희의 고교 동창이자 대부호인 호남정유 사장 서정귀의 딸과 결혼했고, 차남 이동훈은 한화 창업자 김종희의 딸 김영혜와 결혼해 한때 제일화재의 오너 경영자로 활동했다. 이동훈은 한화그룹 회장 김승연과 처남·매부지간이다. 삼남 이동욱은 SK그룹 창업자 최종건의 딸 최예원과 결혼했다.

장도영(張都暎, 1923~2012)

군인 출신 재미 대학교수. 평안북도 용천 출생. 1944년 일본 도요대학 사학과를 졸업하고 일본 패망 후 신의주 동중에서 교편을 잡고 있다가 1945년 11월 23일 신의주 반공학생의거가 발생하자 신변에 위협을 느끼고 월남했다. 군사영어학교에 입교해 육군 소위로 임관했다. 그는 박정희보다 나이가 5세나 적었지만 1950년 육군 정보국장으로 있을 때 부하 박정희를 도와주었다. 박정희가 군 내부 남로당 사건으로 사형선고를 받았음에도 그의 사면과 복직에 힘써주었다. 6·25전쟁이 났을 때 27세로 육군 제9사단장, 제6사단장을 거쳐 1952년 소장으로 승진했다. 1960년 장면 총리에 의해 육군참모총장에 임명되었으나 당시 국회의원 이철승과 민주당 신파의 일부 의원들은 그가 표리부동한 인물이라며 인준을 반대했다. 5·16 쿠데타 직후 박정희의 등에 업혀 초대 국가재건최고회의 의장에 올랐으나 실권 없는 핫바지에 불과했다. 5·16으로부터 두 달이 지나지 않은 7월 초 동향인 평안도 출신 군인들인 육사 5기 박치옥, 문재준, 송찬호, 김제민 등과 함께 반혁명 혐의로 전격 구속되었다. 군사재판에서 무기징역을 선고받았으나 형 집행 면제로 풀려났다. 이후 미국으로 건너가 위스콘신대학교 교수와 웨스턴미시간대학교 교수로 재직하다가 2012년 8월 타계했다.

장세동(張世東, 1936~)

군인 출신 정치인. 전남 고흥 출생. 육사 16기. 평생 인연이 된 전두환과는 월남전 참전 중에 만났다. 전두환이 교전 중 부상한 장세동의 병문안을 오면서 친해졌고, 이를 인연으로 하나회에 가입하고, 전두환의 '평생 부하'가 되었다. 12·12 군사반란 당시 청와대 인근의 수도경비사령부 30경비단 단장으로, 명령 계통의 수경사령관 장태완을 무시하고 사조직 선배인 전두환에게 협력했다. 신군부 집권 후 대통령 경호실장, 국가안전기획부장을 맡으며 제5공화국의 실세로 악역을 마다하지 않았고 노태우, 노신영과 함께 전두환의 후계자 반열에 오르내릴 정도로 위세를 떨쳤다. 1987년 박종철 사건이 일어나자 안기부장에서 경질되었다. 수지 김 간첩 조작 사건, '용팔이 정치깡패' 동원(통일민주당 창당 방해) 사건 등이 장세동 안기부의 대표적인 흑역사로 기록되고 있다. 1996년 12·12 군사반란과 5·18 내란 가담 혐의로 기소되어 징역 3년 6월형을 선고받았으나 사면되었다. 2002년 제16대 대통령 선거에 무소속으로 출마하기도 했다.

장태완(張泰玩, 1931~2010)
군인 출신 정치인. 경북 칠곡 출생. 1950년 소위로 임관해 6·25전쟁에 참전. 1964년 대대장, 1965년 수도사단 작전참모, 1966년 파월 맹호부대 부연대장, 1970년 연대장, 1975년 수경사 참모장을 지내고 제26사단장을 거쳐 1979년 10·26 시대 한 달 뒤에 정승화 육참총장의 발탁으로 수도경비사령관이 됐다. 전두환, 노태우의 12·12 반란에 맞서 정 총장을 구출하려 했으나 하나회 사조직 장성과 대령들의 조직적인 항명으로 무산되고 보안사 서빙고 분실에 감금된다. 이 충격으로 아버지를 잃고, 2년 뒤 서울대 자연계열 수석 합격자인 아들도 자살하는 비극을 겪게 된다. 1993년에 《12·12 쿠데타와 나》라는 회고록을 집필. 2000년 새천년민주당의 영입 케이스로 비례대표 국회의원을 지냈다.

전경환(全敬煥, 1942~2021)
새마을운동중앙본부 사무총장을 거쳐 회장(1981~1987). 전두환 씨의 동생. 육군 부관학교 출신으로 1977~1981년 청와대 경호실에서 근무. 10·26 당시 경호계장으로 본관 당직이었다. 제5공화국의 실세로 막강한 권력을 행사했으나 1988년 73억 원 횡령, 10억 원의 탈세, 각종 이권 개입 등으로 기소돼 징역 7년형을 선고받고 복역 중 1992년 사면·복권됐다. 2004년에도 외자를 유치해주겠다고 속이고 돈을 받아 징역 5년형을 선고받았지만, 건강 때문에 법정 구속은 면했다. 2021년 10월에 형인 전두환보다 한 달 앞서 사망했다.

전두환(全斗煥, 1931~2021)

군인 출신 정치인. 육사 11기. 제11, 12대 대통령. 경남 합천 출생. 황영시, 유학성, 노태우 등과 함께 12·12 반란을 일으켜 정권을 잡았다. 대구공고를 졸업하고 육사에 입학해 1955년 육군 소위에 임관했다. 이규동 장군의 딸 이순자와 결혼했다. 1961년 육사 생도의 5·16 쿠데타 지지 데모를 유도해 박정희의 눈에 들었고 중앙정보부 인사과장, 수도경비사령부 제30대대장 등을 역임했다. 1970년 백마부대 29연대장으로 베트남전에 참전했고 1971년에는 제1공수특전단 단장을 지냈다.

전두환은 육사 출신을 중심으로 결성된 군내 사조직 '하나회'의 회장을 맡았다. 1973년 준장 진급, 1976년 청와대 경호실 차장보를 거쳐 1977년 육군 소장으로 진급해 제1사단장으로 나갔다. 1979년 3월 보안사령관이 되었고, 10·26 사태 이후 권력 공백기에 하나회원을 중심으로 12·12 군사반란을 일으켜 정승화 육군참모총장을 체포하고 군부를 장악했다. 이로써 군사독재가 연장되자 학생, 시민들은 계엄 철폐 등을 주장하며 시위를 벌였고, 전두환을 정점으로 한 신군부는 1980년 5월 17일 계엄령을 전국으로 확대해 민주 세력을 대대적으로 탄압하고 정치인들을 구금했다. 이에 반발해 5월 18일 광주민주화운동이 시작되었으며, 신군부 계엄군의 유혈 진압으로 수많은 희생자가 나왔다.

정권을 장악한 전두환은 중앙정보부장(서리), 국가보위비상대책위원회 상임위원장을 거쳐 육군 대장으로 예편한 뒤 1980년 9월 제11대 대통령에 취임하고, 헌법을 5공 헌법으로 개정하여 1981년 2월 다시 제12대 대통령에 취임했다. 대통령 재임 중 물가 안정과 수출 증대, 88 올림픽의 성공에 주력했다.

1988년 대통령직 퇴임 이후에는 5공 비리와 광주 학살의 원흉으로 지목되고, 한편으로 후계자인 대통령 노태우 세력과 갈등을 빚어 강원도 백담사에 한동안 유폐되었다. 1995년 김영삼 정부 때 내란 및 반란 수괴 혐의로 노태우와 함께 기소되어 1심에서 사형, 항소심에서 무기징역을 선고받고 복역하다 1997년에 사면됐다.

전두환은 재임 당시 수천억 원대의 비자금을 조성했으며 비자금 사건 재판에서 4000억 원 이상의 추징금을 선고받았으나 돈이 없다는 이유로 납부를 회피하면서도 골프장 등을 요란하게 출입하여 빈축을 샀다. 1980년 5월 광주민주화운동 진압 시에 헬기 사격이 있었다고 증언한 고 조비오 신부를 자서전에서 '파렴치한 거짓말쟁이'라고 비난해 사자(死者) 명예훼손 혐의로 재판을 받던 중 사망했다.

전태일(全泰壹, 1948~1970)

노동자, 노동운동가. 대구 출생. 1960년대 서울의 평화시장 봉제공장에서 재봉사로 일하며 노동자의 권리를 지키기 위해 노력하다 분신해 자결했다. 헌신적으로 노동자 인권운동을 펼쳤기에 "전태일이 없었다면 한국 노동자들의 인권은 수십 년 후퇴해 있을 것"이라는 말을 들을 정도로, 대한민국의 노동운동과 민주주의 진전에 큰 영향을 끼쳤다. 전태일의 어머니 이소선은 사건 이후 노동운동을 오랫동안 후원하다 2011년 사망하였고, 전태일의 여동생 전순옥은 2012년 제19대 국회의원(통합민주당)이 됐다. 고 조영래 변호사가 전태일 평전을 기록했다.

전해철(全海澈, 1962~)

변호사 출신 정치인. 전남 목포 출생. 마산중앙고를 거쳐 고려대 법대 졸업. 문재인 정부 행정안전부 장관. 1993년부터 노무현, 천정배가 경기 안산에 세운 법무법인 '헤미루' 변호사로 활동했다. 그 인연으로 안산시 상록구 갑 지역구에서 3선 국회의원. 노무현의 참여정부 시절에는 최연소(44세) 민정수석을 지냈다. 대표적인 친노 · 친문 핵심 정치인으로 양정철, 이호철 등과 함께 '3철'로 불린다. 노무현이 이명박 정부 시절 검찰에 소환돼 조사를 받을 때도 옆에서 지키는 단심(丹心)을 보였다. 1996년부터 민주사회를 위한 변호사모임(민변)과 변협 인권위원으로 일하던 2000년 '수지 김 간첩 조작' 사건(1987년)의 형사 고소를 대리하여, 살인죄 공소시효 완성 직전 주범 윤태식에 대한 검찰의 구속 기소를 끌어냈다. 이때 유가족의 민사배상 시효는 지나버렸는데, "국가가 시효를 내세워 배상 의무를 외면하는 건 신의성실 원칙에 반(反)한다. 외형상 소멸시효가 완성된 사건일지라도 국가에 귀책사유가 있는 경우에는 예외다"라는 새로운 소멸시효 이론을 관철해 유가족이 42억 원을 배상받도록 했다. 이 획기적인 판례로 민청학련 인혁당 사건 유가족들이 줄줄이 형사배상금을 받게 되고, 이는 '민변이 세운 10대 판례'로 꼽힌다. 2004년 초 노무현 대통령이 국회에서 탄핵을 당하게 되자 문재인과 함께 헌법재판소가 기각하게 하는 변호에 공헌.

정병주(鄭柄宙, 1926~1989)

군인. 육사 9기. 경북 영주 출생. 1950년 임관해 소대장으로 6 · 25전쟁에 참전했다. 1961년 5 · 16 때 쿠데타 세력에 협조하지 않아 구속되기도 했다. 1967년 특전사 제7공수여단장. 1974년 소장으로 진급하며 대통령 경호실 차장으로 근무했다. 1975년 특전 사령관에 임명돼 1979년 12 · 12 군사반란 때 장태완 수도경비사령관과 함께 반란군을 막으려 했지만 실패했다. 자신이 장군 승진에 힘써준 여단장 최세창에게 배신당해 총 격을 입고 부상했다. 1980년 강제 예편당한 뒤 12 · 12 군사반란의 부당성을 고발하는 등의 활동을 하다 1989년 야산에서 숨진 시체로 발견되었다.

정승화(鄭昇和, 1929~2002)

군인, 정치인. 경북 김천 출생. 육사 5기로 6 · 25전쟁에 참전. 1961년 방첩대장으로 노 태우 대위를 거느리면서 "군인은 이런 데 말고 야전에서 커야 한다"라고 충고했다. 1966년 소장, 1973년 중장으로 진급한 후 제3군단장, 육사 교장, 제1군사령부 사령관 을 거쳐 1979년 2월 육군참모총장으로 기용된다. 같은 해 10 · 26 박정희 암살 사건으 로 계엄사령관에 올랐으나 전두환, 노태우의 군사반란으로 체포되어 이등병으로 강 등당하고 내란방조죄를 뒤집어쓰게 된다. 나중에 무죄가 되고 대장 계급을 회복했다. 1993년 장태완, 김진기 등과 함께 신군부 인사들을 군사반란으로 고발했고, 이들 전 두환, 노태우 등은 1995년 특별법 제정 이후 반란죄로 처벌받았다. 1987~1988년 통 일민주당 고문으로 활동했고, 1999년 장성 출신 모임인 성우회장을 역임. 사후 대전 현충원에 안장되었다.

정주영(鄭周永, 1915~2001)

기업인, 정치인. 강원 통천 출생. 현대그룹의 창업자 겸 명예회장으로, 자수성가한 기 업인의 전형. 일제강점기인 1940년부터 자동차 정비회사를 인수해 운영했다. 1946년 현대자동차공업사를 설립하고, 1947년 현대토건을 설립하면서 건설업을 시작해 현대 그룹을 일으켰다.

건설업으로 성공하자 1964년 6월 현대 시멘트공장을 준공하여 시멘트도 자체적으로 조달했다. 그 뒤 낙동강 고령교 복구, 한강 인도교 복구, 제1 한강교 복구, 인천 제1도 크 복구 등의 굵직한 사업을 수주하여 1960년에는 국내 건설업체 중 도급 1위를 차지 하게 되었다.

1965년에는 태국의 파타니 나라티왓 고속도로를 건설했고 1967년에는 현대자동차주 식회사를 설립했다. 1973년 9억5000만 달러에 이르는 사우디아라비아 주베일항 공사를 수주했고, 현대조선을 통해 오늘날 세계 1위 한국 조선업의 기틀을 닦았다. 서산 앞 바다 간척사업도 주도했다. 특히 박정희의 경부고속도로 건설 계획을 적극 지지했으며 현대건설은 이 공사에서 건설 구간을 많이 맡았다.

1978년 '압구정 현대아파트 특혜 분양 사건'으로 재판을 받았으나 무죄로 풀려났다. 1977년 아산사회복지사업재단을 설립했으며, 1978년 현대고등학교(서울)를 설립하고 초대 이사장으로 취임하였다. 1980년에는 신군부에 의해 창원중공업을 빼앗겼으며, 이어 1983년에는 현대전자를 설립해 전자산업에도 뛰어들었다.

정주영은 노태우 정권 말기인 1991년부터 정치에 비판적인 발언을 해나가면서, 1992년 전 연세대 교수인 김동길 등과 함께 통일국민당을 창당해 정치에 직접 뛰어들었다. 1992년 총선에서 원내 교섭단체 구성에 성공하자 여세를 몰아 대통령 선거에 도전했다. 정주영의 참전으로 보수 성향 표의 분산에 직면한 김영삼은 그를 '돈으로 권력을 사려는 자'라고 맹공했고 결국 정주영은 500만 표 가까운 표를 얻었으나 김영삼, 김대중에 이어 3위로 낙선했다.

이후 김영삼 정부에서 금융 제재 등을 당했으나 1998년 김대중 정부 출범 이후로는 대북사업의 한 축을 담당했다. 1998년 판문점을 통해 '통일 소'라고 불린 소떼 500마리를 몰고 판문점을 넘어가 세계 언론의 주목을 받았다. 아들인 정몽준 새누리당 전 대표가 정치 유업을 이었으나 큰 결실을 거두진 못했다.

정호용(鄭鎬溶, 1932~)

군인 출신 정치인. 육사 11기이다. 대구 출생. 육사 동기인 전두환, 노태우와 함께 1980년 5·17 비상계엄 확대조치에 가담했다. 광주민주화운동 진압 때는 특전사령관으로 현지에 나다니며 지원했다. 전두환 정부에서 육군참모총장을 지내고 대장으로 예편. 국방부 장관과 내무부 장관을 역임했다. 한때 군부 3순위였으나, 노태우 정권 초기의 5공청산 바람에 휘말려 몰락의 길을 걸었다. 1992년 대통령 선거에서 민주자유당 후보였던 김영삼 지지 유세를 했으나, 1995년 김영삼 정부의 '역사 바로 세우기'에 의해 12·12 군사반란, 5·18 광주민주화운동 진압 관련자로 재판받고 처벌받았다.

조영래(趙英來, 1947~1990)

변호사, 인권운동가. 대구 출생. 경기고 재학 시절 6·3 한일회담 반대 시위를 이끌어

정학 처분을 받았다. 1965년 서울대학교 전체 수석으로 법과대학에 입학해 재학 중 김근태, 손학규와 함께 한일회담 반대, 3선 개헌 반대 등을 주도했다. 1971년 사법시험에 합격했으나 사법연수원 이수 중 서울대생 내란음모 사건으로 구속되어 1년 6개월의 실형을 선고받았다. 1973년 출소 후 민청학련 사건 관련자로 다시 6년간 도피 생활을 했다. 수배 기간 중 《전태일 평전》을 써서 익명으로 출간했다. 1980년 서울의 봄까지 도피 생활을 끝내고, 이종찬의 도움으로 사법연수원 과정에 복귀해 변호사 자격을 얻었다. 1983년 시민 공익법률사무소를 설립해 인권운동을 시작했다. 1986년 부천서 성고문 사건에서 문귀동 경관의 유죄 판결을 끌어내는 등 인권변호사로서 활약했다. 1988년 민변(민주사회를 위한 변호사 모임) 창설에 주도적인 역할을 하였다. 1990년 마흔 셋의 나이에 폐암으로 세상을 떴다.

차지철(車智澈, 1934~1979)

군인 출신 정치인. 경기 이천 출생. 용산고를 졸업하고 장교로 입대해 1959년 공수특전단에 배속되어 1960년에는 미국 조지아주 포트베닝에서 레인저스쿨을 이수. 1961년 공수단 대위로 5·16 쿠데타 때 박정희 경호부대의 일원이었다. 공화당 전국구의원을 거쳐 고향에서 출마해 제7, 8, 9대 국회의원에 당선되고 국회 내무위원장을 역임. 1974년 영부인 육영수 피살 사건으로 박종규 경호실장이 경질되자 후임으로 임명되었다. 재임 중에 장관들을 위원으로 하는 경호위원회라는 것을 조직하고 중장, 소장 등 장성들을 차장, 차장보로 끌어들여 위세를 보이고 국기 강하식이라는 것을 열어 권위를 과시했다. 이규광을 책임자로 하는 사설 정보팀을 두어 정보를 수집했다. 정보부장 김재규와의 갈등으로 1979년 10·26 저녁에 김재규가 쏜 총탄에 맞아 절명.

최규하(崔圭夏, 1919~2006)

외교관, 정치인. 제10대 대통령. 강원도 원주 출생으로 경기고를 졸업하고 1941년 도쿄 고등사범학교 영어영문학과를 졸업했다. 1946년 서울대 교수로 있다가 미 군정청 식량 행정처 기획과장으로 발탁되었다. 정부 수립 후 농림부에서 근무하다가 외교관의 길을 걸었다. 외무부 장관을 거쳐 1975년 국무총리가 되었다. 1979년 10·26 사건으로 박정희가 사망하자 대통령 권한대행을 거쳐 제10대 대통령에 취임했다. 그러나 대통령으로 재임하는 동안 실권을 장악한 전두환 신군부에 포위당해 급변하는 정국에서 주도적 역할을 하지 못했다. 신현확 총리는 '대통령·국무총리 동반 퇴진' 선언으로 신군부에 타격을 주자고도 제의했으나 최규하는 거절하고 신군부가 계속 대통령으로 업어주기를 기대했다고 한다. 1980년 8월 15일 신군부의 퇴진 압력을 받고, 대통령직에서 물러나겠다고 밝히고 사퇴했다. 후임 대통령은 전두환.

최태민(崔太敏, 1912~1994)

경찰 출신 종교인. 1942년 황해도경 순사를 시작으로 1949년까지 경찰로 근무했다. 1949년 육군 헌병대 문관으로 일했고, 1954년 머리를 깎고 스님이 되었다가 경남 양산에 비인가 중학교를 설립해 교장으로 취임하기도 했다. 그 뒤 서울로 올라와 유사 종교인 '영생교'를 만들고 교주로 활동하다 박근혜를 만난 후 목사가 되었다. 1974년 육영수 여사 사망 후 박근혜에게 접근해 관계를 쌓았고, 1975년 박근혜의 후원으로 구국선교회를 조직해 자신이 총재, 박근혜는 명예총지기 되었다. 이후 박근혜와의 막역한 관계를 내세워 각종 비리를 저지르고 재산을 축적하는 등 물의를 일으켰다. 이 때문에 중앙정보부는 최태민을 뒷조사하고 최태민을 축출하려 했으나 박근혜가 박정희에게 호소하여 실패했다.

1980년 전두환 등 신군부가 그를 강원도 군부대 막사에 추방했으나, 다시 박근혜의 도움으로 귀환해 1982년부터 1990년까지 박근혜가 이사장을 맡은 육영재단의 고문을 지냈다. 1990년 8월에 동생 근령과 지만이 당시 대통령 노태우에게 "최태민 목사로부터 언니를 구출해달라"는 탄원서를 제출하기도 했다. 박근혜 19대 대통령은 그의 딸 최순실의 국정 농단으로 촉발된 촛불시위로 규탄당한 데 이어 헌재에서 파면당했다.

허화평·허삼수·허문도

'쓰리 허'로 불리며 위세를 떨쳤던 허화평, 허삼수, 허문도. 허화평(1937~)과 허삼수(1936~)는 박정희 시대의 육군 사조직인 '하나회(회장 전두환)' 출신. 둘 다 보안사 대령 때 12·12 반란에 가담해 정승화 육군참모총장을 체포하는 핵심 역할을 해서 장성들도 그들의 눈치를 살폈다. 청와대에서 허화평은 비서실 보좌관, 허삼수는 사정수석을 맡아 5공 출범기 막강한 실세로 군림했다. 허화평은 전두환 대통령의 '문지기' 보좌관으로 대통령에게 가는 모든 보고와 정보를 장악했다.

허화평과 허삼수는 이철희·장영자 금융 사기 사건 당시 이규동, 이규광 등 대통령 친인척의 단죄를 건의했다가 눈 밖에 나고, 1982년 12월 청와대를 떠났다. 허문도 (1940~2016)는 조선일보 기자 출신으로 허삼수 수석의 부산고 동창. 대통령 공보비서 관을 지내면서 1980년 말 언론 통폐합을 주도했다.

현홍주(玄鴻柱, 1940~2017)

검사 출신 정치인. 서울 출생. 1959년 경기고를 졸업하고 1964년 서울대 법대 학사. 1969년 미국 컬럼비아대학교 법학 석사를 마쳤다. 사법고시에 합격해 검사로 근무하던 중 중앙정보부장 신직수에 의해 김기춘과 함께 발탁됐고, 1979년 10·26 사태가 일어 났을 때 중앙정보부 국장에 재임하고 있었다. 1982년부터 안기부 차장으로 노신영 안 기부장을 보좌. 1985년 민정당 소속 전국구로 제12대 국회의원이 됐고, 이후 1988년 법 제처 장관, 1991년 주미대사를 거친 후 김앤장법률사무소 고문으로 있던 중 사망.

홍영표(洪永杓, 1957~)

노동운동 출신 정치인. 전북 고창 출생. 동국대 철학과 졸업. 1983년 대우자동차에 입사 하여 어용 노조를 비판하면서 노조 민주화 투쟁을 벌였다. 1985년 파업이 벌어지자 김 우중 회장이 공식적인 노조 집행부를 제치고 홍영표와 직접 협상해서 임금 인상에 합의 해주었다. 2001년부터 시민운동에 나서고 2002년 개혁국민정당에서 조직위원장을 맡 아 노무현 대통령 당선에 공을 세웠다. 이해찬 총리 시절 시민사회비서관을 거쳐 2009 년 4월 국회의원 재보선(인천 부평 을)에서 당선된 이래 4선. 2012년 대선 때 문재인 후 보 캠프 종합상황실장을 맡았고, 문재인·안철수 후보 간 단일화 뒷얘기를 《비망록》으 로 펴냈다. 2017년 민주당 원내대표 경선에서는 7표 차이로 졌으나, 2018년 재도전하여 116표 중 78표를 얻어 노웅래를 제치고 당선되었다. 2019년 8월 민주당 정치개혁특별 위원회 위원장을 맡아 4+1 협의체를 통해 선거법 개정안을 통과시켰다. 노동운동가 출 신임에도 "민주노총이 너무 고집불통이고 양보를 모른다"며 비판하기도 했고, "노동자 들은 민주노총, 한국노총에만 있는 것이 아니다"라는 말도 남겼다.

6장 처형대 문턱에서 흐느끼는 김대중

7장 올림픽·미국… 국가는 군대가 아니네

8장 두 許 지고 장세동 · 노신영 뜨다

9장 총칼 대신 세 치 혀로 이간질 · 회유

권력과 함께 춤을

5공 남산의 부장들 2

1판 1쇄 발행 2022년 5월 25일
1판 2쇄 발행 2022년 6월 20일

지은이   김충식
발행인   임채청

펴낸 곳   동아일보사
등 록   1968. 11. 9.(1-75)
주 소   서울특별시 서대문구 충정로 29(03737)
디자인   이인선
표 지   오필민
편 집   02-361-0919
팩 스   02-361-0979
인 쇄   삼영인쇄사

ISBN   979-11-92101-12-5 (03300)
        값 19,000원